EUTANASIA POSMODERNA: NIHILISMO, ECONOMICISMO Y *LEBENSUNWERTES LEBEN* (VIDAS SIN VALOR)

Gerardo López Laguna

EUTANASIA POSMODERNA: NIHILISMO, ECONOMICISMO Y *LEBENSUNWERTES LEBEN* (VIDAS SIN VALOR)

Editorial Anawim, 2025

© Del texto, Gerardo López Laguna, 2026
© De esta edición, Editorial Anawim, 2026

Cubierta diseñada por María Giménez-Arnau
Web: mariagimenezarnau.com

ISBN: 978-84-128851-9-4
Dpto. legal: M-2630-2026

Editorial Anawim S.L.
CIF: B-10812618
C/Condesa de Venadito 17, 4ºD
28027 Madrid
Web: anawim.es
Información y propuestas: anawimperiodico@gmail.com

A mi amigo y hermano Enrique,

a quien acompañamos en su tránsito cuando,

terminal y en grave deterioro irreversible,

fue desconectado

a fin de no entorpecer ni diferir

su inevitable muerte natural.

Nos vemos

ÍNDICE

INTRODUCCIÓN

Advertencias previas sobre este ensayo

Realmente y tratando de este tema, sí es necesario a día de hoy el advertir a los posibles lectores sobre algunos de los ejes fundamentales con que se quiere vertebrar esta reflexión. Y esto a fin de que no se lleven a engaño pensando que las cosas van a ir necesariamente por un lado o por otro según los discursos con que generalmente se identifican la mayoría de los partidarios y la mayoría de los detractores. Porque para muchos está asumida de modo inequívoca la visión previa de que tales discursos son las únicas formas de encuadrar las críticas o las defensas de la eutanasia posmoderna, la que se predica culturalmente en la actualidad, y la que se legisla cuando tal siembra de valores y concreciones se ha integrado suficientemente en eso que llaman «normalidad social».

Esta reflexión sobre la eutanasia no puede, obviamente, prescindir de tales referencias establecidas, de muchas de ellas, tanto cuando nos acercamos al argumentario de los partidarios de tales legalizaciones y normalizaciones sociales, como cuando lo hacemos respecto a los críticos y denunciadores. Sin embargo, aun en estos acercamientos no podemos identificarnos sin más con tal o cual argumento venido de tales lares, incluso cuando la coincidencia con nuestro discurso —que es denunciador— fuera notable en los propios términos usados. Y esto es así porque las referencias últimas pueden ser diferentes y mutuamente excluyentes, porque los términos sean polivalentes y no estemos diciendo realmente lo mismo, y, sobre todo, por el lugar en que se sitúan las afirmaciones, es decir, por su relación con la totalidad de un discurso que necesariamente es una antropología, una cosmovisión.

Así pues, pretendemos situarnos lo suficientemente fuera de los grandes relatos en que hoy se enmarca esta cuestión, como para causar en alguno perplejidad, en otros incredulidad y movilización consecuente para clasificar y situar a toda costa estos pensamientos en alguna de las cuadrículas preestablecidas… y en otros, esperamos (con esperanza teologal), si no adhesión clara, sí un entender a dónde queremos llegar para que lo pueda compartir a su propio modo, con sus propias aportaciones reflexivas y sus propios apuntes, matices y cuestionamientos.

Ya que nos hemos declarado en el terreno de los «denunciadores», de los disconformes con la eutanasia en sus diversas modalidades y contextos, lo primero es aclarar entonces la también disconformidad radical con los planteamientos y visiones que brotan de ese mundo que se autodenomina —con falsedad objetiva a pesar de la evidente buena intencionalidad subjetiva de parte de muchos—, «cultura provida».

Hemos tenido ocasión de tratar en algún otro lugar de esta «falsificación conservadora de la defensa de la vida». En concreto, a propósito del aborto, fenómeno igualmente extendido y más normalizado socialmente aún en determinados y amplísimos contextos[1]. Desde una declaración de ilegitimidad profunda y sin ambigüedad respecto a este fenómeno, tratamos en aquel momento de situarnos frente a él en actitud de disidencia frente al mundo que lo hace posible. Y con la misma actitud radical, es decir, desde los mismos principios, también frente a una mayoría de opositores, encuadrados a día de hoy en el conservadurismo y el ultraconservadurismo al interior del sistema o aledaños a él; o encuadrados entre quienes viven su ultraderechismo, su integrismo real o su fascismo real, como alternativos al sistema imperante en occidente y el mundo bajo su influjo. Opciones, visiones, que a nuestro juicio y sencillamente no son amigas de la vida.

En este ensayo abordaremos obviamente esta cuestión en la medida que el debate sociopolítico suscitado por las legalizaciones de la eutanasia o por las campañas en ese sentido, está copado en su generalidad por esos dos polos bien definidos e identificables por todos.

---

[1] Cf Gerardo López Laguna, *De Francisco, el aborto y la derecha* (Edit. Anawim, Madrid 2022)

De entre estas facciones, la que promueve la legalización de la eutanasia y su integración normalizada en la atmósfera cultural que modela o condiciona el psiquismo social, allí donde puede hacerlo, pretende presentar su opción insertándola en un gran movimiento liberacionista que estaría conquistando derecho tras derecho en favor de todos los seres humanos... No creemos tal cosa: si bien muchas de estas iniciativas jurídico-culturales quieren responder a problemas y dramas reales, aunque sus impulsores actúen de buena fe, y aunque algunas concreciones sí sean benéficas, en el fondo tales iniciativas no lo hacen ni lo pueden hacer en clave exactamente liberadora, es decir, acorde a la dignidad humana y su vocación, dimensiones que exigen ser reconocidas de modo verdaderamente universal. Y esto tiene sus orígenes —claroscuros— y sus consecuencias.

En este sentido se debe desenmascarar el propósito, desvinculando la defensa de la eutanasia de la propaganda irreal que la muestra como transgresión liberacionista anunciadora de otro mundo ajeno a las opresiones del mundo de hoy. Ese supuesto otro mundo no es tal; realmente, tales «avances», tales «conquistas de derechos» con que se presentan estas iniciativas amparadas por gigantescos aparatos de propaganda, no son más que una acentuación de los dinamismos que hacen posible el mundo dominante de hoy. De él brotan tales iniciativas. Es, en fin, un asunto de ricos opresores. De ricos hastiados

Por tanto y como reverso, querríamos vincular de modo positivo y evidente la denuncia de la eutanasia posmoderna con una disidencia real de signo personalista trascendente respecto al ordenamiento jurídico, sociopolítico, socioeconómico y cultural en que nace y se solidifica la reivindicación de la actual eutanasia posmoderna. Y esto en armonía de fondo con la denuncia de la falsedad conservadora de la defensa de la vida. Que es otro asunto de ricos...

Así pues, aquí no vamos a elegir entre ambas facciones en atención a sus proclamas y su terminología: la una, que defiende como un derecho la eutanasia posmoderna en nombre de un peculiar liberacionismo que aplasta apocalípticamente a los pobres de la tierra; y la otra, que ataca esas legislaciones como negadoras de la vida mientras niega ese derecho a vivir, en proporciones asimismo apocalípticas, a los pobres de la tierra... Algunas referencias actualmente simbólicas: no vamos a elegir entre Musk y Soros, entre Trump y Gates... Asuntos de ricos...

Nuestro triple encuadramiento de la «eutanasia posmoderna»

Efectivamente, en el actual dinamismo cultural que hace posible esas legislaciones vemos nihilismo, economicismo y la noción de «vidas sin valor», «vidas que no merecen ser vividas». Este último aspecto, esta noción, hemos querido escribirla en el título en alemán por la inmediata referencia histórica que respecto a la eutanasia constituye el nazismo. Por supuesto, los defensores de la práctica en contexto posmoderno pueden hablar en este sentido de demagogia: ¡equiparar un programa impuesto con una decisión libre amparada por eso que llaman garantismo! Bueno... no es equiparación, obviamente, sino la denuncia del concepto en sí, se desarrolle de un modo u otro, con referencias diversas, ritmos diversos, alcances y consecuencias prácticas diversas, en un contexto u otro. Al fin, aunque de raíces distintas, hay fenómenos en el mundo, buenos y malos, que culminan en confluencias. Y aun en tales similitudes que se aproximan a la identificación.

Nuestro breve estudio quiere situar la eutanasia posmoderna, sus legislaciones y su práctica, en un ámbito en que esas tres nociones están presentes y se condicionan y alimentan entre sí:

.-Nihilismo. Es decir, ausencia de sentido vital trascendente, y, como consecuencia, de sentido vital sin más. Exaltación de un derecho al suicidio, pues la autonomía del ser humano estaría cerrada en sí misma. Desconcierto existencial ante la presencia del sufrimiento, el cual, en el propio impulso profundo que conduce a su mitigación y su eventual eliminación, ya está significando un misterio relativo al amor y los destinos últimos, de los que el mundo de la eutanasia posmoderna se ha auto-incapacitado para empezar a entender y para transitar por él. Obviamente, infinito desconcierto ante la muerte, de la que no se sabe qué hacer con ella... ¿silencio y ocultamiento escrupuloso, bromas y frivolidad en vano intento de exorcizar su presencia entre nosotros, fatalismo y estoicismo negando artificiosamente su carácter perturbador, hedonismo desesperado o trágica desesperación franca...?

.-Economicismo. Para muchos como consecuencia de ese nihilismo, confesado o no. Dominio y no servicio y cooperación, contrato y no amor. Un dios que a unos conduce por unas sendas y a otros por otras, pero que a todos conduce a lo que aquí denominamos «eutanasia social»: el abandono, la indiferencia, la injusticia, el rechazo explícito, el fatalismo económico... que conducen a la muerte a millones de discapacitados, enfermos y ancianos, precisamente quienes son objeto primero de atención de las supuestas bondades garantistas de las legislaciones eutanásicas. De esta eutanasia social participan ambas facciones en lid. Y participan de modo absoluto: no están dispuestos sus seguidores, absolutamente, a cuestionar en raíz sus modos espirituales y estructurales de concebir la vida y la relación con los bienes, y la relación con los otros. Unos invocan para perpetuar esta aberración a Dios mismo; otros abominan de Dios y se burlan de la religión... Ambos rinden culto a Mammon y conducen a una muerte obligada a millones de personas heridas, dañadas, frágiles, pobres y empobrecidas.

.-*Lebensunwertes Leben*, vidas que no valen la pena ser vividas, vidas sin valor... Semilla llamada a crecer desde sí, desde los principios que albergan las iniciativas culturales y legales y que en la configuración externa e inicial de los movimientos pro eutanasia es noción que escasamente aparece. Confluencia a la que se llega indirectamente desde el derecho al suicidio cuando se quiere desvincular a éste de cualquier arbitrariedad subjetiva y necesita, por tanto, ir baremando objetivamente las condiciones de vida, la «calidad de vida», que definiría una vida como humana o como no humana, con algún sentido o sin él, con valor o sin él... Tablas, baremos, que por su objetividad, terminarían por *obligar*: desde fuera, socialmente; desde dentro de cada cual; o desde los dos lugares a la vez y en alimentación mutua. Así, hasta la posibilidad de una consecuente armonización jurídica de ambos impulsos *vinculantes* (la conveniencia social y la responsabilidad personal hacia la misma), con la subsiguiente organización sociopolítica de homicidios selectivos; una organización explícita que se manifestará o no, pero a la que ya se está desbrozando el terreno, preparada por unas prácticas en vigor, semi-ocultas y vividas de modo socialmente discreto, constatables apenas asoma uno la nariz en este asunto.

Hay una evidente circularidad entre estos grandes referentes. Por ejemplo, incluso el conflictivo «vidas sin valor» —negado de manera vehemente por muchos defensores de la actual eutanasia a causa de sus referencias históricas— se hace presente como motor de actitudes subjetivas que reivindican el suicidio: la vida no tendría valor porque la vida no tendría sentido; y esta falta de sentido vital tendría origen en muchos espíritus en la insatisfacción profunda, en la frustración que siembra generosamente una sociedad economicista:

«La de *unwertes Leben* fue originalmente una etiqueta asignada por gobernantes tiránicos a aquellas categorías de la población que declaraban indignas e indeseables por considerarlas una carga o una amenaza para una nación, una clase, una raza o una religión. En nuestros días, la cuestión de adoptar o rechazar esa etiqueta está siendo (cada vez más) *filializada* hacia el individuo, abandonado a su propio sufrimiento: se ha convertido en un asunto de elección individual más que decisión por decreto tomada desde las más altas instancias de unos poderes autoritarios. Un número creciente de individuos prefiere esa elección antes que un tipo de vida vivida en condiciones que no sólo le parecen insoportables, sino que, según sospechan, y por razones bastante válidas, seguirán siendo insoportables mientas dure esa vida»[2]

Obviamente, la materialización suicida de estos dinamismos es minoritaria. Pero tales realidades, a la vez espirituales y sociales, nos hablan de multitudes, de muchedumbres de sufrientes. Y también hablan del carácter seminal de tales dinamismos, llamados a crecer, a fecundar de modo maligno un sinfín de vidas. Vidas de hermanos.

Sí, asunto de ricos posmodernos

En *El señor del mundo*, de Benson, hay eutanasia. Libro ambiguo en su valor, pues, por un lado y desde una óptica trascendente, creyente, expone de modo genial un diagnóstico profundo de lo que significa el autonomismo total, el rechazo de la gracia en la construcción del mundo presente. Pero, por otro lado, la *receta* de Benson, el tradicionalismo, que él presenta como verdad perenne frente al mundo del Anticristo… no es la verdad revelada en el Evangelio. El problema de la reivindicación de Benson consiste en que la confrontación que establece no tiene vigor para enfrentarse a la insondable potencia de la pretensión absoluta del inmanentismo puro; porque, a pesar de sus vestiduras sobrenaturales, el mundo que Benson identifica con el mundo de la gracia es un artificio mundano, aquellas «tradiciones de hombres» que Jesús denunciaba. Pero esto es otra cuestión.

Nosotros nos quedamos, obviamente, con el diagnóstico, realmente profundo: una sociedad con vocación universalista, engañada por poderes que no son de este mundo, para creer que se basta a sí misma: culto a las riquezas, megalomanías tecnologistas, manipulación de las masas, armamentismo, crímenes encubiertos, soberbia que obvia los destinos eternos… y ahí, desde ahí, operadores de eutanasia, sea voluntaria, sea impuesta por

---

[2] Zygmunt BAUMAN, *Retrotopía* (Paidos, Barcelona 2017) 49

circunstancias objetivas. El libro, publicado en 1907, presenta un mundo con rasgos y mentalidades similares al mundo rico de hoy.

En *Un mundo feliz*, de Huxley, también hay eutanasia. La sociedad que se describe en ese libro tiene, de fondo y asimismo, similitudes fontales con nuestro mundo rico, nuestro posmoderno mundo, que, desconfiando de los «grandes relatos», pues todos ellos, incluso el del amor incondicional, serían germen y expresión de totalitarismo, ha dejado a las gentes al aire de todos los poderes. Frivolidad absoluta; consumismo; sexualidad lúdica, pseudo-relacional y desvinculada conceptual y prácticamente de la procreación, del amor y de la edificación de la familia; invasión de la tecnología en los procesos naturales del ser humano en clave de sustitución; eclipse de preguntas trascendentes mediante la administración de soma… o mediante la segregación de *soma* por parte de los propios ciudadanos, como es nuestro caso, el del mundo rico posmoderno no sujeto a dictaduras explícitas.

En la obra de Huxley, publicada en 1932, estos dinamismos han llegado al extremo: todo es así. En nuestro mundo —y en cualquier mundo posible— las grietas, las ambigüedades, las oposiciones, las emergencias espirituales, el amor, la paz, el desasosiego… la libertad… quebrarían y quiebran la pretensión de absoluto. Porque Dios está, solícita a los hombres de modo incesante con su llamada y su gracia. Pero los dinamismos que de modo sugestivo describe Huxley, están asimismo presentes. Y con poder. Incluso las castas, que en ese «mundo feliz» están programadas genéticamente para que encajen en el cuerpo social… tienen reflejo de algún modo en nuestro mundo rico: según la partida de nacimiento y la clase social puedes viajar o no, puedes subir a un avión o a un barco o no, independientemente de que tengas billete; según tu casta tienes un puesto asignado en el mundo, que te considera útil para ser explotado o por el contrario, una carga sobrante que se puede expulsar. Según el origen, tus sufrimientos, extremos y escandalosos en sus formas, no van a gozar de *consistencia ontológica*, es decir, «no van a salir en los medios». Y etcétera.

Es en este mundo, el no literario, el nuestro, el mismo en que encontramos tantas similitudes con el mundo de falsa felicidad que muestra Huxley, donde brota la exigencia de la eutanasia posmoderna. En *Un Mundo feliz* existe una eutanasia que ya está programada genéticamente: los individuos se mantienen estables en su aspecto y salud hasta los sesenta años, y entonces acuden a unos centros donde morirán viendo imágenes placenteras. La memez ansiada y predicada por Manuel Vicent, v.gr., adalid de la cultura burguesa posmoderna, artesano de la nada, quien, sin embargo y como todos, está llamado a ver y amar.

La visión del hombre que conduce a la solución de *Un mundo feliz*, está presente en el mundo rico contemporáneo. Y su presencia es poderosa. Vaciedad profunda y un sensitivismo placentero como leitmotiv existencial, medios y más medios hasta el derroche… Asunto de ricos que repercute trágicamente en muchos ancianos, y en los que no pueden adherirse a ese dinamismo existencial: más tarde abordaremos esta paradoja, la de un mundo que ofrece condiciones, leyes, iniciativas sociales protegidas, en favor de personas que a causa de discapacidades y edad no están en el carro vencedor del consumo y de los placeres… y, a la vez y en medio de tales impulsos, el crecimiento de la cultura del descarte, las enormes brechas interiores que contradicen a las iniciativas, hasta la muerte, hasta el sufrimiento infligido, hasta la miseria, y hasta la desvalorización vital de estos hermanos, «vidas sin valor», como concepto que brota en el corazón de muchos otros hermanos.

La eutanasia posmoderna es cosa de este mundo, el de las visiones de Benson o Huxley, encarnado hasta la náusea en la historia contemporánea, en el mundo real. No ha surgido desde el alma desgarrada, esperanzada o desesperada de los parias de la tierra[3], sino desde esa atmósfera, discernible incluso estéticamente,

---

[3] Obviamente en el mundo de los pobres de la tierra ha existido y existe el drama de la eutanasia: la eugenesia existe en diversas culturas, o el solventar con la muerte provocada situaciones sin salida o de gran sufrimiento, etc. No obstante, el movimiento cultural de que hablamos

en que respira la burguesía autodenominada «progresista». Es decir, desde el mundo de ese descreimiento orgulloso de sí, propio de sociedades ricas que se consideran faros y guías de la humanidad y practican un desvergonzado imperialismo cultural contra los valores, buenos y malos, que persisten en el inmenso mundo de las inmensas pobrezas. Esto solo ya es un motivo para profundizar e intentar enjuiciar la veracidad o falsedad de ciertas iniciativas jurídico-culturales que la propaganda de tal mundo presenta como logros liberadores y, por tanto, universales y universalizables. Porque la ausencia de verdadero universalismo personalista en favor de todos los que sufren, asoma aquí como muy evidente: de hecho, estos entusiastas *ideólogos* a los que parece tan obvio su afán, tan evidente que la eutanasia tal como se configura en la posmodernidad es un derecho, son burgueses —rama «progresista»—, con poder económico y, por tanto, social y cultural.

Algunos, los más «progresistas». se pueden incluso poner ropajes revolucionarios y hablar del pueblo y de los oprimidos… pero su discurso está fraguado en cafeterías universitarias y en chalets de un modo esencialista —pues no han renunciado o van renunciando a sus modos de vida originarios—, y los discursos precisan para su propagación de marketing y medios, es decir, de mucho dinero, de una inserción logística, existencial, personal, en el alma del mundo burgués, al que se apuntala de modo radical. Así pues, el discurso de los más progresistas, de los que se honran mutuamente con el título de revolucionarios, no sólo se circunscribe al mundo rico, predicando a los pobres que hay en él que ellos también tienen derecho a ser ricos como los otros… sino que se muestra incapaz de llegar al alma de millones de oprimidos del resto del mundo porque una multitud de estos… sigue creyendo en Dios.

La asunción de los disvalores que conforman este mundo del que hablamos: riquezas y vaciedad, vinculados radicalmente

---

aquí tiene un sello propio y unas circunstancias específicas: el materialismo descreído del mundo de capitalismo desarrollado.

entre sí, conduce necesariamente a lugares como el de la eutanasia posmoderna. Juan Orellana, crítico de cine, hablando de la película *Mar adentro*, hacía una observación sobre las apreciaciones de Amenábar que encaja con lo que venimos diciendo:

«Los personajes más sencillos, menos cultos, aún débilmente vinculados a la tradición, son los que defienden —en un principio— la conservación de la vida de Sampedro. Incluso su toco y primitivo hermano alude a la voluntad de Dios. En cambio, son los urbanitas, cosmopolitas y poliglotas, los modernos, los que reivindican una concepción *a-metafísica* de la vida para apoyar los deseos de Sampedro»[4]

---

[4] Juan ORELLANA, «Una reflexión tramposa sobre la eutanasia activa»: *Alfa y Omega* (9-9-2004) 28

Creo acertada esta crítica y por eso he insertado esta cita sin reparo alguno; pero, en fidelidad al espíritu y pretensiones de este ensayo, quiero especificar que su autor, Orellana, está adscrito culturalmente a la burguesía que se mueve en ese terreno contradictorio *in radice* que es el conservadurismo cristiano. Como luego veremos, a esa concepción a-metafísica que justamente denuncia no se le puede oponer más que la Verdad, y no una firme construcción *metafísica* cimentada en «valores firmes» que firme y verazmente se oponen al Evangelio por mucha religiosidad que exprese o de la que se rodee. El «no podéis servir a Dios y al Dinero» no es un asunto sólo circunscrito a la moral individual, a ciertas tablas casuísticas relativas a la conducta personal, sino que implica luchar por una concepción vital que exige claridad progresiva, emergente, en los ordenamientos sociales del mundo. Es decir, una actitud revolucionaria que brota de la oración, de la vida del espíritu.

Itinerario

Queremos que este estudio muestre una relación orgánica interior, en circularidad, de los distintos aspectos que vamos a tratar: unos conducen a otros, éstos a otros más, y todos se remiten mutuamente.

Vamos a comenzar presentando algunos argumentos esgrimidos contra la eutanasia posmoderna que consideramos débiles o falsos sin más. Abordaremos, como venimos indicando, lo que concebimos como «falsificación conservadora de la defensa de la vida» centrándonos en el alcance y consecuencias de la denuncia de la eutanasia realizada desde este ámbito existencial cuya alma real es el voluntarismo economicista inserto en un seudoprovidencialismo de sabor paleocalvinista.

Después nos iremos introduciendo en esa triada que da título a este ensayo: el nihilismo y la cultura del suicidio como derecho; la noción de las vidas sin valor, y su vínculo con el economicismo; la relación entre éste y la no implementación evidente de alternativas reales a los procesos de dolor terminal, de soledad; o a los efectos de graves discapacidades permanentes que confinan a muchos en la inactividad y la pasividad convenciéndolos de su inutilidad y su carácter de carga.

Veremos la dialéctica entre subjetivismo y objetivismo aplicada a este drama y cómo va conduciendo paulatinamente a escenarios de eutanasia coactiva, impuesta. Veremos, asimismo y en este escenario, el debate sobre la existencia o no del llamado «efecto pendiente», y si éste es algo contingente y controlable o consecuencia necesaria. Asimismo, queremos tratar lo que contemplamos como expresión temprana de ese «efecto» en las campañas y procesos de penetración cultural expansiva que dan lugar a las ulteriores legalizaciones de la eutanasia.

En este sentido y respecto a ese efecto pendiente, también queremos analizar la relación entre legislación y pedagogía social, y cómo la casuística se va ampliando y la normalización psicosocial asume escenarios que poco antes eran indigeribles.

Reflexionaremos, por tanto, en ese debate fundamental sobre los ordenamientos jurídicos: qué debe ser vinculante, qué tolerado, qué positivamente plural, qué neutral y qué prohibido...

Y, sobre todo y vertebrando toda nuestra reflexión, intentaremos «dar razón de nuestra esperanza», como discípulos de Jesucristo, de quien no nos avergonzamos de testimoniar ante los hombres...

El misterio del sufrimiento, las luces venidas de parte del Espíritu que habla a las Iglesias de Dios para que desde ahí se ame e ilumine a los hermanos... El Amor de Dios activo ante el dolor, expresado tal amor por pobres y carentes manos humanas que son sobrenaturalizadas...

El carácter de combate, de consagración, que este reto —la reivindicación por parte del mundo pagano de la eutanasia como derecho— presenta, y que simboliza, como cada reto, concepciones totales y en gran medida excluyentes que, entonces, nos conducen, por un lado, al amor universal, al amor a los enemigos, a la intercesión, al testimonio sin medios mundanos... y por otro lado, a los caminos de la revolución social orante, provocadora y no violenta, al anuncio de que queremos otro mundo, luchar por ese otro mundo total que ya se expresa en la historia imperfecta y ambigua de los hombres: en el tú a tú enamorado y elocuente, en las semillas que germinan en los lugares de las pobrezas humanas y de los sufrimientos como pequeños modelos sociales y personalizadores, en las grandes y dramáticas denuncias que cuestan la vida y la libertad... Signos reales del mundo venidero, del mundo que es absoluta donación, del mundo que este universo no puede contener y que se hará presente el día grande de Yahvé, cuando vuelva el Hijo del Hombre.

CAP. 1.- ALGUNAS DEBILIDADES ARGUMENTALES

Ante todo, debemos dejar bien claro que la denuncia de la eutanasia posmoderna nos obliga a situarnos en terrenos bien profundos de confrontación; los sepamos abordar con profundidad o no, valga la redundancia. Porque existe el problema de tratar este reto, en clave de denuncia, desde presupuestos, ideas, que tienen realmente poca consistencia, falta de vigor para horadar, cuartear, aun mínimamente, los argumentos que hacen posible la práctica, la misma concepción de la misma, y su plasmación en los ordenamientos jurídicos.

Impotencia de la ética, reducción del psicologismo

En primer lugar, las denuncias que se basan de modo cerrado en consideraciones de ética natural, en relación con la legitimidad o no de la práctica, y en la autoayuda o la ayuda psicológica ante el sufrimiento moral que antecede a muchas decisiones suicidas.

Hay que decir, no obstante, que el considerar la impotencia de tales visiones no es declarar su inutilidad. No somos fideístas. Esto significa que tales dimensiones, la ética y la psicología, existen y conforman al ser humano en misteriosa sinergia con otro sinfín de dimensiones. El problema, pues, es su desvinculación con la integridad del ser humano, que es un ser trascendente, espiritual. Este carácter del ser humano no es una opción, que se toma o se deja, sino que el ser humano es así. Evidentemente muchos reniegan de esto, o no conocen o no pueden reconocer este carácter integral, sobrenatural, de la persona humana. Pero la masiva eventualidad de este desconocimiento, que llama a otros al testimonio y al fermento, a la sustitución vicaria por amor, no obsta en absoluto a su realidad.

Ante algo tan hondo como son estas decisiones culturales y legales, existenciales, estas concepciones en que se pone en juego la vida y la muerte, el sentido de la vida, los destinos últimos… los creyentes no pueden circunscribir su respuesta a los postulados, presupuestos y alcances que ofrece la ética y la psicología, sino que deben integrarlos en su misión sobrenatural. No obstante, ética y psicología son imprescindibles, sí. Y además, son verdaderos, pues son dinamismos inscritos en la naturaleza humana, es decir, que nos remiten a Dios creador. Pero, por eso mismo, están llamados a purificación y elevación.

La ética nos puede ayudar a perfilar y contemplar principios que son buenos o malos; pero esto no basta como respuesta ante el misterio del dolor y de la muerte, ni se puede este aspecto misterioso de la existencia humana añadir como un postizo a un discurso ya hecho y cerrado en clave eticista. Para el creyente el proceso opera al revés: desde su fe y su razón integrada vive en el misterio, en las fuentes y los destinos, en la eternizante verticalidad de la historia pues toda ella está transida de gracia. Desde ahí desciende y fecunda las luces, las exigencias, que brotan del corazón humano, de su ser, en relación al bien y el mal. Y ahí, en esos postulados, se encuentra con los hombres que, abiertos a la verdad, no han llegado a reconocer el misterio pero afirman tales postulados sobre el bien y el mal. En la medida de la humildad de tales hombres, es decir, desde un íntimo reconocimiento verdadero que estos hombres viven en su interior y que les dice que siguen siendo buscadores, que no todo está dicho, que el ser humano es más, aun cuando no puedan verlo… en esa medida, los creyentes reconocen con alegría que tales buscadores de la verdad, postuladores de principios éticos verdaderos, han sido, son movidos por la gracia. Humildad y verdad van de la mano. Sin embargo, esto, que a los creyentes puede ayudar al reconocer matices, aspectos no tenidos en cuenta y que los otros han iluminado, sigue siendo impotente a la hora de confrontarse con el hombre que sufre, el hombre que muere. Y con el hombre que predica como solución a estas situaciones insolubles e irreversibles, la eutanasia. Nos vemos entonces, como en tantos frentes, abocados a la evangelización: a ser desde nuestra miseria y nuestras tonterías y sólo por gracia, sal de la tierra y luz del mundo. Para los otros, por amor, pues lo recibido gratis es para darlo gratis.

Similar es la posición respecto a las soluciones psicológicas en la medida en que son psicologistas, cerradas en sí. Un buen pastor espiritual bien sabe de lo preciso que es el conocer y cuidar de estos dinamismos. Y los que no lo saben, no son buenos pastores espirituales. Por eso, la ayuda, el acompañamiento amoroso a los que sufren y a los que aman a los que sufren y por eso mismo sufren ellos también, integra en los ofrecimientos espirituales (y en los sacramentales: unción, eucaristía, reconciliación…), la ayuda psicológica, el fortalecimiento de los dinamismos psicológicos, el reconocimiento de las taras y las carencias que se mezclan con la vida del espíritu y que pretenden en muchos suplirla dejando a los afectados en debilidad y frustración siempre. Es decir, la ayuda espiritual usa medicinalmente las aportaciones veraces de la psicología tanto para entender situaciones y reacciones como para ayudar a sanar lo que está dañado.

Ante el drama de la eutanasia y el suicidio asistido y los previos que provocan su petición, su aceptación, el psicologismo, las compensaciones evasoras, la tecnificación y reglamentación de aquello que se nos escapa de nuestro control (ahí, por ejemplo, los grados de ilusión de la llamada «gestión del duelo»…), no pueden ser la respuesta. Y de hecho no lo son: la aceptación social de la eutanasia, versión posmoderna, crece por el contrario en el ámbito de las sociedades ricas occidentalizadas, de las sociedades que precisamente tienen a mano tales soluciones psicologistas que se revelan impotentes frente al sinsentido vital.

Como con cualquier reto humano, esta declaración creyente de disconformidad no trata de imponer otra respuesta, sino de testimoniar. Y si hay rechazo o incomprensión insalvable, se trata de estar presentes de alguna manera, en silencio, enamorados, orantes, al lado de los que sufren.

Valoraciones mundanas

Ética natural y ofertas psicológicas no tienen por qué ser malas en sí. Depende de sus contenidos, de cómo se aproximen en cierto sentido a la verdad del ser humano en algunas de sus dimensiones. El problema radical es otro: que expresan impotencia existencial ante el misterio del sufrimiento y no pueden satisfacer el ansia de sentido vital, un sentido que atraviesa las fronteras de la muerte. Hay, sin embargo, visiones que pretenden enfrentarse a la eutanasia que sí comportan principios falsos o que usan en su desarrollo argumental de presupuestos morales falsos.

Por ejemplo, cuando en este debate se nos presentan personas que padecen graves discapacidades, y su posicionamiento en contra de la práctica se basa más en el temor a la muerte que en el amor a la vida. Obviamente aquí no juzgamos ni podemos juzgar ni queremos juzgar el valor subjetivo de tales actitudes, sino sólo mostrar una confrontación de principios. No es lo mismo el amor a la vida, ciertamente: superación, servicio, amor, desarrollo, receptividad, espiritualidad… inmersión en un misterio de presencias y sentidos que nos desborda, en el que respiramos, y del que se nos permite echar un vistazo de tanto en cuando…

Un temor a la muerte, no en sentido psicológico, ni como compañero de un crecimiento espiritual, ni vivido como prueba de confianza y de fe, como inyección de humildad, sino un temor existencial, enraizado en la vivencia y la convicción de que no hay nada y por tanto nos aferramos a lo que tenemos en sentido tangible, cuantificable… cuando denuncia la eutanasia o cuando el solicitado la rechaza para él, está compartiendo en realidad alguno de los presupuestos fundamentales que usan los partidarios de la eutanasia: hipervalorar unívocamente la llamada «calidad de vida» hasta el extremo de identificar ese concepto con «la vida» sin más. Unos estiman que tal calidad va a ser imposible en sus actuales condiciones y exigen en consecuencia una eutanasia que les libre definitivamente de tal carencia; otros, enemigos de tal opción, conciben la vida en clave parecida y entonces exigen que la ayuda que se les preste se base en esa visión previa: en la medida en que puedan, con ayuda de la técnica, de la psicología, intentar una existencia agudizada en sentido materialista; gozar de todo lo posible en sus condiciones, como compensación y no como realización... sexo prostituido, dinero, ocio... Lo que sea.

Obviamente, hay ayudas técnicas y apoyos psicológicos, que, si bien pueden coincidir en su materialidad con varias de esas ofertas, no vienen del mismo lugar ni conducen al mismo lugar: hay quien se ha podido casar y engendrar hijos, quien ha podido controlar sus altibajos y potenciar todas sus posibilidades psicofísicas, quien ha podido estudiar y desarrollar una profesión, gracias a estas técnicas. Quien ha podido disfrutar aspectos de la vida integrando tal gozo en una experiencia más alta, siempre abierta, siempre enamorada...

Aquí hablamos de otra cosa: que, cuando tales ofertas se ofrecen en sentido reductivo y total como propaganda contra la eutanasia, es decir, cuando se predica a los candidatos un «no lo hagas, no te dejes matar, para poder disfrutar cuanto puedas y como puedas lo que te quede de vida, que esto son dos días y no hay más»... flaco favor hace a una auténtica defensa de la vida humana. En primer lugar, porque tales compensaciones ya portan en sí una constitutiva contradicción: precisamente por la visión previa materialista-individualista que las engendra, no van a estar al alcance de muchísimos de los que sufren, excluidos social y económicamente por el materialismo estructural. Y en segundo lugar, y esto es lo fundamental, porque esas compensaciones tampoco tienen vigor para *convencer* a unos seres cuya vocación irremediable es el infinito, la totalidad, la eternidad, el amor en sí. Podrán distraer, evadir, de la desesperanza a algunos, pero no más. El ser humano percibe de inmediato, lo confiese o no, lo sepa conceptualizar o no, que tal solución es moneda falsa.

Condenas moralistas, acusaciones falsas, alarmas reductivas

Hay aún más declaraciones de oposición a la eutanasia que contradicen al «evangelio de la vida». Una de ellas es de carácter moralista: el situar de modo total en maldad subjetiva a cualquiera de los autores de prácticas eutanásicas en contexto posmoderno, es decir, no en contextos de «higiene racial» impuesta por el Estado. Por supuesto que en los casos inmersos en la cultura demoburguesa, occidentalista, puede haber y hay motivaciones malvadas, sea odio, el ansia de una herencia, desprecio, quitarse de encima una carga o lo que sea. Pero el problema es más hondo. En el ya clásico y célebre caso de uno de los llamados «ángeles de la muerte», el de la enfermera M. Roeder, el fiscal insistía en los «bajos motivos» de la acusada. Lo tenía que demostrar a toda costa, universalizando de alguna manera la actitud que en sí representaría a cualquier persona que hubiera hecho tal cosa o que defendiera que tal cosa se podía y debía hacer. La defensa, por su parte, intentaba expresar el mismo universalismo en su mensaje: hablaba de «compasión»… Uno y otro se afanaban en reducirlo todo a unas consideraciones subjetivas encarnadas por los autores de tales hechos, que intentaban objetivar vinculándolas de modo determinante al fenómeno en sí: asesinato o acto compasivo.

Los que moralizan y consideran asesinos con todas las letras, con conciencia subjetiva de tal, a quien haya hecho o defendido tal cosa en cualquier circunstancia, se alejan de la gravedad del asunto, de su raíz y de sus consecuencias: es algo mucho más profundo, pues, subjetivamente considerados los hechos, hay muchos que han pedido o aplicado la eutanasia por lo que creían deber moral… lo cual no hace lícita su acción.

En la propaganda contra la eutanasia también encontramos seria debilidad argumental en quienes identifican el fenómeno, tal como se da actualmente en la cultura occidentalista, con los programas eutanásicos nazis, fruto de la vileza racista de tal ideología. Una cosa es denunciar que los presupuestos de la actual cultura eutanásica en el mundo rico contienen semillas malignas que no sólo crecerán, sino que están creciendo ya (y ahí no se pueden ni se deben evitar las referencias matizadas al nacionalsocialismo), y otra es propagar que ahora mismo, en los hospitales de tal mundo, hay matanzas de ancianos y discapacitados por medios activos y de modo casi rutinario. Porque a día de hoy no es verdad. Además, por su carácter de alarma artificiosa y venida de sectores sociales sectarizados en uno de los varios sentidos en que nuestras sociedades viven sectarizadas, tales campañas perjudican de modo profundo a las críticas y cuestionamientos de la eutanasia que intenten escudriñar el mal que en sí representa en referencia a la vocación de todo hombre o mujer venido a la existencia. Y no venido por casualidad. Efectivamente, uno de los perjuicios causados por este sectarismo, es decir, el que denuncia la eutanasia desde visiones ultraderechistas, es la enorme proliferación de noticias falsas al respecto, y de interpretaciones ilegítimas sobre algunos hechos. O bien sobre hechos cuestionables, conversos en las redes sociales en procedimientos habituales, enormes y reglamentados cuando no lo son; o bien hechos que no son eutanasia activa, ni por acción ni por omisión, y que son leídos y denunciados como tales.

Por fin, hay otro clásico grito de alarma que tampoco conviene a la verdad o que se aleja de ella de varios modos: el del «derrumbamiento social» que vendría indefectiblemente tras las aprobaciones de leyes que contradicen al ser humano en sí, su ser y su vocación en la historia. Suelen ser gritos de alarma que, con el propósito de movilizar, se multiplican antes de la promulgación de tales leyes... Después de aprobadas y ya puestas en práctica, la constatación sensible es que estas sociedades no se han derrumbado.

Muchas son las cuestiones que suscita tal fenómeno, y algunas parece que podrían dar la razón a los alarmistas de alguna manera. Pero la diferencia entre quien habla de un germen que iría fructificando hasta dar al traste con las actuales sociedades del mundo rico, sin saber exactamente cómo ni cuándo, respecto a los que predican como advertencia un cataclismo social inminente y en dependencia directa de la aprobación de tal medida legislativa, es evidente.

Las concreciones en cuanto al efecto social que tienen las leyes injustas o degradantes o equivocadas, son muchas, y en conexiones muy variadas entre sí. Hay procesos históricos que han propiciado el derrumbamiento social, moral y espiritual de muchas personas concretas, de muchísimas, mientras el entramado social permanecía apuntalado. Sociedades basadas en la esclavitud, el supuesto derecho de conquista violenta, la crueldad cultural, y muchas otras cosas inhumanas, sociedades como el imperio romano, por ejemplo, se han sostenido durante siglos y han mostrado viabilidad socioeconómica…

Es decir, las cosas son más complejas que lo que indican esos gritos de alarma, que, además, casi desaparecen una vez asentadas las nuevas leyes en el contexto social en que han nacido. Complejas, porque hay fenómenos que se pueden encapsular socialmente, de tal modo que su presencia es tan discreta que apenas afecta visiblemente a la marcha del conjunto. Es lo que ocurre en los primeros años tras una legalización de prácticas eutanásicas: pocos casos, anonimato en contraste con los casos estrella que se usaron durante las campañas culturales, no interferencia en la actividad habitual de los hospitales en que se practique… Es después cuando surgen las denuncias merced al incremento exponencial de solicitudes y de realizaciones, que muestran no sólo *normalización* sino incesante ampliación de supuestos. Y también merced a la casuística, porque se empiezan a constatar situaciones ambiguas y no claras en que el dinamismo establecido hace optar habitualmente por una solución eutanásica, situaciones en que se decide por otros, y etcétera. El encapsulamiento primero se intenta mantener, pero muestra grietas que son visibles a quien quiera ver.

Hay, por supuesto y como hemos indicado antes, consideraciones que sí hablan de derrumbamiento social en la medida en que esas leyes brotan de contextos sociopolíticos y culturales que, a pesar su actual pretensión de definitividad, están llenos de agujeros y contradicciones íntimas, además de presiones externas, muchas de ellas consecuencia reactiva de los propios desafueros. En este sentido, se puede contemplar la cultura eutanásica posmoderna y sus legislaciones, como otro de los frutos de tal mundo contradictorio, fruto que se volverá contra la sociedad que lo ha originado convirtiéndose en otra piedra miliar más de un camino de descomposición personalista que conduciría de algún modo al desmantelamiento de esa sociedad. A su colapso.

El pasito que significa la normalización de la eutanasia, apenas perceptible pese a las alarmas de ciertos denunciadores, consolida el sinsentido que ya atrapa a millones de hermanos que no saben qué hacer ni por dónde empezar para afrontar de algún modo el mal, el sufrimiento, y lo definitivo: la muerte. Se trata de una atmósfera que crece relativamente despacio. Ese es el auténtico derrumbamiento, el que tiene que ver con la vocación de cada cual. Respecto al otro, que vendrá como ha venido siempre, el de las civilizaciones y sociedades, sí podemos contemplar a la eutanasia valorada como uno de los basamentos, una de las causas concomitantes —junto con otras, como la codicia estructural o el imperialismo cultural— que se puedan identificar como germen de a futura descomposición.

En este breve elenco de principios opositores a la legalización y la práctica de la eutanasia en los que contemplamos debilidad argumental, falsedades y contradicciones, debemos añadir también otra de las respuestas moralistas más extendidas: la que pretende como solución una actitud estoica, heroica, cuyo reverso es el acusar de modo general a los que piden la eutanasia de cobardía.

Ese género de valoraciones es ajeno al misterio de gracia que custodia la Iglesia, a más de ser fruto de algún alma orgullosa que usa como vara de medir sus propias y supuestas virtudes, es decir, a sí mismo, y que cree poder juzgar acusatoriamente, de modo inmisericorde y con acierto absoluto a cada uno de sus hermanos sumidos en tal drama. Muchos hijos de esta Iglesia, misterio insondable a su vez, sin embargo, viven atrapados en tales voluntarismos moralistas. Este error no indica con determinación absoluta el que nos encontremos delante de una persona entregada al orgullo, pero propicia esta actitud, o sume en el desconcierto y la frustración a los que viven en esta ideología moralista:

> «No es como una busca de consuelo, sino una carencia de valor y hombría para soportar las angustias de los dolores que origina la naturaleza humana. Es un desafío a quien dio la vida hasta que llegara su fin natural»[5]

No es este el camino, no es cuestión de «valor y hombría», de callada resignación o de fortaleza venida de uno mismo para aguantar estoicamente. Si viene la serenidad, por gracia, bienvenida sea; y que, despejando la mente y el corazón de referencias a uno mismo, se ponga al servicio de los otros. Si viene la fortaleza, lo mismo: gracias a lo Alto, y ayudar a los más débiles... Pero puede sobrevenir la angustia, el grito, la necesidad de pedir auxilio... Y esto no es cobardía, sino manifestación saludable de nuestra condición de fragilidad, de dependencia, y ocasión para la humildad; y para comulgar con el dolor de los otros saboreando a la fuerza la propia impotencia.

El mensaje espiritual que brota en la Iglesia como don, el que se manifiesta en sus auténticos maestros espirituales, no sitúa ni puede situar el drama de la eutanasia en los parámetros del voluntarismo y en las acusaciones de cobardía. Cuando Amenábar, hablando de su película *Mar adentro*, afirmaba sobre la figura de Ramón Sampedro que no era lo que «la Iglesia» dice sobre estas personas: que son cobardes[6]... o bien no conoce o no quiere conocer lo que «la Iglesia» dice de estas personas, o bien la

[5] Fulgencio PALENCIA CABRERA, «Eutanasia»: *El Norte de Castilla* (19-5-1989) 2

[6] Cf entrevista a Alejandro Amenábar emitida en Radio 5 Todo Noticias, de RNE, el 8-9-2004

precipitada y no contrastada afirmación es otro fruto emocional incontenible de su cruzada personal contra la noción misma de Trascendencia, y, específicamente, contra la Iglesia.

El problema, de todos modos, no se queda ahí, en los malentendidos conscientes o no respecto al posicionamiento de la Iglesia en relación con este reto contemporáneo. Sencillamente, porque es verdad que la respuesta del moralismo voluntarista existe, es muy amplia, está expresada por muchos que quieren soportar sus afirmaciones en la fe cristiana y, por tanto, también existe el mensaje reductivo y polarizado sobre las actitudes que se manifiestan ante los casos concretos: se trataría en definitiva de héroes… y de cobardes.

CAP. 2.- CULTURA «PROVIDA» Y CONSERVADURISMO: FALSEDADES CONGÉNITAS

El clima

En la Introducción de este ensayo ya advertíamos de la necesidad imperiosa de desvincular nuestra denuncia de la actual configuración de gran parte de la llamada cultura «provida», inserta en cosmovisiones conservadoras a las que no dudamos en señalar como productores y cómplices de lo que aquí definimos como «eutanasia social».

Es esta desvinculación un previo irrenunciable, encajado orgánicamente en toda nuestra reflexión, porque no sólo tal concepción no es objetivamente «amiga de la vida», como tan pomposamente se define a sí misma, sino que la contradicción íntima, la falsedad congénita, que representa una supuesta opción provida que mata, sirve a los otros para justificarse.

Efectivamente, esta contradicción existe y es manifiesta. Más bien descarada... Es para *enternecerse*... de horror, el oír intervenciones parlamentarias y mitinescas contra las leyes de eutanasia, a formaciones político-morales que predican sin cesar odio explícito contra medio mundo, piden medidas de fuerza (de violencia) contra todo, y defienden con claridad exquisita eso que la Iglesia docente —en medio de la sordera de una multitud de hijos— ha definido como «economía que mata», «mecanismos perversos» socioeconómicos y etcétera.

Cuando uno oye estas protestas que hablan de la intangibilidad de los terminales y discapacitados, así como de la defensa de la vida de los no nacidos, de parte de esta amplísima facción social... cuando oye en esos contextos citas de la propia Iglesia... se le saltan a uno las lágrimas. Pero no por la inaudita y súbita *ternura* e interés con que estos guerreros tratan a estos hermanos: selectos escogidos de entre los millones que ven amenazadas sus vidas para ser supuestamente defendidos de los malvados que quieren dañarlos, a la par que esos otros millones son

35

señalados como enemigos. Incluidos los no nacidos de entre ellos, los niños, los discapacitados y cualquiera que no entre en la previa clasificación «provida», «prolife», que el conservadurismo ha establecido.

A la derecha moralista, afirmamos, no le interesa «la vida», así, considerada en totalidad, sino el significado contextual de diversas vidas, conversas en banderín político: un no nacido en el seno de las sociedades demoburguesas, aunque a la madre se le niegue ayuda o se le regatee una escasa ayuda; un terminal en tales sociedades, aunque no haya que exagerar en eso de los paliativos, que costarían mucho dinero público... Incluso un refugiado de guerra, también sin exagerar, dependiendo de qué guerra huya, de qué raza sea y qué confesión religiosa tenga... Sí, sin exagerar, pues incluso éstos quedan abandonados a su suerte después de las primeras ayudas y palmadas en la espalda. Que también cuestan dinero y el economicismo de unos y de otros hace su trabajo...

Es una selección de símbolos, de personas reducidas a ser símbolos. Las otras personas contra las que se atenta, cuyas vidas e integridad pierden o están en serio peligro, en número masivo, extenso y público... no sólo no entran en la clasificación conservadora provida, sino que son objeto de hostilidad.

Esto no es una acusación ni un insulto, sino la constatación de un hecho del que ese sector social, esa visión de las cosas, no se avergüenza, sino que predica por doquier ufanándose de su claridad. Hablando, por ejemplo, del caso español y de los que aquí se posicionan con firmeza y con un mismo espíritu frente a las leyes eutanásicas —desde la Plataforma Neos a Vox y otros tantos similares—, vemos lo que respecto a «la vida humana» consideran legítimo: el uso de la fuerza y el poner muros y armas para custodiarlo frente a quien quiera saltarlo o eludirlo porque se le ha negado tanto el derecho a migrar como el derecho a no migrar; a muchos, incontables, se les ha vetado el entrar en una embajada o consulado para pedir asilo, se les ha impedido entrar en un avión, barco o autocar para viajar... Legítimo el apoyar, exigir y eventualmente participar en empresas bélicas que, bajo grandes proclamas como la lucha contra el terrorismo, la defensa de la democracia (!!), de la paz (!!!), matan masivamente a población civil... Legítimo el proponer, frente a determinados males sociales de origen complejo y en los que no está ausente la injusticia social, la marginalidad, el desamor manifiesto gritado con desprecio a los cuatro vientos, la mano dura policial, obstaculizando cualquier cuestionamiento de sus acciones, sean las que fueren... Legítimo el zanjar cuestiones sociales culpabilizando a muchos de los pobres y empobrecidos de sus propias situaciones, difundiendo mensajes en los que asoman las palabras «vago», «estafador», «delincuente», para dejarlos a su suerte o ir dejándolos a su suerte, con inclusión de sus hijos menores... La retahíla de legitimidades predicada por ese conservadurismo que se autodefine como «provida» es más amplia. Sólo hemos aludido a alguno de sus discursos, los que ellos mismos propagan muy ufanos.

Al fin, este conservadurismo teñido de religiosidad cultural tiene relación última con el darwinismo social desde el que otros justifican la implantación de medidas eutanásicas. Porque todas estas propuestas que hablan de cárceles, deportaciones, militarización de fronteras, expediciones bélicas, policialismo extremo... y ultraliberalismo económico, suponen un verdadero «culto a la fuerza» cuya expresión práctica son, siempre, atentados contra la vida y la dignidad de otros, inocentes, sin reservas de edad y condición.

Esa supuesta cultura provida, cuando clama contra estas leyes atentatorias contra la vida, se manifiesta como una falacia, un chiste trágico, una farsa sangrienta... Haber escuchado a Reagan proclamando «el carácter sagrado de cada vida»; contemplar a uno de los gobiernos Berlusconi como adalides de la defensa de la vida en el caso de Eluana Englaro, a quien se retiró la alimentación para que muriera; oír a Orban perorar en defensa de los no nacidos mientas sus paramilitares, los «Cazadores», cometen brutalidades en las fronteras contra familias con sus niños; escuchar a Salvini, rosario en mano, quejarse de esas leyes de muerte mientras defiende con agresividad y petulancia el dejar morir a familias enteras en el mar; oír otra vez la falsedad sobre «la santidad de la vida», de boca del señor Trump... Aguantar los gritos en las manifestaciones provida o las quejas parlamentarias al respecto de parte de los miembros de Vox mientras los mismos claman contra los menores inmigrantes, piden deportación y mano libre a la policía y asumen con todas las letras las muertes y mutilaciones de miles de niños en Gaza... Eso, claro, tiene consecuencias. Y muy graves y profundas.

Hay un clima en una grandísima parte de la llamada cultura provida. Un clima enraizado.

...Febrero de 2020: inicio de trámites para ley de eutanasia que finalmente se aprobará en España: muchos obispos y sacerdotes hablan.

...Febrero de 2020: jueces europeos deciden avalar expulsiones sin trámite. Es decir y según el libre lenguaje de desacato de los Padres, «jueces inicuos», «abogados de los ricos», «despreciadores de los pobres»: muchos obispos (diría que casi todos) y sacerdotes callan... El clima existe y hace un daño espiritual incalculable.

Así pues, nos hallamos en un frente en que la generalidad de los contendientes se halla situado en alguno de estos dos *bandos*: el prejuicio laicista y la falsa cultura provida. Lo cual es para nosotros verdadero acicate para la reflexión, profundización y aclaración: dar claridad, luz.

El prejuicio laicista, su carácter de dogma totalizante, por el que se vive como algo normal, deseable, como un «progreso», la legislación eutanásica, provoca el que no se valoren siquiera las objeciones venidas del magisterio de la Iglesia ni su carácter propositivo, indicador de caminos. Es un axioma sencillo, un silogismo incontestable: alguien se manifiesta contrario a la eutanasia, luego es un reaccionario situado evidentemente en la órbita del ultraconservadurismo, y, por tanto —sigue el falso silogismo—, no hay por qué atender a sus razones, ni responderlas, sencillamente, porque ni siquiera se han registrado...

Ahora bien, esta cómoda salida a las objeciones le resulta fácil a la cultura dominante porque es verdad que existe una evidente conjunción entre ultraderechismo y deslegitimación de la eutanasia. La cuestión es que eso, que es verdad, y bien trágica, no es toda la verdad. Ni la verdad en sí.

Un cristiano, un católico, que se confronta con el drama de la eutanasia y ve su ilegitimidad sabe que es otro lugar el suyo, ajeno a esta contienda protagonizada por paradigmas mundanos. Sabe lo que decía aquel Papa santo, que «se trata de "hacerse cargo" de toda la vida y de la vida de todos»[7]...

Esta declaración no puede reducirse a un lírico deseo que no contempla los hechos para juzgarlos. Sabemos lo que significa la dignidad sobrenatural de cualquiera de los otros, buenos y malos. Sabemos que Jesucristo se identifica sacramentalmente, elevando más esa dignidad, con los sufrientes y los pobres de la tierra. Que esta es una batalla de amor, amor sobrenatural, como todas nuestras batallas. Y que es indigno, muy indigno, el sustituir esta verdad que libera, esta Presencia, por una ideología que odia. Con religiosidad o sin ella, odio e idolatría. Se trata entonces de contemplar esta verdad como realidad operante que no sólo se expresa en el interior de los que la acogen, sino que tiene el lenguaje de las opciones sociopolíticas como expresión de la caridad. Opciones que se reconocen, y si no se encuentran —que no se encuentran—, se crean.

No puede ser que se viva como normal lo que no lo es, el que los cristianos se entreguen, en nombre de su fe, a ideologías. No, los hijos de la Iglesia tienen un bagaje propio, no excluyente, pues la gracia se manifiesta por doquier en hermanos de otros rediles, pero propio, venido del Señor Jesús. Y es sólo con este bagaje con el que puede hacer frente a un fenómeno profundo como es el de la concepción de la eutanasia como derecho humano. Es ese mismo bagaje, y no otro, el que le impulsa asimismo a confrontarse con esa otra manifestación de la cultura de la muerte como es la falsificación conservadora de la defensa de la vida, se presente de modo confesional o no.

---

[7] SAN JUAN PABLO II, *Evangelium vitae*, n.87

Idolatría economicista

La insistencia en estas páginas sobre el economicismo y la moral burguesa tiene que ver con la vocación universal cristiana a la kenosis... menguar para que Él crezca, menguar, anonadarse, buscar los últimos lugares, para servir a todos, para que los otros, donde Él se identifica y se manifiesta, crezcan.

Esta verdad universal tiene muchos lenguajes y no es uniforme; pero supone una tensión interiormente pacifica, a la vez que brutalmente ardorosa, por servir a los que sufren y por abajarse, dejándose liberar de consideraciones y afanes de este mundo y sus valores y sus vanidades. Con modos y ritmos diferentes, luces diversas, situaciones providenciales a cuál más dispar, es, sin embargo, vocación universal. Y esto comporta el creer, de una vez, en esas enseñanzas sociales de la Iglesia que hoy se desconocen, se aparcan, se conciben como vocaciones particulares, o como mero objeto de curiosidad o de estudio para algunos, y, sobre todo, se las despoja de carácter sobrenatural y santificante, se las reduce a ética naturalista o a deseo romántico... Se las silencia para que no incordien.

Hablando de la eutanasia posmoderna, la denuncia social debe ir precedida entonces por una respuesta social que, en nuestro caso, el de los cristianos, brota de las primeras consideraciones sobrenaturales: el anuncio, la lucha por una justicia social atravesada y elevada por el amor de Dios a cada persona. Esto significa que nuestra denuncia es estéril y nuestras consideraciones sobre el valor salvífico del sufrimiento son un lirismo vano, si no se visibiliza una lucha clara y unas realizaciones tangibles respecto a la sanidad realmente universal, que establece como único criterio para ser atendido el que se necesite ser atendido, respecto a los cuidados paliativos reales, los acompañamientos sin condiciones a los crónicos progresivos, y respecto al desarrollo de las potencialidades humanas de los grandes discapacitados, es decir, de los grupos humanos entre los que se encuentran muchos de los solicitantes de eutanasia. Esto, a su vez, significa que las protestas contra la eutanasia de parte de quienes defienden el sálvese quien pueda del individualismo liberal y abominan con horror y asco y odio de cualquier cuestionamiento del capitalismo, son otro capítulo más de esta comedia sangrienta a que aludíamos más arriba.

Esta paradoja, o hipocresía, es constitutiva de muchos sectores político-morales denunciadores de la eutanasia. Estos seguidores aplaudidores de Mises, de Hayek, de Friedman, estos entusiastas de extrema derecha nacional católica que en mayo de 2024 y en un acto político organizado por Vox en España jaleaban a Javier Milei o le aclamaban en la sede de la Comunidad Autonómica de Madrid... Este hombre preconiza un ultraliberalismo económico extremo, no sólo como objetivo, es decir, todos ricos y todos egoístas, sino como medio para llegar a eso, dejando en el camino a los *fracasados* en el empeño. Que pueden ser naciones enteras, regiones enteras, millones de ciudadanos de algún lugar. Un ultraliberalismo que, para sufrimiento de los anarquistas, denomina «libertario», pues en él, el Estado sería mínimo y sólo tendría un papel represor. Y esto mismo incluso con la contratación de mercenarios y matones del sector privado. Pues bien, todos esos enemigos de la eutanasia le aplauden sin cesar... pero la mayoría de ellos no pertenece a la alta burguesía, que tiene potencia económica para pagarse su sanidad según su necesidad y al momento. La mayoría no puede pagar tampoco un seguro privado que cubriera lo que hoy cubre en los países de capitalismo desarrollado la sanidad pública gracias a ya antiguas medidas de corte socializante. La mayoría no pertenece a la casta del profesionalismo político, es decir, a ese grupo de personas con poder y crédito, que puede pontificar sobre la carga de los gastos sanitarios, sobre su puesto en el orden de las prioridades y sobre lo que consideran aberración socializante, a fin de recortar, privatizar, abolir servicios... siempre desde una posición en la que, v.gr., la aparición en sus augustas personas de un inquietante grano en el culo podría ser resuelto con un traslado en helicóptero a la Ruber... Es broma y no es broma: los que deciden sobre estas cuestiones en detrimento de otros, a los que por consideraciones economicistas se les deja fuera o en segundo lugar, tienen asegurada su piel y la de los suyos, o hacen lo posible porque así sea. Y esto es axiomático. Decíamos entonces: la mayoría de estos jaleadores *anticomunistas* —¡pues así justifican su pretensión!—, si ellos o su gente se ponen malitos, van a un hospital… público.

Todos estos profetas de las bondades del capitalismo y su carácter libertador, son denunciadores de la eutanasia en ámbito clínico (no de la eutanasia social: los que mueren a causa de la injusticia). Pero aplauden a políticos que predican que cada cual debe pagarse sus tratamientos médicos porque eso es verdadera expresión de libertad… ¿Para quién?…

Entonces, si en contexto capitalista luchan contra medidas fiscales mínimamente correctoras, si no se cree, ni siquiera para actuar como fermento en la masa, en alternativas económicas personalistas comunitarias, ecológicas, de comunión y cooperación, de mancomunidad, donde «lo pequeño es hermoso» y de abajo a arriba se pone en común lo que se necesite para atender a todos y se crean mecanismos compensatorios y correctores de desigualdad en los medios y aportaciones… ¿quién piensan que pagará entonces los caros cuidados paliativos alternativos a la eutanasia de los terminales? ¿quién los cuidados permanentes de los crónicos progresivos? ¿quién los medios que éstos y los gravemente discapacitados necesitan para desarrollar sus cualidades profesionales, sus aportaciones humanas, sus vocaciones…? ¿quién las ayudas a domicilio, reales y completas según necesidad, para alejar de ámbitos hospitalarios y aislamiento social a quien no debe o no quiere estar ahí?…

Estas alternativas exigen creer en las enseñanzas sociales de la Iglesia: ni «mercado», ni visiones liberales de la economía, como tampoco el burocratismo gigantista y centralizador de la misma, son opciones que, aboliendo la solidaridad, puedan responder al reto de la eutanasia. Como a ningún otro reto de modo dignificador de la persona humana, y, para los cristianos, de modo que exprese y sostenga a la vez el camino de la santidad.

Así pues, el economicismo no casa con la denuncia de la eutanasia posmoderna. El asunto se presenta como una pugna entre ideologías que se disputan el poder político y los que en tal pugna apoyan la denuncia de la eutanasia como enemiga de la vida humana no tienen, en sí y desde sus presupuestos existenciales, autoridad para que tal denuncia sea mínimamente creíble. Es una denuncia que sólo pretende propaganda: presentar a sus enemigos a la izquierda como criminales.

Eutanasia social

Esta eutanasia es la consecuencia obvia de los economicismos despersonalizantes. Pero tales concepciones de la economía, en la que la persona humana es una variable más, no es privativa de quienes defienden una acentuación de los mecanismos capitalistas en el sentido de quitarle trabas de modo radical, es decir, de quienes luchan por agudizar y extremar el liberalismo económico. Más adelante volveremos a tratar del «economicismo» y de la «eutanasia social» como elementos integrados en las dinámicas culturales y sociales en que brota la eutanasia posmoderna y sus legislaciones legitimadoras. Elementos que se hacen presentes en la realización de prácticas eutanásicas en contexto clínico y legales, pero en situaciones políticas que no son las que representa la derecha conservadora que denuncia tales legislaciones. Ahora, en este capítulo previo y clarificador de nuestra postura, queremos sólo mostrar el contraste contradictorio entre esa supuesta defensa de la vida reivindicada por tal derecha y las concepciones que la sustentan como cosmovisión, y que apuntalan este fenómeno masivo que es la eutanasia social, es decir, el dejar morir por inatención —indiferente o programada— a enfermos, discapacitados y ancianos pobres y sin poder.

Cuando se habla de eutanasia, no se puede eludir esta realidad. Las legislaciones eutanásicas, sean impuestas como es el caso del nacionalsocialismo, sean concebidas como derecho, según se presenta cultural y legalmente la eutanasia posmoderna, tienen sus propios dinamismos internos, sus propias justificaciones, sus principios, etc. Es decir, pueden y deben ser tratadas tales legislaciones y sus espíritus de un modo específico. Esto nos proponemos en posteriores páginas de esta reflexión. Pero cuando los opositores arguyen la defensa de la vida humana, nos vemos obligados a verificar si tal defensa es real. Y ahí tiene sentido el encontrar y denunciar un vínculo entre algunas, muchas, de tales oposiciones y la extensión de la eutanasia social.

Tampoco se puede eludir que ambas eutanasias, tanto las legisladas para contexto clínico como las operadas por mecanismos económicos opresores y por decisiones de poder, personales, se refieren a situaciones personales similares, giran en torno a los mismos sujetos, están hablando de las mismas categorías de personas: enfermos, discapacitados y ancianos.

No se puede eludir esta realidad, decíamos, pero se elude. Y esta elusión es más clamorosa aún, cuando es protagonizada de modo habitual por los «defensores de la vida».

El vínculo nocivo entre riquezas y sanidad es algo que viene de antiguo. Ya Platón lo constataba en *La República*, describiendo el diverso modo con que los médicos trataban a los enfermos dependiendo de si eran esclavos o libres, y entre éstos, si eran ricos o pobres... Los esclavos, concebidos como fuerza económica de los amos, eran tratados como animales enfermos a los que habría que sanar para que siguieran rindiendo... «ninguno de estos médicos da o escucha razón alguna acerca de las enfermedades de cada uno de esos esclavos y tras recetar lo que les parece mejor según su experiencia, se portan como un tirano soberbio y en seguida se alejan para dirigirse hacia otro esclavo enfermo»... Hombres y mujeres tratados como cosas en función del beneficio económico de otros. Los incurables, abandonados; los que exigieran tratamientos largos y costosos, abandonados... La antítesis del Buen Samaritano.

En Roma, el triste remedio del abandono en la Isla Tiberina a los esclavos que no podían rendir a causa de la triple condición de que hablamos: ancianidad, enfermedad, discapacidad...

Esta eutanasia social, además de la eugenésica (Esparta, v.gr.), no es algo nuevo. Pero a día de hoy es brutal en la extensión de su aplicación, así como es brutal el ocultamiento de la misma y la elusión de la responsabilidad que en ella tenemos todos.

San Juan Pablo II, en la oración dirigida a María al término de su encíclica *Evangelium vitae*, publicada en 1995, hacía alusión a los atentados contra la vida vigentes. No circunscribía su oración, ni su encíclica, a los dos casos que hoy se normalizan social y jurídicamente como derechos, es decir, el aborto y la eutanasia, sino que prestaba atención a todos los atentados contra la vida, en los que incluía con vigor la pobreza impuesta o por abandono, y la violencia entre los hombres, la guerra, la represión. En el elenco, además de aludir a la eutanasia posmoderna, es decir, la que se justifica por una «presunta piedad», indicaba esta otra forma de eutanasia... «Mira, Madre, el número inmenso (...) de ancianos y enfermos muertos a causa de la indiferencia»...

Francisco, en su exhortación sobre la llamada universal a la santidad *Gaudete et exsultate*, hablaba directamente de esta eutanasia social, la «eutanasia encubierta de los enfermos y los ancianos privados de atención» (n.101)...

Quienes claman contra la eutanasia e invocan razones cristianas, como hacen los adscritos a esa derecha conservadora de que hablamos aquí, deberían mirar qué defienden. Pues la fe, la esperanza, el amor, son gratuidad. Todo es don, y don para ser compartido. Así se nos ha revelado... «¿qué tienes que no hayas recibido?», «lo que has recibido gratis, dalo gratis»... La eutanasia social, realidad que afecta a un «número inmenso» de hermanos, es anticristiana. No es inevitable. El fatalismo económico es algo a lo que uno se puede sumar o puede resistir... por mucho que griten ciertos economistas acomodados, inquisidores prestos a señalar a los heterodoxos, a los herejes de su dios, quebrantadores de «la ortodoxia».

Al fin y entre nosotros, en el mundo rico, podemos identificar algunas, muchas, de esas muertes concretas en las que ha estado implicada la facción que clama contra las legislaciones eutanásicas como representativas de las antropologías «progresistas» con las que compiten culturalmente. De antaño ya viene aquello de los ancianos pobres muertos por hipotermia en la Gran Bretaña de Tatcher; o los miles de enfermos pobres que murieron cuando el señor Reagan recortó drásticamente los recursos para sostener los ya muy precarios servicios que un par de leyes de Johnson habían puesto en marcha. Son sólo algunos ejemplos genéricos de cómo la agudización del economicismo mata más.

Cuando los desvaríos especuladores del capitalismo originaron la crisis de 2007-2008[8], se recortaron gastos públicos como solución. Y evidentemente la carga de tales medidas cayó sobre los más débiles. En Europa murió gente por inatención sanitaria, por haber sido expulsados de los servicios sanitarios, y por no recibir la ayuda adecuada. Así en España, con la aplicación de la llamada Ley de Dependencia, que originó dilaciones *in eternis* de prestaciones y, por tanto, falta de atención y de medios para mucha gente que los necesitaba. Lo de *in eternis* tiene cierta literalidad, pues los ingenieros de la propaganda política inventaron lo de publicar cifras que hablaban de expedientes relativos a la Ley de Dependencia resueltos al fin, como pomposa muestra de interés y de eficacia… pero omitiendo el pequeñísimo detalle de que en las

---

[8] Aquí hay que hacer notar que para el egoísmo consumista del mundo rico y para sus economistas, el que el Sur viva aplastado por la usura del Norte y la corrupción interna con la que negocia ese Norte, el que los desequilibrios den al traste con vidas y comunidades de modo masivo, el que haya millones de esclavos literales y más millones aún de explotados brutalmente, el que cada día mueran de hambre miles y miles de niños, y enfermos curables, y accidentados o violentados curables, el que se acelere la expoliación y destrucción de la naturaleza de modo meteórico, y todo lo demás, pensable e impensable… no es crisis en la medida en que en el mundo rico y sus filiales fluya el crédito, el consumo se dispare, la sobreproducción no cese y la codicia crezca sin límites. Y todo aclamado como un valor, y vendido políticamente como éxito a derecha e izquierda.

cifras de resolución final de tales esperas y dilaciones cuyo lenguaje directo había sido la prolongada ausencia de ayudas, se metía en el mismo saco a los que tarde y mal habían recibido las prestaciones con... los que habían fallecido mientras esperaban. Ciertamente eran casos resueltos... En un número indeterminado de estos casos, la causa de la muerte fue debida a la prolongación de la inatención.

La pandemia ocasionada por el covid en 2020, también mostró casos de «eutanasia encubierta». Muchos. Y entre ellos algunos con cierta notabilidad en los que asomaba la implicación del conservadurismo cuyas bases sociales están constituidas por personas que, en principio y hasta que se vuelvan un valor a conservar o una normalidad contractual, están en contra de las legislaciones eutanásicas.

El caso más notorio fue en España el de la Comunidad de Madrid respecto a los ancianos infectados por el virus que estaban bajo tutela oficial en residencias. La omisión deliberada de asistencia ocurrió en muchos otros lugares, desde actitudes en que se podía mezclar el temor al agotamiento de recursos con la inquietud de no saber a qué se estaban enfrentando y qué deriva podía tener la extensión de la enfermedad. Sí, la selección de los que iban a ser abandonados hasta su muerte ocurrió en más lugares, pero aquí sus responsables tuvieron la imprudencia de darlo a conocer de varias maneras... Un video en que un médico instruye a sus compañeros sobre la eventualidad de la recepción de órdenes políticas negando hospitalización a personas mayores y habla de posibles escenarios de medicina de guerra, es decir, situación de catástrofe, pocos recursos y personal, y necesidad de selección inmediata para atender a los que se juzgue puedan sanar con menos recursos y no a los que más lo necesiten... Claro, este mensaje se daba en el seno de un país rico que habitualmente tira a la basura, literalmente, toneladas de material médico, que tiene profesionales sanitarios en paro, que no está inmerso en una guerra que destruiría literalmente los medios, que tiene una red muy extensa de medicina privada, es decir, con medios a disposición en caso de catástrofe... una sociedad con recursos económicos, con infraestructura industrial para organizar de inmediato y por vía de urgencia la producción de equipos y material… En la charla grabada en video se admitía que la selección de asignación de recursos ya se estaba dando al interior de las residencias de ancianos: ante los síntomas, sólo tratamiento antibacteriano, antibióticos… «y si es covid, mala suerte»… La respuesta oficial es que «se trataba de un simulacro», y que no había directivas en este sentido…

Pero he aquí que aparecieron diversos protocolos firmados. La respuesta oficial fue parecida: no era real, se trataba de un «borrador» que se había enviado «por error». Así pues, «simulacro, borrador, error». Un consejero de esa Comunidad autónoma, que dimitió en medio de ese barullo, publicó dos años después un libro[9] en que publicaba al menos cuatro protocolos firmados en ese sentido: no hospitalizar a los ancianos de residencias infectadas. Publicó asimismo su batalla al interior de esa administración: cartas y correos en que pedía se medicalizaran realmente las residencias, se enviaran médicos, se autorizaran los traslados a los hoteles medicalizados, se permitieran los ingresos de esos ancianos en el enorme hospital de campaña (en Ifema) dispuesto al efecto… Según las autoridades acusadas todo eso se hizo de modo sobrado; según este consejero, que formaba parte de tal autoridad y que avisó incluso de que muchos «morirán de forma indigna», tal como reza el título de su libro, y de ulteriores consecuencias legales, no se hizo… por criterios de ahorro y selección de recursos dirigidos a otros, más leves y/o más fuertes, de los que había razones fundadas de que sanarían.

Para los familiares de más de 7000 personas en este caso, sí se trató de eutanasia social, de una eutanasia encubierta a causa del abandono y la omisión deliberada por motivación fundamental económica, operada por un sector político-moral cuyas bases

---

[9] Alberto REYERO ZUBIRI, *Morirán de forma indigna* (Libros del K.O., Madrid 2022)

sociales, como indicábamos más arriba, se adhieren generalmente a las protestas contra las legislaciones eutanásicas actuales.

Credibilidad: situarse en otro lugar

Hay una crisis de credibilidad que enturbia la crítica a la eutanasia y oscurece las aportaciones propositivas referentes al dolor de los hermanos. La respuesta para quienes confiesan su fe cristiana en la Iglesia católica es, sin embargo, algo muy sencillo: ser católico, universal. Atender lo que el Espíritu dice a las Iglesias de Dios, romper con las ideologías y descubrir la belleza de un combate que nos supera absolutamente porque quiere asumirlo todo y a todos, quiere amar a todos, quiere consagrarlo todo, quiere estar presente en todos los lugares del sufrimiento.

Entonces, la alarma ante la fagocitación de la fe por las ideologías derechistas, no es una alarma *horizontal*, como si para escapar de tal ideologización hubiéramos de ampararnos en otra, se llame «centro», «izquierda», «apolítica»... Significa situarse en «otro lugar», desde otro lugar, desde otros parámetros, no mundanos; otros deseos, otras valoraciones, otras expectativas, que tienen un sello de universalidad, transida de sobrenaturalidad. El amor sobrenatural se torna entonces vara de medir sobre nuestros propios juicios y sobre nuestras fragilidades y debilidades de visión.

Un signo evidente de liberación respecto a la falsedad conservadora de la defensa de la vida y frente a los nuevos dogmas posmodernos y sus nuevas legislaciones, es mostrar esta defensa como algo totalizante. Si faltan aspectos, que no se pueden ocultar, pues son masivos, o encubrirlos bajo la excusa de su nimiedad, pues son bien sangrientos, tal defensa de la vida es una empresa estéril.

Esta fragmentación ideológica mundana es consustancial a las ideologías mundanas que se disputan el influjo cultural y el poder político. Una postura enraizada en las enseñanzas de la Iglesia, a día de hoy y en las naciones ricas, no puede menos que causar perplejidad. Porque los bloques están definidos y tales enseñanzas no casan objetivamente con ninguno, tanto en el espíritu como en la letra. La evidencia de que esta perplejidad apenas se manifiesta, nos dice algo también muy sencillo: que no hay suficiente número de hijos de la Iglesia que crean en la veracidad de esas enseñanzas, y que incluso la mayoría las desconoce, pues sus pastores no las estiman sin más, o no las estiman con entidad y gravedad suficientes como para formar a los creyentes en tal o cual sentido.

El binomio resultante es tremendo: los que gritan contra aborto, eutanasia e irreligiosidad, se entregan al odio, al belicismo, a la guerra contra los pobres, al materialismo burgués... Los que gritan contra las opresiones, contra las guerras, contra los fanatismos religiosos o racistas, se entregan asimismo al odio, viven una ceguera estrambótica respecto a la realidad del aborto, niegan la religión y por tanto, regulan la eutanasia... y culminan, como los otros, donde empezaron: en el materialismo burgués. Al fin, los supuestos liberacionistas, cantan otras guerras, cierran los ojos ante otras brutales opresiones, y llegan a hacer repulsivas por sus reduccionismos ideológicos, verdaderas causas por las que luchar. Los otros, los conservadores, viven procesos de descomposición calcados: reducen la religión a ideología, esperpéntica tradición nacional, moralismo... y la hacen odiosa para tantos de los que, lo sepan o no, están esperando un soplo de verdad, de amor.

La credibilidad no es algo sólo constatable externamente. Si es real la fidelidad a la verdad, sus manifestaciones son notables, visibles. No puede ser de otro modo. Pero asimismo la credibilidad, la autenticidad, comporta un dinamismo invisible, de comunicación de gracia, que los hermanos necesitan, que todos necesitamos. Hay luces, crecimientos personales, esclarecimientos, conversiones... que se deben a este dinamismo, esta corriente de vida que manifiesta una fraternidad insondable a los hombres. En este sentido, muchos romperían con la lógica aplastante y envolvente con que se presentan en nuestros mundos estas legislaciones eutanásicas y sus fundamentos. Es decir, recibirían la luz del testimonio visible, y una luz inexplicable y poderosa asomando en su interior para asentir a la verdad que custodia la Iglesia y que se proyecta sobre este complejo drama del mundo rico contemporáneo.

Este aspecto positivo de la credibilidad de los creyentes actuando de modo invisible existe. Pero el reverso también es real. Es decir, la falta de credibilidad, que se manifiesta en este caso en la visibilidad de la obscena entrega a las ideologías conservadoras, activa dinamismos interiores, espirituales, de bloqueo de esta corriente de vida. A este respecto, el Venerable José Rivera sostenía en sus predicaciones una postura que, en general, no podría ser entendida por muchos creyentes forjados en climas moralistas. Muchos otros, sencillamente obviarían tales reflexiones. Por su incomodidad y su llamada a conversión, es decir y en medida de su verdad, a lugares peligrosos.

Pues bien, la sencilla y abismal predicación de este sacerdote santo consistía, respecto a estos dilemas en torno a la llamada «defensa de la vida», en creer esto: se aborta, se contradice de modo sangriento la maternidad, porque una multitud de hijos de la Iglesia velan la maternidad de la Iglesia... porque los otros no pueden percibir esa maternidad...

Esto lo refería asimismo al caudal inconcebible de sufrimiento en el mundo, provocado por las acciones personales o por los estragos de las ideologías, por la indiferencia... Males en los que veía que participamos de modo sobrado los hijos de las Iglesias que caminan en la historia en este llamado primer mundo... Ay: muchos «primeros» serán últimos...

Claro, la visión no sólo consiste en que muchos cristianos nos sumemos a movimientos mundanos, sino que tiene que ver con algo más profundo y anterior: el dejar que la sal se desale, el apagar la llama que da luz y calor. Es decir, aquel santo veía que nuestra responsabilidad negativa no era sólo una complicidad, sino verdadero motor primario del mal al cortar flujos de gracia. Hombre alegre, esperanzado hasta lo que otros considerarían absurdo, el Venerable veía esto no para lamentarse ni para lanzar condenaciones, sino para anunciar cosas sencillas: aquello del papa San León, «cristiano, sé lo que eres».

Como diría Bernanos —porque ciertamente lo repetía con un espíritu de ironía atractivo y misterioso, aplicable al caso—, «los imbéciles» argüirán contra el santo que la Iglesia no deja de hablar contra el aborto, y que en tal o cual sitio tal congregación ayuda a las mujeres, y que decir eso es pesimismo y masoquismo, echar piedras contra el tejado de la propia Iglesia...

La visión es poderosa y llama a lugares sobrenaturales: crece la legitimación de la eutanasia, se normaliza socialmente, se interioriza... porque, por encima de los poderes de este mundo y su propaganda, sus medios, su espíritu, sostenido por Otro vencido y vengativo, príncipe fugaz... muchos de los ungidos para ser luz y sal, para mostrar los sentidos últimos del sufrimiento, para aliviar y sanar y consolar... para suplir y cargar vicariamente... están en otras cosas, en una batalla horizontal, inane, y en unas contradicciones consecuentes que minan la credibilidad de la fe.

Otra vez la sencillez: la respuesta, la credibilidad, es no estar ahí.

CAP. 3.- EL SUICIDIO… PORQUE NO HAY NADA

En el fondo: Dios o el sinsentido vital

Como luego veremos, no como acusación venida de fuera sino como reivindicación de los propagadores de la legitimidad de la llamada eutanasia voluntaria, este asunto tiene vínculo esencial con el suicidio. De hecho, en la eutanasia voluntaria siempre nos encontramos, o bien con una asistencia al suicidio, o bien con la acción técnicamente homicida de otros —subjetivamente compasiva o no— ante una petición suicida.

Así pues, el concepto de suicidio, no descriptivo de un hecho sino reivindicado como un derecho —en principio condicional—, está al fondo del actual debate en la cultura occidentalista. Y más atrás, como previo a este debate, está una «disyuntiva de las dos banderas»: Dios, y, por tanto, un logos vital que envuelve en su misterio aparentes absurdos, como es el sufrimiento *inútil*, el dolor de los inocentes, los males sobrevenidos a causa de relaciones causales incontrolables, e incluso el mal padecido por culpa de la injusticia, el causado por el pecado de los otros… o el sinsentido absoluto de todo esto que, al fin ineludible de un modo u otro, revela un sinsentido vital.

Este sinsentido vital tampoco es una acusación venida de fuera: entre los partidarios de la eutanasia posmoderna se califica cualquier afirmación que quiera contradecir esta ausencia de sentido en tales avatares como de «mito». Por supuesto, desde la posición del adulto que habla de modo condescendiente y con cierto hartazgo a los niños o a los que estima idiotas.

Hay que decir, en primer lugar, que sí tienen razón quienes plantean así el debate de fondo: la negación de Dios, de modo expreso, deja al hombre solo consigo. Y con este bagaje, el de su impotencia total ante las ultimidades del sufrimiento y de la muerte, tiene que confrontarse, sin embargo, con estas realidades. Una de las salidas es la reivindicación de la eutanasia desde una concepción existencial que contempla el suicidio como acto de libertad. Esto comporta a su vez, la afirmación virulenta de que el ser humano no tiene que responder de esto, de su vida, ante nadie. Porque no hay nadie.

Sucede, evidentemente, que personas que no tienen fe, no son enemigas de la fe. Y, sobre todo, que no consideran de modo sistemático fanáticos, necios o malvados a quienes confiesan su fe. Éstos no usan del mismo argumentario que la mayoría de los grandes propagandistas de la eutanasia, cuya hostilidad hacia la religión no sólo es manifiesta, sino que está en la base de su edificio argumental. En los procesos que conducen a la legalización de la eutanasia y su normalización social, esta hostilidad suele tener el puesto tácitamente asignado del mundo de la cultura, a modo de impregnación de las actitudes sociales: articulistas, escritores, cineastas, pensadores, antes y después de las legalizaciones, atacan a la religión como el gran obstáculo que hay que sortear o neutralizar para lograr tal «avance en derechos».

Obviamente, estas consideraciones al hablar de la eutanasia posmoderna y sus previos fundamentales nos llevan muy lejos y nos apartarían irremisiblemente de nuestra reflexión que, aunque con tintes universalistas, es específica. Efectivamente, el asunto nos conduce a la relación entre religión y política, el fundamentalismo religioso, el fundamentalismo laicista, la falsa solución ilustrada, etc. No podemos profundizar sobre esto aquí, pero sí mostrar algunas afirmaciones ineludibles para entender a dónde queremos llegar.

No creemos que este fenómeno, el de la normalización cultural y las ulteriores legalizaciones de la eutanasia posmoderna, esté desvinculado de la expulsión pública de la religión, de las nociones trascendentes, de Dios, respecto a la construcción de los órdenes sociales. No hay aquí ninguna reivindicación tradicionalista, ninguna añoranza a épocas o culturas en las que la religión sí estaba o está presente: ahí, en tales ámbitos y concepciones, hay que discernir cuándo la referencia religiosa ha tenido influjos positivos, en el amor, en la justicia, y cuándo sus carencias o deformidades —pues estamos en camino y somos débiles y tentados— ha ocasionado males evidentes o sutiles.

No es, pues, una referencia horizontal de lo que hablamos, sino de Dios, de su amor. Y vemos que en el drama de la eutanasia posmoderna, en última instancia y penetrándolo todo están esas visiones contrapuestas: presencia o ausencia de Dios, hay Dios o no hay Dios. Ambas son irreducibles a categorías racionales, ambas son «fes». Hay quienes afirmamos con vigor: «la vida es un don de Dios»; y hay quien afirma asimismo con vigor: «la vida es un dato, un hecho fatal, *El inconveniente de haber nacido*, como decía Cioran, y no es un don de nadie»...

Obviamente, tales previos conducen a lugares muy diferentes. El que afirma la vida como don sabe que ante Dios no existe «la vida sin sentido». El otro, como Cioran mismo afirmaba, piensa que el suicidio, su posibilidad-legitimidad más bien, hace al hombre «Dios», señor de sí mismo, liberado de constricciones míticas.

Estas afirmaciones fuertes tienen consecuencias, claro está. La declaración *Dignitas infinita* del Dicasterio para la doctrina de la fe (2024) recogía en su n. 30 unas palabras de Benedicto XVI que vinculaban una concepción de la libertad sin más referencia que sí misma, con la imposibilidad de una auténtica solidaridad. Efectivamente, una libertad que no se siente impulsada, juzgada y acrisolada por la verdad y el bien como referentes, se topa con otras voluntades que tampoco tienen esa referencia que la trasciende y la hace posible. Se topa, no se encuentra. Dice la declaración del Dicasterio en este punto que «desvinculada de su Creador, nuestra libertad sólo puede debilitarse y oscurecerse». Y en su número 26 este documento magisterial ya había reflexionado sobre la libertad concebida de modo individualista y la traición a sí misma que supone el negar su carácter relacional, es decir, el que su ser hace referencia objetiva al bien, al bien de todos.

La objeción que brota de modo espontaneo en el seno de la cultura occidentalista, en el laicismo constitutivo de la misma, es anunciar a los creyentes que si dicen «Dios» respecto a la cosa pública, están aplastando a otros. De hecho, en la mayoría de las proclamaciones en favor de la legalización de la eutanasia como derecho humano, se señala el elemento religioso como obstáculo a evitar mediante su desvalorización esencial. Y no sólo porque desde tal elemento se opine o se afirme sobre la legitimidad o no de tal opción, es decir, sobre la eutanasia: de hecho, desde las religiones y las confesiones diversas de las grandes religiones, hay posturas contrapuestas sobre muchos asuntos de índole moral. Unas veces hay consensos claros, y otras veces divergencias notables. Es decir, la negación de la religión como actor público para las cosas públicas, no se basa en las afirmaciones o negaciones que se hagan desde tales ámbitos religiosos, sino en el previo de que el hombre no puede vivir socialmente en referencia a ninguna trascendencia.

Esta radical intolerancia laicista —que comparten muchos creyentes occidentalistas, y acomodan sociopolíticamente mediante expresiones no agresivas— asigna la religión al contexto del folklore, de las vivencias psicológicas de cada cual, de la privacidad o de las asociaciones con fines privados... El dominico Adrien Candiard, sin embargo y en su crítica a esta solución ilustrada en las relaciones entre religión y política, ofrece salidas sencillas al dilema. No se trata de imponer una moral pública con motivación religiosa o irreligiosa, sino de que cada cual, en la construcción de la sociedad y en la búsqueda de espacios comunes que necesitan constitutiva-mente de referencias al «bien», den razón de su propia esperanza. Razón.

Candiard habla al respecto de un «elogio de la disputa», y afirma que «la polémica no es necesariamente peligrosa». En este esforzarse en comprender la racionalidad propia del otro, sus «convicciones fuertes», se entiende que la dimensión social y pública que expresan las religiones, no puede ser expulsada del ámbito de la racionalidad: cada cual argumenta desde su identidad y con sus referentes, en una proposición no impositiva, en la espera de la adhesión sincera y libre de los otros.

El creyente que en la vida pública y para la vida pública hace referencias autoritativas a Dios, a su revelación —tal como la entienda y haya recibido—, no porta por eso y en sí un dinamismo impositor respecto a los demás. Depende de qué nociones tenga sobre la libertad y la conciencia. El no creyente que busque para su discurso social la referencia de unos valores humanos, que cree universales, asimismo no porta por eso y en sí un espíritu perseguidor de la religión. Depende, como los otros, de cómo concreta o a qué vincula su afán, sus visiones.

Esto no significa que no se vayan a manifestar choques irremisibles en las sociedades: cuando unos y otros hacen referencia, no a las motivaciones últimas que los mueven —Dios y/o el ser del ser humano—, sino al bien o el mal que perciben de modo objetivo y que afecta a las relaciones sociales. Puede ocurrir que por mala voluntad (egoísmo, racismo, etc) de unos frente a otros, no se llegue al reconocimiento común de qué sea bueno o malo socialmente hablando y en cuanto a su carácter vinculante para el desarrollo de las sociedades; puede ocurrir lo mismo porque las partes en disputa estén sometidas a diferentes malas voluntades y sometimientos al mal manifiesto: v.gr., porque todas quieran ocupar el poder para oprimir a los otros… Pero asimismo puede ocurrir que quienes disputan sobre el bien y el mal en referencia a medidas que deben ser vinculantes socialmente hablando, sean personas que actúan de buena voluntad pero que, desde sus visiones respectivas no pueden llegar a un acuerdo común: unos ven como mal moral y social lo que otros ven como un derecho público…

La premisa de la legitimidad de dar razón de la propia esperanza —religiosa o no— en el concierto de una disputa libre, y la premisa de que eso obliga a respetar las conciencias de los otros, da respuesta, indica caminos por los que transitar cuando no hay ni puede haber acuerdo en los valores comunes que deban tener plasmación jurídica en una sociedad. Somos conducidos entonces tanto a la no cooperación como a la no violencia, activa y provocativa, llamando a actuar positivamente a sufrir por la verdad y no a hacer a sufrir a nadie en su nombre cuando el choque entre proposiciones moralmente excluyentes —por ejemplo, leyes racistas, leyes abortistas, pena de muerte, etc— conduce a no encontrar ese espacio común que hace referencia a algo que está más allá, a verdades que deberían regir socialmente a todos.

El drama, sin embargo, es más amplio y más apasionante. Porque puede ocurrir, como hemos indicado, que nos veamos en tal tesitura de lucha, no solo cuando enfrente tenemos posicionamientos que a priori contemplamos como entregados al mal y necesariamente no universalistas, es decir, no humanos, tal como ocurre con el racismo o el machismo… sino cuando nos confrontamos con quien de buena voluntad afirma como un derecho, y por eso apto para toda circunstancia y socialmente vinculante, lo que otros vemos como una aberración: el abortismo, por ejemplo. Así pues, en uno u otro momento el conflicto está servido y asegurado: ocasión entonces, mediante la no violencia oblativa, para testimoniar que la verdad y el amor son lo mismo.

En el caso de la eutanasia nos encontramos con varios de estos frentes: violentos y despreciativos negadores de la religión y que basan sus argumentos fundamentalmente en tal negación militante e impositiva; otros, que sin insultos, basan la legitimidad del fenómeno en lo mismo, en que el hombre está solo y es dueño absoluto de su vida; otros más, siguiendo tal premisa, tal filosofía del suicidio, pero en una atmósfera no de aurora liberadora sino de pesimismo existencial… Y aun otros que pretenden obviar la objeción religiosa, no por una previa afirmación de humanismo ateo, sino porque les parece que para un análisis moral del reto sería irrelevante el que se crea en Dios o no.

Evidentemente esto no es así: todas estas premisas, las religiosas, las irreligiosas y las arreligiosas, tienen consecuencias sociales en el desarrollo de sus principios… Cuando en 1996 se legalizó la eutanasia durante unos meses en uno de los estados federales de Australia, se puso de manifiesto de modo amplio cómo las cosmovisiones previas determinaban las posturas: el debate público expresaba una confrontación entre quienes sostenían concepciones sacras de la vida y se oponían a la ley, y entre quienes viven las existencias como un camino hacia la nada y apoyaban la medida… No eran frentes nítidos, claro: había y hay creyentes que sostienen la legitimidad de tales leyes y no creyentes que cuestionan este movimiento cultural y legal. Pero las posturas generales —más que de los ciudadanos de los protagonistas públicos de la confrontación que se visibiliza en los mundos de la cultura y de la política— sí estaban y están generalmente divididas de tal modo.

Entre los primeros, se encontraban las Iglesias católica y anglicana de allí, y de modo muy significativo, los grupos étnicos aborígenes. Es decir, entre quienes remiten las fuentes de la vida, la propia vida y su desarrollo misterioso, contradictorio y no manipulable, su sentido último… a un ámbito sagrado que trasciende al ser humano en sí. Esta previa concepción sacra iluminaba su opción contra la legalización y normalización de la eutanasia posmoderna.

Viceversa ocurre lo mismo: no se piense en una suerte de no pronunciamiento sobre la trascendencia que dejaría libre de interferencias al hombre para decidir en este caso acudiendo a evidencias racionales. No: es la negación de la trascendencia la que conduce a una última legitimación del suicidio *existencial*, no al motivado por desesperación psicológica o dolor. Suicidio como horizonte sea por hastío, por esa «insoportable levedad del ser», sea porque hay quien fomenta el que el hombre no aguante mucha realidad y proponga un consenso regido por el «pensamiento débil» que sólo conduce al egoísmo y la desesperación… sea por una orgiástica y supuestamente vitalista huida hacia adelante que frustra una y otra vez… sea por una inadvertencia *planificada*, por esa atmósfera narcotizante propia de las sociedades ricas en las que se vive sin conciencia de estar viviendo, para llenar cada momento con algo que neutralice el vacío y en las que se extiende esta verdadera filosofía del suicidio… Cuando el llenar el momento, según los totalitarios cánones materialistas que definen qué sea ese *llenado*, se torna más difícil a causa de la enfermedad o la discapacidad, asoma la solución eutanásica según su versión profunda: el suicidio asistido.

El sumidero del sinsentido

En el mundo en que brota la idea y la realización de la eutanasia posmoderna concurren todos los previos de la desesperanza... Visiones de la existencia, de los valores, modos de vida, expectativas.

Norberto Bobbio, contemplando con angustia su ancianidad, su proceso de decadencia física y el horizonte de la *extinción*, reflexionaba en un libro en torno a una de las habituales falsedades del mundo ateo con las que pretende hacer algo digerible la muerte. Escribía al respecto de un modo en que parecía confirmar el mito materialista:

> «Al visitar los lugares de la memoria se agolpan a tu alrededor los muertos... En el momento en que los llamas a tu mente los revives, al menos un instante, y no están muertos del todo, no han desaparecido completamente en la nada»[10]

Pero pocas paginas después Bobbio reconoce la mentira de esta respuesta, y la describe al hablar del «deseo de supervivencia, con respecto al cual la supervivencia en el recuerdo de quienes nos han conocido, estimado y amado es un consuelo demasiado tenue y efímero»[11]. Entonces, el pensador, que se hace viejo y presiente lo que interpreta como el fin, se topa... con la nada:

> «El descenso hacia ninguna parte es largo, más largo de lo que había imaginado, y lento, hasta el punto de parecer imperceptible... El descenso es continuo y, lo cual es peor, irreversible»[12]

---

[10] Norberto Bobbio, *De Senectute* (Taurus, Madrid 1997) 42
[11] Ibid, p.58
[12] Ibid, p.48

Este absurdo convierte a la existencia entera en un absurdo... salpicado de absurdos más agudos, como la discapacidad, la enfermedad.

En la introducción aludíamos al llamado «pensamiento débil», una elucubración posmoderna que no ha quedado circunscrita al mundo de los intelectuales, embobados con las revelaciones de Vattimo, sino que ha empapado las mentes y los corazones de incontables hermanos. Y los ha esclavizado, cuando no envilecido. Esta concepción de la existencia identifica «los valores», en sí, con constricción y agresividad. El «nihilismo» sería un canto a la «concreción», un concretismo que atiende a los detalles de la cotidianidad frente a «la angustia» que supondrían los «valores supremos»...

Esta identificación es una falacia. Definir como negativos «los valores», como malos en cuanto fuente de angustia que entorpece la existencia, además de suponer que ya se maneja de modo previo una escala de valores, es afirmar, como decíamos en la introducción, que tanto da el odio como el amor gratuito. Y que quienes creen en determinados «valores supremos», por eso mismo y no por el contenido de la creencia, no pueden conocer la alegría. Ni respetar a los otros...

Al fin, tonterías desenamoradas de una cultura burguesa que para no morir de aburrimiento filosofa sobre el sinsentido existencial convirtiéndolo en algo saludable. O filosofa negando entidad a la propia muerte... aquello de Montaigne, «la muerte no os concierne ni vivo ni muerto: vivo, porque sois; muerto, porque ya no sois». Tonterías que no pueden eclipsar la desesperación. El nihilismo no es el remedio contra el totalitarismo, sino la sistematización inútil de una pasión inútil... Así el poeta José Hierro:

«Después de todo, todo ha sido nada
a pesar de que un día fue todo,
después de nada, después de todo,
supe que todo no era más que nada,

grito todo y el eco me dice nada,
grito nada y el eco dice todo,
ahora sé que la nada lo era todo
y todo era ceniza de la nada.
No queda nada de lo que fue nada,
era ilusión lo que creía todo
y que en definitiva era la nada,
qué más da que la nada fuera nada
si más nada será después de todo,
después de tanto todo para nada»

Absurdo, siempre absurdo. Una de las críticas fundamentales de Jung al freudismo era el que su lógica, al mostrar una vida sin sentido, conduce al suicidio por desesperación[13]. Los propios presupuestos de la cultura posmoderna difunden el sinsentido vital, que se *activa* cuando adviene el hastío, la angustia o situaciones que desde tal presupuesto se perciben como intrínsecamente absurdas. Así, por ejemplo, ante la gran discapacidad o el temor de llegar a ella (el supuesto del dolor y el temor a su persistencia es de otra índole, más psicológica que existencial).

En esta concurrencia intervienen no sólo los últimos presupuestos existenciales dominantes en esa cultura, sino las promesas de la misma, las expectativas. Víctor Frankl afirmaba con rotundidad que «la sociedad industrial aspira a satisfacer todas las necesidades del hombre, es más, como sociedad de consumo, hasta produce algunas necesidades para luego poderlas satisfacer; sólo una necesidad queda sin ser satisfecha, a saber, la necesidad más

---

[13] «Llegó un momento en que C.G. Jung pensó que, si seguía admitiéndose las teorías freudianas, la vida perdía todo su sentido y no quedaba más camino que el suicidio; pensó que eran precisamente los discípulos más inteligentes de Freud los que se habían suicidado, es decir, los que mejor habían comprendido las consecuencias de sus teorías» (Raymond DE BECKER, *Las maquinaciones de la noche* [Plaza & Janés, Barcelona 1969] 279)

humana de todas las necesidades humanas, es decir, aquella necesidad del hombre que yo llamo "voluntad de sentido"»[14].

Frankl vincula esta ausencia de sentido al suicidio. La proliferación de lo que él llama tríada neurótica —depresión, adicción, agresión— y el no saber cómo responder a la ineludible tríada trágica —dolor, culpa, muerte— acentúan el sinsentido y conducen al suicidio y a una filosofía del suicidio.

Efectivamente se elabora una cultura del suicidio que interactúa con una sociedad suicida. Ésta produce frustración y depresión (exógena) y crea un caldo de cultivo que a su vez favorece el círculo. Y ese caldo de cultivo no sólo son las condiciones sociales, los presupuestos existenciales, las frustraciones consecuentes, sino que se muestra como cultura explícita.

Efectivamente, no nos referimos aquí a los suicidios que, considerados individualmente, se deben a estados de ánimo, que casi por definición son volubles o manipulables. Ni al temor al dolor, un dolor que, salvo brutal injusticia por desgracia extendida, debería ser tratable... Nos referimos a algo más hondo. A la desesperación existencial.

Un nivel específico de hondura es la frustración: en el suicidio de adultos intervienen con fuerza las percepciones de fracaso y frustración acumulados en su propia vida; en los crecientes suicidios de jóvenes, casi niños, es la sociedad, el entorno, quienes se muestran hostiles. Es decir, es al fin el miedo a un futuro que creen escrito, un miedo que brota de la previsión de la frustración que promete ese futuro. Soledad, competitividad: no amar sino manipular y poseer afectivamente, no ser sino tener sin fin, no servir sino ganar. Pero no sólo en esta calidad de actores de los propios dinamismos de la frustración, sino para muchos un futuro ya presente en que se les asigna la condición de víctimas. Efectivamente hay trastornos mentales, angustias psicológicas que invitan al suicidio, en relación con las condiciones sociales: injusticia

---

[14] Víctor E. FRANKL, *Logoterapia y análisis existencial* (Herder, Barcelona 1990) 277

social, cultura del vacío, insatisfacción permanente, muerte social por incomunicación, acosos sufridos, abandono ante graves dificultades objetivas, complejos humillantes a causa de la omnipotencia de los modelos dominantes...

Otro nivel más hondo, en el que no parecen intervenir con claridad frustraciones cuantificables sino una frustración esencial y desnuda, hacía reflexionar a Frankl sobre la gravedad de este sinsentido vital[15]. Investigando a jóvenes que habían intentado el suicidio de modo veraz, encontró un *tipo* que señalaba descarnadamente en esa dirección. Efectivamente se topó con jóvenes sin problemas de salud, integrados en sus familias, con muchas relaciones sociales, sin carencias socioeconómicas... pero confrontados a unas vidas que percibían sin sentido...

Hay, sin embargo, más ahondamientos en este sinsentido. Nos referimos a esa creación de una cultura del suicidio a que aludíamos más arriba. Sin saber qué hacer con vida y muerte asoma una suerte de lírica del suicidio, una lírica de la melancolía suicida. Un romanticismo del quitarse la vida como gesto dramático de señorío, como sello magnífico para unas vidas presentadas como modélicas en cuanto supuestamente transgresoras... Un romanticismo que no queda en el aire sino que acude a modelos históricos... Desesperación o locura en Zweig, Virginia Woolf, Gabriel Ferrater, José Mallorquí... Desamor en Larra, Mayakowski, Pavese... Hay un malsano regodeo egoísta en esta cuestión, que realmente se separa del auténtico dolor de los susodichos y los usa despersonalizándolos. Todo para, mediante esas líricas enfermizas, reafirmar el sinsentido vital y proclamar la convicción de la autonomía total del hombre. Libre... y confrontado a la nada.

Cuando uno llega a la conclusión de que la vida es absurda porque la muerte es absurda, que el hombre sólo vive como una prórroga al suicidio (así Cioran), que no puede haber ningún logos en el sufrimiento... debería ser humilde en su creencia y no burlón

---

[15] Cf Víctor E. FRANKL, *Ante el vacío existencial* (Herder, Barcelona 1980) 13

y petulante, porque el tal podría considerar que quizá también es absurdo pensar que todo es absurdo... Pero no, la posmodernidad es arrogante, y su pensamiento débil y su ateísmo son defendidos como principios metafísicos bien fuertes y bien totales.

Decíamos atrás que la opción contra Dios no es inicua socialmente hablando. No es un mero dejar a las conciencias sumarse o no a un sentido vital trascendente. Tiene, a partir de sus consecuencias espirituales, efectos sociales objetivos atentatorios contra la vida. Del mismo modo que la apropiación de Dios (fundamentalismo y sus previos) tiene consecuencias objetivas que atentan contra la vida, así la militante enemistad contra Dios, su negación como fundante de las relaciones sociales, tiene el mismo fruto. Otros escenarios, otra estética, otros grados y ritmos... pero el mismo fruto último.

Así pues, el enemigo a abatir en esta normalización de la eutanasia supuestamente compasiva y en la eutanasia como asistencia al suicidio ante situaciones vitales que no tendrían significado alguno y desvalorizarían la vida, es Dios.

Dios como enemigo de la libertad

Efectivamente, muchos de los grandes promotores culturales de la eutanasia posmoderna han acompañado o justificado su pretensión haciendo alarde de un ateísmo supuestamente liberador, o de un laicismo extremo que dice que las religiones no tienen nada que decir al respecto. Koestler, Singer, Salvador Pániker, etc.

El caso cultural estadounidense constituye una excepción, más aparente que real. Efectivamente, aquella sociedad no ha prohibido la presencia de la religión en la cosa pública, las invocaciones a Dios son frecuentes, etc... Sin embargo, y atendiendo a las propias declaraciones de los invocadores, parece que de lo que se trata no es de conversión social, sino de ratificación sagrada de un previo y supuesto designio divino para con esa nación, de pedir la protección y la ayuda de Dios para cumplir con tal designio. Es decir, las concreciones morales provienen realmente de una mentalidad individualista, pragmatista, socialdarwinista… que por venir del lugar del que viene estaría bendecida por Dios. Es posible entonces que muchos de los defensores de las legislaciones eutanásicas de allí no sean personas que militan contra la religión.

No ocurre lo mismo en el mundo occidentalista de corte europeo o europeizado, de los lugares en que se ha forjado la actual mentalidad eutanásica posmoderna, cuyo fondo filosófico es la idea de la autonomía total del hombre, vara de medir de sí mismo, liberado —así dicen— de nociones como la divinidad, la trascendencia o incluso la «naturaleza» que le constriñen y esclavizan, lo atan a mitos dañinos.

En el año 2000 la periodista Carla Fibla publicaba un libro de entrevistas titulado *Debate sobre la eutanasia*[16] en el que respondían a sus preguntas numerosos personajes representativos de la cultura del momento en España. El libro se situaba temporalmente en uno de esos altibajos públicos por los que aquí ha pasado la pretensión de legalizar la eutanasia y que en aquel momento mostraba el debate con cierta pasión. Nos sirve como paradigma por varios motivos: son las opiniones de personas que socialmente son transmisoras de valores, es decir, actores culturales tales como periodistas, políticos, escritores, filósofos, juristas, actores, científicos, médicos… de una nación situada en la cúspide de la corriente histórica del actual occidentalismo; es decir, que es una de las referencias de uno de los actuales imperialismos culturales que pugnan por extender su influjo por el mundo. Por otro lado y por parte de los partidarios de la eutanasia, estos actores culturales esgrimen los mismos argumentos que a día de hoy van justificando las progresivas legalizaciones.

Nos sirve esta referencia, en fin, por el valor que tiene el contemplar todas juntas y en alud las numerosas coincidencias trascendentales de los partidarios de la eutanasia. Efectivamente, para ellos y para los muchos a quienes ellos representan a través de

---

[16] Planeta, Barcelona 2000

su ser modelos sociales, la religión es el obstáculo. Por supuesto, la pretensión eutanásica «se inscribe en el contexto de una sociedad secularizada y de un Estado laico» (Salvador Pániker, p. 25). Ese apartamiento de Dios está expresado en el aclamar como logro el que la sociedad esté secularizada. Lo otro es ambiguo: hay modos de entender la *laicidad* del Estado que se corresponden con el reconocimiento de que las sociedades son en sí multiconfesionales; una concepción no teocrática que es compatible con una idea de sociedad vertebrada por la religión o por las religiones en gran parte de sus miembros, en muchas instituciones sociales tejidas desde abajo, y en su atmósfera cultural, sin carácter impositivo hacia nadie. Históricamente difícil, es evidente; y precisamente por la presencia del pecado en el mundo. Pero concebible, creíble para ser proclamado como objetivo por el que luchar, y realizable ya como referente, fermento, en el tejido social.

El valor que Pániker da a su afirmación la convierte en roca basal desde la que edificar su pretensión eutanásica supuestamente liberadora y expresión de la sociedad de las libertades. El aparcar a Dios es lo primigenio, positivo y fundamental; lo demás, el argumentario que brota de ahí, son glosas, chascarrillos, evidencias ateas. La retahíla consecuente es dogmatista y tremenda, los pontificadores saben lo que dicen, y lo afirman sin género de dudas… Algunas muestras.

«La gente es religiosa por miedo a la muerte, la religión es un efecto del miedo a la muerte (…) ya sea tu patria o Dios, o en algunas sectas una vaca, todos estos intentos de fijar un elemento cuya significación sea más grande que tú, eso es miedo a la muerte (…) Meterse en religión es justamente adoptar un código ajeno, normalmente muy represor, para estar tranquilo. Lo que más teme la gente es la libertad (…) si en lugar de mandarte el señor alcalde te manda directamente Dios, es fantástico, porque entonces eres el irresponsable más grande. Es estupendo, es un invento muy bueno, por eso ha durado tanto» (Félix de Azúa, pp 44-45).

«Interferencia de mitos o prejuicios ancestrales de carácter eminentemente religioso (…) Hay personas que para hablar en

67

"positivo" consideran que hay que decir que la vida conduce a una situación mejor en el más allá, que esta esperanza es la que da sentido a la vida y que la vida no tendría sentido si no hubiera un Dios creador que garantizase que existe una vida mejor, eterna, donde las aspiraciones de felicidad se cumplen en totalidad (…) apologética de pacotilla, de hojalata, lamentable (…) El hombre debe asumir su condición, pero ésta se limita a nacer y morir (…) cuando se habla de eutanasia sí o no, es Dios sí o no (…) El *Homo sapiens*, en los albores de su constitución como especie, puso en marcha un proceso de reflexión que le llevó a imaginar que además del cuerpo, sustancia material o ente tangible, existía dentro de él un alma (…) le permitía una explicación racionalmente coherente, aunque falsa, de una serie de fenómenos (…) El problema del aborto, que se relaciona con el problema del nacimiento, también está ligado al hecho de que el ser humano es una creación de Dios, espiritual, con su alma personal. No puede haber una visión objetiva y científica de este tema si no nos desprendemos del dualismo, que es lo que alimenta a las religiones (…) Los que dicen que es un disparate, que un ser humano no está en condiciones de decidir sobre su vida en ningún caso, son los esperancistas, los que ponen obstáculos para que el ser humano siga prisionero del espacio de lo sagrado» (Gonzalo Puente Ojea, pp 50. 54-56. 59)-

«Opiniones prejuiciosas de la gente que, por motivos ideológicos o religiosos, tiene una opinión u otra. Creo que es importante el debate entre estas tres partes: médicos, juristas o legisladores (la gente razonable, que lo tiene claro y no quiere tener prejuicios sobre el asunto) y los que sufren (…) Indudablemente hay cierta facilidad en los creyentes para aceptar la muerte, el dolor, porque todo es un sacrificio que ofreces a no sé qué» (Máximo, pp 156. 162).

«En alguna medida, todas las religiones son totalitarias porque intentan imponerte por la fuerza una moral y ética que viene de un libro sagrado en el que creen, por eso se ha tratado desde la Revolución francesa de separar el Estado de la religión» (Mendiluce, p. 174).

«Las sociedades laicas están más preparadas porque desde el momento en que tú pones tu destino en manos de Dios y todas esas tonterías, pues lógicamente acatas sus decretos. Seguramente, una sociedad laica no está perjudicada por el lastre religioso» (Terenci Moix, p. 252).

«¿Por qué no se puede? Porque nos ha sido dada por Dios. Ellos llegarían a esa conclusión; yo lo elimino muy fácilmente. Yo elimino el hecho de que Dios me la haya dado. No creo en eso. No tengo ese problema. Pero los que tienen ese problema deben plantearse una segunda parte de este asunto, por qué les ha dado la enfermedad, y por qué les ha dado el sufrimiento y por qué los conduce a la muerte. Es algo similar a cuando la selección de Croacia queda cuarta en el campeonato de la Copa del Mundo de fútbol y Suker dice que ha sido gracias a Dios; entonces ¿por qué ha jodido a los brasileños o por qué ha jodido a los otros, o por qué ha favorecido a los croatas? Es lo mismo. Se trata de un comportamiento que forma parte de la lógica irracional de cualquier religión» (Vázquez Montalbán, p.305)

Obviamente, tales premisas —dogmáticas por auto-revelación—, en cuanto sus autores las viven con evidencia incontestable, inducen a no pensar más, a no buscar. Y ni siquiera a valorar con un mínimo de rigor las objeciones y las visiones presentadas por el gran enemigo tangible, la Iglesia. Así Carmen Alborch, quien fuera ministra de cultura, nos dice que «estamos poco preparados y la muerte nos da pavor, igual que tememos el envejecimiento. Deberíamos prepararnos mucho más, pero no desde ese punto de vista cristiano del valle de lágrimas en el que llegará la resurrección de la carne... Incluso el Papa está revisando ahora todas estas cosas» (p. 275).

Es común hacer afirmaciones no contrastadas sobre lo que dice o no dice la Iglesia. En este terreno concreto, el de la eutanasia, y a pesar de que con claridad meridiana desde Pío XII hasta ahora la Iglesia rechaza el ensañamiento terapéutico y declara la licitud del uso de sedantes paliativos que pueden acelerar el proceso de una muerte natural… los despreciadores profesionales se empeñan en propagar la idea de que la Iglesia considera inadmisibles tales procedimientos paliativos y se goza morbosamente en entregar al dolor a los enfermos terminales. Las alusiones irónicas sobre la «voluntad de Dios» son comunes… «Basta con que las personas en estado lúcido decidan que quieren morir cuando Dios las llame; entonces, muy bien, la medicina hará todo lo posible por prolongar su agonía» (Mendiluce, p.173); «No creo que sea necesario el sufrimiento ni el consumir hasta la última respiración de alguien por el mero hecho de que Nuestro Señor lo quiere así» (Rosa María Sardá, p.88); «Creo que hablar de un Dios perfecto está muy bien para los que crean en él; y si creen que tienen que sufrir hasta el último momento, me parece perfecto. Pero, como decía un amigo mío: "Crean pero no molesten"» (Boadella, p.132)…

A la cultura que ha hecho posible esta mentalidad y su regulación jurídica le resulta repulsiva la intervención magisterial de la Iglesia. Incluso cuando ésta se refiere a indicar conductas individuales a los fieles y a quien quiera libremente oír, actitudes del alma no vinculantes jurídicamente, es decir, que no se pueden imponer socialmente… tal cultura reacciona con agresividad y con burla. Porque ve cuestionados sus dogmas, sus dioses. Cuando la enseñanza magisterial afirma que una verdad, es, además, elemento irrenunciable para la construcción de la ciudad de los hombres, que debe ser formulada, protegida por los ordenamientos políticos… entonces la agresividad se torna enfermiza. Esto, el declarar principios universales y vinculantes para la marcha de las sociedades, es algo consustancial a la humanidad. Descubierta por muchos, no por todos, la ilicitud de la esclavitud, por ejemplo, no se deja la práctica sólo al arbitrio de las conciencias, sino que se prohíbe. Pero el que una declaración universalista la haga la Iglesia, en cuanto choca con los dogmas laicos de la cultura dominante, sirve a los contradictores, más que para debatir con la Iglesia, para declarar la ilicitud de que hable con tal pretensión. O simplemente, de que hable públicamente. Entonces vienen, otra vez y siempre, las ironías burlescas y los ataques hasta la manipulación más grosera.

Así las ironías de Cebrián: «La Iglesia puede definirlo como quiera, y está en su derecho, e irán al infierno todos los que no hagan lo que la Iglesia dice que hay que hacer. Eso es un problema de la Iglesia que no tiene nada que ver con la sociedad civil» (p. 300); o las arremetidas burlescas de Amenábar:

«Por último, Amenábar le ofrece un brindis a la Iglesia, que a punto está de arruinarle la película (*Mar adentro*). Se trata de una escena en la que un sacerdote tetrapléjico le visita para animarle a vivir. Es tan patética, bochornosa, disparatada e inverosímil que hace añicos el clima de seriedad y contención que envuelve el resto del film. Es una cuña publicitaria, rabiosamente malintencionada y dirigida exclusivamente contra todo el *corpus* de la moral católica»[17]

La escena es una ratificación: es servida a un público ya preparado espiritualmente para reírse de la fe en cuanto hay ocasión. Ésa es la intención, y para ello no duda en distorsionar la personalidad de un sacerdote real, Moya, y falsear la realidad de modo impúdico para la elaboración de su ridiculizante escena.

Al fin, tales soledades, el declararse a sí mismo dios, pasa factura. Y se llega, esta vez sí, a lo grotesco. Cebrián, en este libro entrevista que estamos usando a modo de paradigma, elucubra y pontifica sobre la vida y la muerte en términos como los que siguen:

«Recuerdo una película canadiense sobre una chica que era necrófila, que hacía el amor con los muertos, y sin embargo era una película de una dulzura y de una ternura impresionantes. No era una película de miedo, sino de amor. De amor a la muerte, de amor a los muertos; me dejó bastante impresionado (…) La relación del hombre con la muerte está mitificada, está trufada de toda clase de sentimientos; no es una relación natural, normal, es

---

[17] Juan ORELLANA, a.c.

71

siempre tétrica, finalista, trascendental. Lo que me llamó la atención de esa película que digo es que describía una relación natural» (p. 301)

Naturalísima.

Propagandistas de la eutanasia, reivindicadores del «derecho al suicidio»

Pese al intento por parte de algunos de hacer distingos fundamentales entre eutanasia y suicidio —luego lo veremos—, lo cierto es que los grandes promotores culturales de la mentalidad eutanásica han querido cimentar su pretensión en el previo ideológico de la autonomía total del ser humano, en su soledad existencial trascendental. Desde ahí, en una supuesta disponibilidad sobre la propia vida, sobre el hecho de vivir: «una normativa que regule el derecho a morir dignamente debe fundamentarse en el derecho de la persona a disponer libremente de su cuerpo y de su vida»[18]

La disponibilidad sobre sí, como enunciado axiomático, es un principio que, en la práctica, todos creen relativo en cuanto no es total, cerrado sobre el sí de cada individuo. Pero esta reserva desaparece de tanto en cuando. Interviene una ideología dogmatista que dice que el ser humano no es trascendente, que Dios no existe. Ya que la disponibilidad total sobre sí no sólo no casa con ciertos principios universales, sino que no conviene a la vida social (venderse como esclavo, mutilarse, dejarse matar como espectáculo, vender los propios órganos, integrarse en un harén, prostituirse… en esto último sí hay debate), se reserva tal disponibilidad total respecto a aquello que la cultura dominante no ha podido calificar como otra cosa que como un absurdo: la muerte, y por ende, la propia existencia, la vida.

---

[18] Editorial de El País (23-1-1989)

Así pues, como incasablemente predica Singer, el carácter sagrado de la vida, su intangibilidad, es un mito dañino, un tabú a superar. El suicidio es un derecho, es expresión de libertad, de señorío. Obviamente los propagandistas de la nada hacen sus distinciones: ellos enuncian un principio existencial, esta autonomía total de que hablamos; entonces, el suicidio proclamado como derecho es algo metafísico... Luego viene el bajar al barro de la historia, donde muchos de los suicidios no son precisamente el fruto de alguna consideración metafísica, sino el desenlace de la desesperación sensible, del destrozo psicológico, de la angustia esclavizante... Los adalides de la metafísica del suicidio no tienen mirar a otro lado para continuar desarrollando su discurso. Así, los numerosísimos casos de suicidio en contexto de angustia psicológica no serían propiamente ejercicios del derecho a disponer sobre sí (el «suicidio» reclamado por esa cultura), sino el desenlace de un proceso psíquico del que el sujeto ya no es responsable.

Obviamente esto es así en un sinfín de situaciones... Pero es que esto es la esencia de una multitud de suicidios, es decir, unos contextos interiores que no hablan de libertad sino de servidumbres, de aplastamiento, de locuras, de dolor, de mucho dolor. La lírica del suicidio liberacionista falta el respeto a este sinfín de personas, de hermanos.

El discurso, de todos modos, no está cerrado en el ámbito de los promotores de la eutanasia: del mismo modo que muchos la justifican aduciendo ese supuesto derecho primigenio al suicidio como acto de libertad, otros procuran separarse de tal discurso, circunscribiendo el suicidio, en otro reduccionismo, a los casos de desesperación sensible.

Hablemos ahora de esa metafísica del suicidio esgrimida al interior de la cultura eutanásica. Como decía Puente Ojea y otros, se debe reconocer esto como derecho, la asistencia al suicidio, o el aborto, PORQUE el alma trascendente no existe, Dios no existe y la disponibilidad sobre sí no tiene ningún marco para que sea real, es real en sí, es la realidad en sí: «nadie tiene derecho a impedir a otro que se quite la vida si así lo decide. El derecho absoluto a la propia vida, a conservarla o a quitársela, o por comisión de otro, no puede quedar limitado u obstaculizado por un tercero: por nadie», «la sociedad no puede inmiscuirse en una decisión tan personal en la que se revela el coraje moral, cuando el que se suicida sabe deliberadamente lo que hace» (Gonzalo Puente Ojea).

Así pues, muchos actores culturales sitúan el dilema de la eutanasia en aquello de Camus, el famoso «no hay más que un problema filosófico verdaderamente serio, el suicidio. Juzgar que la vida vale o no vale la pena de ser vivida es responder a la pregunta fundamental de la filosofía». Al hablar de modo encomiástico de suicidio (libertad, coraje...) se apartan de las nociones del mismo que tienen que ver con el quitarse la vida en viejos contextos culturales rituales, guerreros, de honor, de búsqueda de otra dimensión; o en los habituales contextos de personas especialmente sensibles y desintegradas que caen en el horror de angustias vividas como infinitas o que viven los mundos de las predisposiciones enfermizas, las depresiones, los complejos, la enfermedad mental... y las enfermedades sociales por las que muchos son sepultados por las cargas de la injusticia, la soledad, los rechazos, la presión competitiva... Los propagandistas de la eutanasia basada en esa pretendida autodeterminación hasta el suicidio pretenden obviar todo esto para situarse específicamente en contexto de un último sinsentido vital por el que la vida se juzga exclusivamente con elementos cuantificables de aquí abajo. «Todo está permitido entonces», diría Dostoievski. O como escribía Zygmunt Bauman en el libro antes citado, «vivimos en un mundo en el que el pragmatismo es la racionalidad suprema: un mundo de "yo puedo hacerlo, y, *por lo tanto*, quiero hacerlo y lo hago"» (pp 32-33). Por lo demás, hay propagandistas culturales de la licitud de la eutanasia que no ocultan esta consecuencia. Así Boadella: «Si podemos hacer este gesto («tomar una pastilla y acabar con nosotros») quiere decir que tenemos perfecto derecho a hacerlo»...

Esta lírica del suicidio producto de mentes burguesas occidentalistas (Camus), que lo concibe como «el máximo test de la libertad humana» (Edgar Morin), es, junto a la idea de muerte compasiva, la ideología adoptada por el movimiento cultural eutanásico. Así lo proclamaban antes de la era de las legalizaciones en cadena. Caillavet, presidente en Francia de la Asociación Derecho a Morir con Dignidad, escribía en 1988 en *Le Monde* que «el suicidio consciente es el único acto auténtico de la libertad del hombre»; en España, Miguel A. Lerma, quien fuera presidente de una asociación homónima, hablaba en 1989 de «autonomía» y de «libertad» para vivir o no vivir. Pániker, sucesor en la presidencia de dicha asociación hablaba del «respeto al derecho humano de salirse de la vida», de que «la vida es un derecho, pero no un deber», de «un derecho de autodeterminación individual (en que) cada cual pueda decidir por sí mismo cuándo quiere y cuándo no quiere seguir viviendo (porque) vivir no es un valor absoluto, sino que debe ligarse a la calidad de vida», «sólo uno mismo puede determinar si su propia existencia tiene o ha dejado de tener dignidad». Jacques Attali, quien fuera consejero de Mitterrand, autor de numerosos libros (entre ellos el delirante *El orden caníbal*), afirmaba sin ambages que «la libertad fundamental es el suicidio; por tanto, el derecho al suicidio, directo o indirecto, es un valor absoluto»...

La retahíla es extensa. «Ése es el momento de máxima libertad, de suprema libertad. Camus lo decía: "Sólo hay un problema, el suicidio, porque toda nuestra libertad se basa en la posibilidad de controlar nuestra propia muerte". Es un problema de la vida, no de la muerte» (Félix de Azua). «El primer prejuicio es que la vida no pertenece a cada individuo. Creo que es un prejuicio que hay que romper. Yo, por ejemplo, creo en el derecho al suicidio y, si creo en el derecho al suicidio, ¿cómo no voy a creer en el derecho a la eutanasia?», «la eutanasia se colocaría como mínimo en ese estadio en que una persona que está sana y quiere suicidarse pueda hacerlo; es un prejuicio el que una persona no pueda llegar a esa decisión porque tiene un defecto físico, como en el caso de la eutanasia», «algunas personas, de manera fría y racional, deciden que no quieren estar más en este mundo y se suicidan; yo creo que es un derecho intrínseco», «creo que no (que la vida no es sagrada). Si te toca una vida sagrada que es una tortura continua, pues por qué no vas a poder acabar con ella» (Jorge Wagensberg). «Creo que de la misma manera que estamos aquí sin que nadie nos haya consultado, en compensación no tenemos que consultar a nadie para despedirnos», «Lo que no tiene ningún sentido es que todavía estemos en esos asuntos de responsabilidad con la propia vida y con la legítima posibilidad de quitarse la propia vida sin tener que acudir a expedientes tan brutales y demenciales como es arrojarse por una ventana, tirarse por un precipicio, echarse a una vía de tren… Imagino que podrían arbitrarse otros modos de la que antes he llamado la buena muerte» (Eugenio Trías). «Es el derecho a disponer sobre la propia vida, y creo en eso, creo en el derecho al suicidio, en el derecho a la eutanasia, en el derecho a explotar la vitalidad y a reprimirse hasta la alcantarilla; existen esos derechos» (Máximo). «La gente es muy consciente de que tiene autonomía y que tiene un ámbito de libertad en el cual tiene que poder decidir incluso sobre el fin de su vida», «el tema es la decisión de morir cuando una persona no quiere vivir más» (Victoria Camps). «La persona que se quiere suicidar también tendría que tener los medios para hacerlo de una manera cómoda y sin dolor. La opción del suicidio es una cuestión muy seria y dramática para la que la sociedad tendría que ofrecer otras posibilidades. Si yo me quiero suicidar por una serie de razones, entonces ponédmelo fácil» (Terenci Moix). «Si desde este punto se cree que Dios te da la vida y te da la muerte, no se puede considerar ni a eutanasia activa ni la pasiva; nada. Pero, una vez delimitada la idea, si admites el suicidio y consideras que una persona es dueña de su propia vida y puede suicidarse, si te parece éticamente aceptable, entonces dices: "Sí, lo puedo hacer por mí mismo o puedo pedir ayuda para que se me proporcione la eutanasia"» (Carmen Alborch). «Uno es dueño de su propia vida, que es exactamente lo que niegan la mayoría de las religiones y muchos de los ordenamientos jurídicos», «Como no puede suicidarse usted solo, se aguanta. Eso es inhumano» (Cebrián). «(el suicidio es) la única decisión libre que tiene el ser humano», «el miedo y horror a matar o el tabú "No matarás", convertido incluso en un mandamiento de la ley de Dios y de todos los dioses, continúa siendo el tabú más determinante. Otros tabús como "No robarás la mujer de tu prójimo" se nos han ido olvidando a todo el mundo, pero el de "No matarás" continúa significando demasiado y es un tabú importante» (Vázquez Montalbán).

Las declaraciones de estos actores culturales, usados como elenco representativo de una mentalidad universalizada, son altamente pedagógicas: no sólo muestran el vínculo ideológico profundo que existe entre la ideología eutanásica y una concepción antropológica basada en la intrascendencia que remata, lógicamente, en la reivindicación del suicidio como acto de libertad y de dominio de sí, sino que solidifican y extienden tales concepciones. Y las dotan de autoridad.

Como hemos ido viendo, el fondo de este fondo ideológico es el ateísmo: «Lo que no puede ser es que se penalice una cosa que, por voluntad propia, decide un ser humano que tiene bastante claro este rollo, pues tiene derecho a hacerlo; eso es lo que yo creo. Lo otro me parece una cosa muy judeocristiana: ¡no tenemos derecho sobre nosotros mismos!» (Rosa María Sardá). Esto es recurrente en muchísimos de los partidarios de la normalización social y jurídica de la eutanasia, les indigna —y a algunos enfurece— la idea de que la vida sea de Dios… y no suya. En realidad (esta es la experiencia creyente), desde esta fe no hay tal oposición, sino posibilidad y ratificación de la libertad sobre sí. Si uno deja de buscar un logos al misterio de la existencia, bloquea el don de la fe. La búsqueda, el no cejar en la búsqueda, puede desembocar en la fe explícita o no; pero ya es de por sí un estar en una disponibilidad humilde de la que se ha dicho: «no estás lejos del reino de Dios» y que ciertamente dará fruto… Dar por sentado, a priori, que tal búsqueda no tiene sentido y cerrarse sobre sí mismo, es decir, dotarse de dogmas brotados de sí que pretenden zanjar la cuestión, es, cuando menos, absurdo. Y conduce a la visión ridícula de unos seres frágiles, caducos, «arrojados a la existencia» sin su consentimiento, sometidos a una vida atravesada por enigmas e incertidumbres sin fin, minúsculos e insignificantes ante la inmensidad de lo que los rodea —es decir, cada uno de nosotros—… insultando a lo Alto con petulancia, retando al «Inexistente» y erigiéndose en norma de sí sin dejar de ser frágiles, caducos, y todo el etcétera…

Así pues, en las sociedades occidentalistas avanza sin trabas importantes esta concepción por la que el suicidio es visto como un derecho del hombre como tal. Y las concreciones jurídicas al respecto se suceden. Es precisamente tal reconocimiento de un supuesto derecho a disponer sobre sí hasta la muerte el principio invocado por no pocas legislaciones legitimadoras-reguladoras de la eutanasia y el suicidio asistido.

Los dimes y diretes jurídicos al respecto que se han indo manifestando en las últimas décadas se van resolviendo de modo favorable a la pretensión. Las contradicciones se van diluyendo. Porque la premisa cultural-existencial, es decir, la concepción del hombre como ser absolutamente autónomo, se abre paso en los ordenamientos. El espinoso tema de la autodeterminación de los pacientes —principio cierto pero ambiguo—, enmarcado en esos esquemas culturales y no en otros, conduce necesariamente a la admisión del suicidio como derecho. Esto contenía en potencia una célebre sentencia dictada en la antigua República Federal de Alemania en 1984, que afirmaba que «da determinación del paciente incluye la autodeterminación de la muerte». Si en el año 2002 el Tribunal de Derechos Humanos de Estrasburgo rechazaba la petición de una ciudadana británica con discapacidad que reclamaba el «derecho al suicidio asistido», años después y al amparo de la atmósfera cultural que germina desde la combinación del reconocimiento del derecho de autodeterminación de los pacientes —en este contexto— y del reconocimiento de la eutanasia «compasiva», el derecho al suicidio se va a ir reconociendo.

No sólo en el caso peculiar de Suiza, en el que una sentencia de 2006 de su Tribunal Federal confirma el derecho a la autodeterminación para la muerte en un contexto en el que prima, más que la premisa filosófica antropológicamente atea, el negocio como leitmotiv del todo social. Una legislación tras otra va desbordando el marco de los enfermos terminales para regular las peticiones de suicidio asistido de modo explícito en la formulación de sus leyes o mediante una legislación eutanásica de tipo «compasivo» que integra en la práctica el suicidio asistido a través de los agujeros legales y las ambigüedades de las propias leyes.

. Holanda, Bélgica, Canadá, Luxemburgo, Suiza, España, el Estado de Victoria en Australia… en Estados Unidos, Oregón, Washington, Montana, Vermont, California, Colorado, Columbia…

En principio el reconocimiento del suicidio como derecho se circunscribe a unos determinados casos relacionados con las enfermedades crónicas progresivas y con las grandes discapacidades. Pero la semilla crece: en Suiza hay suicidios en previsión de los achaques de la vejez o a causa de ellos, sin enfermedad destacada ni discapacidad evidente. Tal fue el caso en 2018 del científico australiano David Goodall, quien viajó a ese país para suicidarse porque, muy longevo, estaba cansado de vivir. Su caso, apoyado por la organización eutanásica *Exit International*, sirvió a ésta para promulgar, una vez más, el fondo indiscutible de su visión: autonomía para la muerte, sin las reservas originadas, según ellos, por supersticiones y tabúes. Es decir, derecho al suicidio sin más: «todos los que lo deseen deben tener derecho a una muerte digna y apacible».

Siempre asoma este fondo cosmovisivo. Está proscrita, como indigna, la noción bíblica, inspirada por Dios, que solicita al hombre al reconocimiento de su verdad última: «¿qué tienes que no hayas recibido?»… Verdad que no sólo cuestiona radicalmente a los propagandistas de esa autonomía total y absoluta del hombre, sin más referencia que unos volubles consensos para ir tirando, sino que cuestiona asimismo a un gran sector de denunciadores de la eutanasia, verdaderos idólatras propietaristas que niegan o dificultan el derecho a vivir de los pobres. Efectivamente y respecto a las dos facciones mayoritarias en lid, o la vida se concibe como un don, o se concibe como una propiedad. Si se concibe como una propiedad *personal* —y estamos en la eufórica era del capitalismo— , se la puede manipular, alquilar, vender, negar, destruir…

El pretendido «derecho» es consecuencia ineludible de un proceso cultural impulsado por la previa negación de vínculos del hombre con un «Dador de vida». Sin tal referencia, negada explícitamente, la huella de la misma, que como tal está en el hombre, se va desdibujando hasta no encontrar ningún argumento que pueda encauzar, elevar, situar, y eventualmente frenar para sopesar, la legítima autonomía del hombre respecto a su propia vida, la libertad. Que se vuelve contra sí, pues un hombre puede *libremente* encadenarse....

El drama último consiste en disfrazar de libertad, inútilmente, las cadenas. Hemos hecho referencia antes a esa lírica del suicidio —«erótica del suicidio» se la ha llamado— aireada de tanto en cuando por actores culturales occidentalistas, escritores y articulistas burgueses inmersos en la posmodernidad: todo líquido, terror a la verdad, esteticismo de la desesperanza que quiere enmascarar la desesperación... Así, Amenábar, a propósito de su película sobre Ramón Sampedro, declara en la entrevista antes citada que su obra es un canto a la vida, una «reconciliación con la vida por la aceptación de la muerte»... Es decir, una desesperación feliz, en la línea de aquello de Camus sobre el concebir, «sin embargo», a Sísifo dichoso... Una patochada: porqué, en nombre de qué, se habría de considerar a Sísifo dichoso si no es por autoengañarnos, anestesiarnos ante lo que desde el ateísmo no puede ser más que un descomunal e irremisible absurdo que provoca angustia, rebelión contra un nadie trascendente, fatalismo o encubrimientos orgiásticos para los que puedan.

Casuística objetivista en crecimiento... hasta normalizar el suicidio a petición

Luego intentaremos abordar de un modo más específico lo que se ha denominado como «efecto pendiente» o deslizante, en relación a los efectos progresivos que produce la cultura eutanásica y sus legislaciones así como los otros atentados contra la vida y manipulaciones de la misma de cuño propiamente posmoderno.

Efecto que los partidarios de la eutanasia niegan pertinazmente. Ahora nos vamos a centrar brevemente en este dinamismo en relación a los previos dogmatistas que afirman el derecho a disponer absolutamente de sí, hasta el suicidio.

Tal afirmación ha solido motivarse de modo objetivista, es decir, acudiendo a alguna objetividad o supuesta objetividad. Esto significa que, en principio, la legitimidad del ejercicio de tal supuesto derecho al suicidio, estaría condicionada por la casuística, por unas determinadas condiciones objetivas que harían legítimo el quitarse la vida. Evidentemente, el principio cono tal tiene vigor para extender hasta el infinito tal casuística, o simplemente para ignorarla estableciendo sólo la condición de la propia voluntad de quitarse la vida. Como hemos ido viendo y ya indicamos en la introducción, hay una dialéctica entre subjetivismo y objetivismo en torno a este drama, que impulsa su extensión y consolidación cultural y legal. Es un dinamismo de crecimiento inserto en los principios, que trae ineludiblemente y entre otras cosas un fenómeno discreto hoy pero llamado a multiplicarse: los homicidios en contexto legal eutanásico, es decir, la eutanasia coactiva, impuesta a quien no la ha solicitado. Y no por falta de «garantías», sino merced al propio desarrollo de las legislaciones en relación con las demandas sociales y la ampliación de casos. También abordaremos esto más adelante.

Así pues, los partidarios de la eutanasia posmoderna contemplan su aplicación en el marco conceptual del suicidio legítimo. Unos llegan a esa conclusión desde los casos en que el drama se encuadraba en el dolor y la enfermedad terminal; por tanto, calificaban al suicidio de legítimo o no en función de unas causas objetivas (enfermedad terminal gravemente penosa), es decir, motivado por una concreta situación objetiva de tal o cual persona. Otros muchos han partido ya del principio: el suicidio sería legítimo en cuanto concreción de la absoluta disponibilidad de sí.

Los primeros establecen un principio de objetividad que de suyo es variable, pues las causas objetivas legitimadoras del suicidio, de la ayuda al suicidio, van a depender al fin del juicio de la persona afectada, de cómo considera que su situación es —debe ser— incompatible con la vida. Esas causas no tienen por qué tener fin en su desarrollo: siempre habrá quien aduzca que no quiere vivir por tal o cual motivo, físico, psíquico, moral. El que sea. Y si se le niega la pretensión mostrándole la tabla de causas objetivas reconocidas, querrá que su caso se incluya en ella. Y, obviamente y desde el momento en que la tabla exista, la argumentación de los que quieran excluirlo irá perdiendo fuelle hasta desaparecer: por qué se permite el suicidio a uno y se le niega a otro; con qué autoridad, en nombre de qué principio inamovible, sagrado… La casuística no tiene por qué zanjarse.

Los segundos, los que ya partían del derecho al suicidio, también impulsan una evolución de facto. Porque su pretensión de enmarcar el ejercicio de ese supuesto derecho en una racionalidad —para distinguirlo del suicidio emocional y falto de libertad—, exigía a su vez que el sujeto tuviera unas motivaciones objetivas. Y así nos topamos con la misma situación: la extensión indefinida de motivaciones porque son «mis» motivaciones, nadie que no sea yo tiene derecho a juzgarlas como faltas de objetividad, y acaban por ser motivaciones objetivas —universales— que se incluirán en la tabla de casos amparados por ley. Una ley que por su naturaleza, por su origen, siempre estará abierta. Así hasta solaparse con la primera lógica consecuencia del principio que la hizo nacer: suicidio porque el sujeto quiere, sin necesidad de vivir la constricción de una tabla de casos legitimadores impuesta por otros.

El fondo cosmovisivo siempre asoma: el hombre, supuestamente dueño omnímodo de sí, porque no hay nada ni Nadie. El consiguiente estatuto de absurdo total asignado al sufrimiento, pues una cosa es combatirlo legítimamente intuyendo —o recibiendo como luz— el logos misterioso que alberga su carácter último ineludible e *involucrar* en él al propio sufriente, y otra es toparse una y otra vez con ese elemento, el dolor, imposible de encajar satisfactoriamente en ningún lugar. Por tanto, el horizonte del suicidio como modo de cortar por lo sano cuando aparece el fantasma del absurdo.

Ahora bien, el absurdo no sólo se circunscribe a las situaciones de dolor terminal, sino que se extiende a cualquier situación en la que el sujeto que sufre no percibe un sentido vital. En realidad, tal sentido es negado desde el principio, y las situaciones sólo lo ponen de relieve, lo muestran de manera más o menos descarnada. Koestler hace una previa petición de eutanasia, pero condicionada por unas circunstancias concretas y trágicas. El Keborkian que muestra la película *¿Conoces a Jack?*, es decir, el que sus partidarios presentan al público, todavía valoraba los motivos objetivos de quienes lo solicitaban para ayuda al suicidio: a unos decía sí, a otros negaba tal cooperación; el drama expresado por Clint Eastwood en *La chica del millón de dólares* también aduce una situación objetiva, la del deportista con sueños que queda en discapacidad grave y permanente…

Hay salidas suicidas totalmente dominadas por estados emocionales determinantes que oscurecen o eclipsan la libertad, pero hay asimismo llegadas a tales estados a causa de una previa disposición: la ausencia de sentido vital ante la presencia del dolor y de la limitación; y esto, a su vez, proviene de la incapacidad de situar en algún *lugar* aquel dolor y aquella limitación, es decir, proviene de una negación fundamental que indica al fin que es la propia existencia la que no tiene sentido. Vamos entonces tirando con ella, con la existencia, mientras se muestre amable; y esto supone a su vez lo que aquí venimos afirmando: las motivaciones para dimitir se extienden, y el dinamismo interno de tal extensión produce un doble efecto. Por un lado, el llegar al reconocimiento pleno del ejercicio del derecho al suicidio sin traba ni condición; por otro lado, el plantear una tabla abierta de situaciones objetivas que muestran que unas vidas en determinadas condiciones no valen en sí la pena de ser vividas: los que no lo vean se estarían autoengañando y haciendo sufrir a otros.

El dinamismo es fuerte. Vemos cómo la brecha de la cultura suicida se abre paso. Las temerosas justificaciones de algunos antecesores, el suicidio visto como mal menor (Marco Aurelio), como posible consuelo (Nietzsche)… dan paso a las altivas reivindicaciones que antes hemos consignado. Vemos el desarrollo de una negación metafísica.

Hay suicidios cuya expresión externa parece dominada por un deterioro psicológico evidente. Hemingway, con el hígado dañado por exceso de alcohol y con un inusitado padecimiento a causa de la suma de accidentes sufridos —algo inaudito, que desafía las leyes de probabilidad—, se quita la vida. Con poca o ninguna libertad. El pobre José Mallorquí, con problemas de salud, agobiado por la muerte de su esposa a causa del cáncer, cae en desesperación sensible: su suicidio, en 1972, iba acompañado de una elocuente nota en la que gemía un «no puedo más, me mato»… Casos que los partidarios de la eutanasia intentan distinguir cuidadosamente de su reivindicación, su suicidio «racional». Pero otros casos de suicidio se van acercando al ideal eutanásico. La frontera, si la hay, es tan difusa que va a reflejar la confusión cultural originaria de las legislaciones eutanásicas: ¿compasión circunstanciada por la casuística, derecho al suicidio condicionado, disponibilidad de sí sin límites?…

Efectivamente, las legislaciones eutanásicas van contemplando los mismos escenarios que a otros han conducido al suicidio fuera de contexto sanitario. Castelo-Branco se suicida ante la perspectiva de una discapacidad permanente, cuando se le confirma que su ceguera no tiene cura; Horacio Quiroga se suicida, con cáncer de próstata, para evitar el proceso de degradación física que le hubiera conducido a la muerte.

No se puede ni debe juzgar la situación real de los implicados, cuya alma sólo conoce Dios. Su sufrimiento, su temor, su desesperación sensible, han de ser respetados con reverencia. Pero sí se pueden considerar de modo objetivo las motivaciones aducidas, precisamente porque las tales son invocadas por los actores culturales que promueven la cultura eutanásica. Es decir, el declarar que es legítimo señalar como incompatibles la vida y la discapacidad grave, o la vida y los procesos de deterioro que conducen a la muerte natural.

Decíamos antes que la semilla que origina este pensamiento tiende a crecer y expresarse en nuevas situaciones. El caso del suicidio del poeta Gabriel Ferrater es paradigmático si nos detenemos a la consideración de los motivos objetivos aducidos, sin entrar en las interioridades vitales, espirituales de este hombre. Sus juergas etílicas desmesuradas, su haber anunciado repetidamente que no pasaría de los 50 años, y el hecho efectivo de haber consumado el suicidio a esa edad, muestran el trasfondo de su argumentación para no querer vivir más: el «no oler a viejo» que pregonaba como motivo de dimisión vital probablemente encubra, a través del sarcasmo, desesperanzas profundas. Ausencia de sentido vital, que es el meollo de toda esta cuestión.

El dinamismo, repetimos, conduce en una de sus cadenas causales al reconocimiento del suicidio sin más. Los procesos de normalización social y de extensión casuística provocan el que un número cada vez mayor de personas pidan la aplicación de la eutanasia llamada compasiva, el suicidio asistido, así como el que otras sean sometidas a eutanasia por decisión de terceros. Los cientos de casos que acontecen tras las primeras legalizaciones en un país detrás de otro, se convierten al paso del tiempo en miles de casos anuales: en la pionera Holanda, en 2023, se registraron más de siete mil muertes provocadas en estos contextos, más el número indeterminado de las mismas no registradas a causa de su dificultad en encasillar los casos en la legislación vigente.

Este dinamismo de crecimiento está en relación dialéctica con el entorno cultural y espiritual. El siguiente paso, conforme al nihilismo originario, ya no es el aducir achaques de la vejez, sino la ancianidad misma. Es la esencia de la iniciativa, también en Holanda, conocida como «Ley de vida completa». Efectivamente, en aquella nación, faro eutanásico para el mundo posmoderno, ronda desde hace tiempo tal idea: regular el suicidio asistido a personas cansadas de vivir, todavía bajo algún supuesto objetivo, en este caso la edad. La señora Pia Dijkstra, quien fuera ministra de

Atención Médica en los Países Bajos y perteneciente al grupo político D66 (Demócratas 66), fue la cabeza visible de esta propuesta de reforma legislativa por la que cualquier persona podría ser asistida al suicidio en contexto sanitario aduciendo el haber cumplido 75 años. Por supuesto, aquí también asoma el llamado garantismo: consejeros profesionales para valorar, acentuar medidas sociales para combatir la lacra de la soledad, etc.

Los llamados partidos «cristianos», es decir, la derecha conservadora holandesa[19], se opone. Con poca autoridad, pues tal conservadurismo, además de amigo de la homicida riqueza y enemigo de una multitud de vidas, la de los pobres itinerantes en nuestros mundos, por ejemplo, es una facción cultural que tiende, valga la redundancia, a conservar lo ya establecido: han estado cómodos con la regulación eutanásica holandesa, hasta el extremo de la escena de febrero de 2024, en que un ex primer ministro precisamente democristiano se hace aplicar la eutanasia a la vez que su esposa y cogidos de la mano. «Efecto romantización» se calificó en su momento tal escena. Estos grupos político-culturales pretenden frenar los propios efectos de la filosofía vital que originó este proceso manteniendo la comodidad y el conformismo con las legislaciones vigentes. Y no lo pueden conseguir. Es más, cuando la combinación interactiva entre pedagogía legislativa, demanda social y normalización socio-cultural se consolide respecto a las nuevas concreciones, esa facción se apresurará a considerar la nueva situación como valor a conservar en la medida de su tranquila extensión y su capacidad de cohesión.

El dinamismo no va a frenar. Los que hoy vivan como conquista de un nuevo derecho esa «ley de vida completa», mañana denunciarán su carácter restrictivo, su ser un atentado contra la libertad: ¿por qué a los 75 años?, ¿qué pinta ahí el llamado consejero?...

---

[19] He de reprimir una explosión de ira y sarcasmo cuando se pretenden ayuntar en una sola cosa dos naturalezas esencialmente discordantes como lo son el cristianismo y «la derecha», sea cual fuere. O «la izquierda», da igual.

La progresión de esta ausencia de sentido vital conversa en leitmotiv vital conduce al reconocimiento del derecho al suicidio y su regulación. ¿Y por qué tal regulación? ¿es que acaso no sería eso una nueva intromisión restrictiva?... Está el problema de la salud pública, el tratamiento de los cadáveres. Así de triste. La regulación del suicidio no tendrá otro límite que el procedimiento y el lugar por motivos de higiene... Y, como decía el filósofo Eugenio Trías en cita anterior, necesario sería habilitar medios en que ejercer el derecho evitando el entregarse a la brutalidad de los precipicios, las vías de tren, etc

Por otro lado, es esto lo que muchos han reivindicado siempre desde su ateísmo y lo han aplicado al debate sobre la eutanasia. Los diques se van percibiendo uno tras otro como atentado a la libertad: la extensión del suicidio asistido, controlado al detalle por instituciones al efecto, dará lugar al fin a algún kit para ser usado libremente sin más condición que el que se haga en los lugares señalados. En la temprana fecha de 1989, en uno de los repuntes públicos del debate, el señor Vicent, a quien no he tenido más remedio que calificar más atrás como de «artesano de la nada», escribía:

«El tramo final de la vida aún está lleno de indignidad, pero ya se acerca el día en que será lícito entrar en la botica con la cabeza muy alta para comprar Eutanasín en grajeas de acción rápida, las cuales poseerán sintetizado en su interior la muerte y el mar, una imagen de amor y exquisita belleza unida a la obscuridad que se funde con la luz más cegadora»[20]

Una farsa: esteticismo de la desesperación. Pero no una fantasía. Efectivamente, desde hace tiempo el señor Philip Nitschke, fundador de Exit International, vende «de modo indetectable» por internet kits de suicidio. Este mismo caballero, otro pionero de la nada, quería lanzar al mercado en Suiza, en el año

[20] Manuel VICENT, «Eutanasia»: *El País* (2-4-1989)

2022, un artefacto al que ha denominado «Sarco»: es una «cápsula»-sarcófago para suicidarse. Se accede a ella mediante un código que se obtiene si una encuesta realizada por IA certifica que el sujeto-cliente está sano mentalmente. Recostado dentro, la máquina hace preguntas, graba imágenes si «el usuario» quiere, permite la comunicación con otros del exterior… Cuando el suicida lo decide, activa él mismo un mecanismo que inundará el interior de la cápsula de nitrógeno, lo que origina una sensación apacible y cierta euforia antes de morir…

El fundador de Exit International, el australiano Nitschke, vende su producto como un avance en la autonomía personal desde el reconocimiento previo del pleno derecho al suicidio incondicional, es decir, de aquello que vienen voceando desde hace décadas una multitud de actores culturales del mundo posmoderno. Una autonomía que significaría no depender de médicos que recetan y controlan y de entornos específicos. Como en otros casos posmodernos, una suerte de normalización que exigiría la *desmedicalización* del asunto.

Por supuesto, las demás organizaciones (empresas) dedicadas al suicidio asistido en Suiza, se enfrentaron con virulencia a Nitschke. Organizaciones como Dignitas, Exit Deutsche Schweiz o Ex International no secundaron a Exit International: avalar el *remedio*, la idea propuesta por Nitschke con artefactos similares significaría prácticamente abolir toda la actual infraestructura de estas empresas eutanásico-suicidantes: médicos y asistentes fuera, edificios fuera… Para una remodelación tal de este negocio hay que hacer cuentas primero y por ahora no se precisa tal: el negocio va viento en popa, cada año esas organizaciones suicidan a una multitud de clientes… muchos más de mil personas, suizos y extranjeros, hasta el extremo de que se ha acuñado el aberrante concepto de «turismo de suicidios». Concepto al que se ha sumado el Estado de Oregón, quien en su ya añeja ley sólo permitía el suicidio asistido a sus naturales hasta que en 2022 hubo una reforma legislativa que autorizaba el prestar tal servicio a ciudadanos de otros Estados y a extranjeros.

Decíamos más atrás que la deriva al negocio es consustancial a la cultura en que nacen estas pretensiones y estas concreciones. Asunto del mundo rico capitalista... Los otros mundos tienen asimismo sus atentados contra la vida de cuño propio; y luego, o antes, están los seculares y omnipresentes atentados con patente universal, que difieren sólo en grados y extensiones. Pero el que aquí estamos tratando tiene origen burgués y posmoderno. Las legislaciones que circunscriben en primera instancia el evento al ámbito sanitario público, no tienen vigor en sí para frenar este otro dinamismo economicista, paralelo a la extensión casuística y la normalización social. Es decir, de un modo casi insensible y natural, el suicidio asistido penetrará en la medicina privada concertada, en la que depende de seguros privados... hasta llegar a ese Eutanasín dispensado en farmacias que el genio literario, estéril y estafador del señor Vicent anunciaba como nueva alborada de la libertad, o a un sarcófago apacible, financiado para los menos pudientes, en el que mantener antes del fin deseado lindas conversaciones... con una Inteligencia Artificial.

Por de pronto, este aspecto economicista es el que se manifiesta sin pudor en el caso suizo y en otros lugares cuyo modelo sanitario es eminentemente privado. En Suiza, organizaciones como Exit International y Dignitas tienen la desfachatez de presentarse poco menos que como ong's «sin ánimo de lucro»... para luego cobrar a sus clientes miles de euros en concepto de gastos médicos y legales. Y tal es el espíritu de negocio reinante, que, como siempre, también asoma allí la corrupción para ganar más.

Efectivamente, en el año 2010 aparecieron en el fondo del lago de Zúrich centenares de urnas mortuorias, anónimas pero con el logo del crematorio de Nordheim, usado habitualmente por una de las empresas que ofrece el servicio de suicidios a petición: Dignitas, organización autopresentada como adalid de las libertades personales, con sede también en Alemania y especializada en atender a clientes extranjeros no sólo enfermos sino «cansados de vivir». Poco después, una exempleada de dicha empresa, Soraya

Wernli, confirmaba que efectivamente, esta operación de ahorro de costes era obra de Dignitas y que el arrojar esas urnas al lago había sido realizado personalmente por el fundador de la asociación, Ludwig Minelli.

El carácter empresarial que se manifiesta, o se manifestará, en el asunto de la eutanasia no es algo anecdótico. La pretensión nace en este mundo cual es este mundo, donde la esencia es el comercio y todo se vende y se compra, hasta los afectos y las protestas. Esto significa sencillamente que el proceso se acentuará y encontrará nuevos recovecos en los que hacerse presente bajo la cobertura cultural del mercado y las demandas que éste satisface.

¿Suicidio versus eutanasia?

En el debate cultural, y proceso cultural, en torno a la eutanasia, hemos visto cómo muchos de sus partidarios cimentaban su presunta legitimidad en una roca anterior: el derecho a disponer absolutamente de sí, hasta la muerte; el derecho al suicidio. Sin embargo, tal proceso pedagógico-cultural también nos muestra la postura de quien pretende desvincular el concepto de eutanasia voluntaria del suicidio. Otros, que sí sitúan la petición de eutanasia en el ámbito de un suicidio legítimo, la desvinculan de uno de los dos conceptos de suicidio con que reducen el drama: el suicidio emocional, falto de libertad, frente a la decisión suicida racional, madura, libre… Es en este suicidio, y no en el otro, en el que situarían la legitimidad eutanásica.

En fecha ya avanzada en este debate contemporáneo, 1996, y motivado por aquella famosa legalización operada en uno de los Estados de Australia, el filósofo Sádaba publicaba un artículo en el que parecería que se intentaba tranquilizar a sí mismo circunscribiendo el proceso español a una pretensión eutanásica nítida —dirigida a enfermos terminales—, frente a lo que estaría ocurriendo en otros lugares:

«En la muy lejana Australia, país con un poco de leyenda, repoblado con delincuentes, se ha dado un paso más. Un paso decisivo (si tenemos en cuenta que en EEUU lo que se ha legalizado es el "suicidio asistido" y aquí hablamos simplemente de eutanasia) que convierte a nuestros antípodas en los primeros en haber legalizado la eutanasia (…) el paso está dado y el tabú roto»[21]

La intención de separar y contraponer ambos conceptos era manifiesta en varios de los actores culturales promotores del proceso. Por ejemplo, el psiquiatra divulgador Luis Rojas Marcos, o María Jaén, autora de la novela *La promesa*, libro que en su momento (1999) contribuyó a la pretensión cultural de «hacer evidente» la necesidad de legitimar a través de la legalización lo que se presentaba sencillamente como audaces gestos de amor. Los anteriormente citados Mendiluce y Montalbán participaban asimismo de este distingo reduccionista.

Estos actores culturales y muchos más intentaban situar el suicidio, en general, en el campo del arrebato, la ira, el impulso… mientras la eutanasia voluntaria sería fruto de la racionalidad, la reflexión. La libertad. Por supuesto, esto no se corresponde con las complejidades humanas: hay suicidios meditados y razonados, y hay un sinfín de peticiones de eutanasia en momentos de desesperación sensible aguda.

El intento de legitimar la eutanasia circunscribiendo el suicidio como tal a los casos de suicidio emocional psicológicamente determinados, no es real. Se dice, por ejemplo, que el suicidio es en el fondo una «petición de ayuda», precisamente

---

[21] Javier SÁDABA, «Derecho a morir»: *El Mundo* (16-10-1996). En este mismo artículo el autor ensalzaba como pionera a Australia (ese romper un «tabú»), frente a Holanda, país con años ya de prácticas eutanásicas legales, porque en los Países Bajos el procedimiento jurídico —farsa jurídica— había consistido en despenalizar los casos concretos, manteniendo sin embargo y en aquellas fechas aún el previo de la ilegitimidad de la eutanasia en sí. Australia habría proclamado la práctica como un verdadero derecho, de ahí la loa del filósofo.

para no consumarlo, mientras que la solicitud de eutanasia sería lo contrario. Esto supone que todos los suicidios son públicos, incluso espectaculares; que todos son comunicados de antemano… En fin, hay muchos suicidios que se cometen sin dejar nota ni llamada telefónica, en privacidad, en lugar no transitado… Acaso, por su presunta racionalidad, por su similitud con la eutanasia voluntaria, ¿estos suicidios no deberían nunca ser obstaculizados si se presentara la ocasión de toparse con uno de estos eventos?

Rojas Marcos, que comparte este distingo entre suicidio y eutanasia, admite, sin embargo, que hay peticiones de eutanasia realizadas en fases de depresión. Su solución, entonces, es que se debería tratar primero la depresión para que la elección se haga en fases de lo que él considera racionalidad. Sin embargo, esto tampoco se corresponde con las situaciones humanas: hay depresiones que no pasan. No hay forma de decirle a alguien que no puede acceder al recurso por falta de decisión racional a causa de una depresión crónica que no cede al tratamiento. Por otro lado, la inexistencia de depresión perceptible no implica que no esté presente; hay profundas desesperanzas vitales no racionalizadas, que provocan distorsiones perceptivas y que no son medibles en fases depresivas.

Estos intentos clasificatorios que sitúan la eutanasia en el campo de «da libertad» son necesariamente reduccionistas. Quieren ignorar que en el drama de la eutanasia haya situaciones en las que parece un sarcasmo el hablar de decisiones razonadas. Terminales a los que no se les ofrecen reales cuidados paliativos, o que piden esa intervención en fases de angustia o de ira y rebelión, tras haber digerido a la fuerza la fase de negación y no haber llegado a la fase de aceptación… Los que sitúan la eutanasia en el ámbito de la decisión libre necesitan circunscribirla al suicidio asistido de grandes discapacitados o de crónicos progresivos que, también presuntamente, gozarían de espacio psicológico para decidir. De los otros, o se niegan la existencia de estas fases, en alguna de las cuales no habría libertad suficiente, o se sitúan en el ámbito de la *compasión*, ignorando la realidad compasiva de la alternativa de los cuidados paliativos eficaces al respecto. Porque, al parecer, esto sería atentar contra su libertad; una libertad que en una mayoría de casos en tal situación no existe.

Quienes a toda costa no renuncian a vincular la reivindicación de la eutanasia con un primario derecho al suicidio, y visto cómo son una multitud de suicidios, recurren no ya a distinguir entre eutanasia y suicidio, como lo otros, sino entre suicidio y suicidio. Es decir, entre suicidio motivado por el dolor, la angustia, en el que, como decía Montalbán. «esa persona no habría decidido su vida aunque puede decidir su muerte», y el suicidio frío y racional, el que, como decía el mismo autor, hay que «respetar»… Es decir, un distingo purista entre las decisiones *libres* y las conducidas por la depresión.

¿Quién establece el baremo para distinguir unas de otras, para negarle legitimidad a uno y dársela a otro? Un problema para los distinguidores que no parece encontrar fácil casilla en las legislaciones. Por otro lado y respecto a las decisiones al respecto calificadas de libres, nos volvemos a topar con escenarios un tanto kafkianos, como antes hemos indicado: ¿qué hacer con los suicidas «racionales» en ámbito no sanitario? ¿se les facilitan los medios, se venden esos medios, se les ofrece un lugar por el asunto del cadáver posterior… se impide la acción de los obstaculizadores?

Derecho al suicidio y protocolos antisuicidio

En 1988 aparecía en algunos medios una pequeña noticia, pasajera e insignificante al parecer, que conviene recordar aquí, por su carácter simbólico. Un suceso intrascendente en medio de la vorágine de la historia y de la vertiginosidad en que se suceden las noticias sepultando en la nada cualquier acontecimiento de inmediato. Un tribunal de Nápoles desautorizaba la iniciativa de un fiscal llamado Riccardo Russo que había ordenado el secuestro de un libro en toda Italia. Según los jueces, se había extralimitado en sus funciones. El libro en cuestión, escrito por dos periodistas franceses, era una especie de tratado sobre modos diversos de suicidio mediante ingesta de medicamentos, detallados en sus dosis y efectos. Se hablaba en aquel libro de «muerte dulce».

En las contradicciones internas que muestra la actual cultura dominante en ámbito occidentalista, en sus antagonismos íntimos, encontramos esta cuestión: por un lado se canta con lirismo imbécil el suicidio de otros, siempre artistas, creativos... y siempre lejanos, conversos en símbolos, despersonalizados, no amados. Además, en nombre de la adultez del ser humano, de su también imbécil rechazo sistematizado de Dios realizado con la autoridad del propio ombligo y no más, se proclama culturalmente el derecho al suicidio como ejercicio de libertad... y, por último, se promulgan protocolos antisuicidio, hay alarma sociopolítica ante las cifras de suicidios y de tentativas, se presentan planes de prevención, se crean teléfonos específicos de atención, se prohíben los foros de internet de inducción al suicidio o de organización de los mismos... se movilizan medios para evitarlos... Es decir, cuando una persona quiere suicidarse, con toda su ristra de motivos, y puede hacerlo, se le intenta impedir: esos protocolos, o la acción ciudadana o policial, esos teléfonos disuasorios... incluso cámaras en lugares significativos o incluso cambios urbanísticos, como la mampara alta instalada en la ciudad de Madrid, en el Puente de Segovia, emplazamiento simbólico para suicidas que, por eso mismo, incitaba a tirarse desde sus barandillas, ahora inaccesibles...

Sin embargo, en esta cultura y ante situaciones no de sufrimiento terminal sino calcadas a las motivaciones aducidas por estos suicidas, si la persona quiere y no puede, v.gr. por problemas de movilidad, el sistema legisla para facilitar el suicidio. Y no se puede argumentar al respecto, como sin embargo se hace, que en los primeros los motivos son solamente subjetivos, y en los segundos objetivamente cuantificables, tetraplejia, por ejemplo. Porque entre los primeros hay muchos que sí responden a situaciones sobrevenidas, objetivas, y entre los segundos, como atestiguan clientes de clínicas eutanásicas suizas o el proyecto de ley de vida completa, los hay cuya motivación es subjetiva: están hartos de vivir.... Parece que este desbarajuste se enmascara por el contexto, un contexto clínico, controlado, en vez de uno extraclínico, el que fuere. Pero tampoco esto resuelve la contradicción: en los hospitales se intentan evitar los suicidios.

La distinción fundamental en que se pretende fundamentar esta discriminación de tratamientos, ya la hemos indicado antes: suicidio emocional y no libre frente a suicidio racional y libre. Esto justificaría ambas legislaciones, las que pretenden impedir los suicidios y las que hablan directamente de «suicidio asistido».

Para los protocolos antisuicidio se vende la idea de un acto público (puente, tren, balcón, etc) y, además, motivado por desesperación constatablemente sensible, es decir, en ausencia manifiesta de libertad interior. Así pues, un determinista impulso más que una decisión, junto a cierto atentado contra otros, obligados a presenciar el acto o los resultados sangrientos del mismo, puestos en peligro ellos mismos, activando medidas urgentes de orden público y sanitario que movilizan medios y más medios: policía, bomberos, jueces, sanitarios, funerarias, operarios de limpieza, de mantenimiento de mobiliario público, cortes de tráfico vial o ferroviario, etc.

Para el «suicidio asistido» se habla de voluntad libre, de motivaciones objetivas, de espacios controlados, de no truculencia ni espectáculo… Sin embargo, hay muchos suicidios cometidos fuera del ámbito en que se sitúan las peticiones en el marco de la eutanasia, que se corresponden exactamente con estas definiciones y estas características: ni truculencia, ni espectáculos, ni angustia sensible, sino voluntad libre bajo motivaciones que el sujeto vive como objetivas o que son objetivas sin más. En medio del debate originado en España a causa de la eutanasia y entre los miles de acontecimientos, iniciativas y anécdotas al respecto, viene al caso mostrar aquí un par de esos avatares como símbolo de las contradicciones inherentes a la pretensión: en el parlamento, una diputada ultraderechista fue objeto de ataques, y burlas, no por la objetiva hipocresía que desvela esa facción cuando habla de «defensa de la vida», sino por el carácter concreto de una de sus objeciones a la ley de eutanasia: porque vinculaba a ésta con el suicidio y hacía notar la existencia de esos protocolos de que venimos hablando. Lo denunciaba entonces como una contradicción. Después de las descalificaciones en diversos medios, que intentaban mostrar el para ellos absurdo de meter en el mismo saco ambas realidades, hete aquí que no mucho más tarde interviene un periodista partidario de la eutanasia, Antonio Maestre, y esgrime un argumento simple para defender la legalización: que es un suicidio asistido porque los que quieten suicidarse y pueden, lo hacen… y éstos —los que son objeto de esta legislación— no pueden por sí mismos. Así de sencillo.

No obstante esa clasificación artificial y reduccionista entre suicidios, ajena a la realidad de muchísimas situaciones, también se activan protocolos, intervenciones, llamadas telefónicas, irrupciones en viviendas… para impedir esos suicidios privados, razonados, supuestamente libres. Hay como una especie de instinto que conduce a actuar para impedirlos por más que los que quieren suicidarse aduzcan, exactamente como los que lo solicitan legalmente en contexto clínico, motivos objetivos, atmósfera psicológica sosegada y procedimiento no invasivo respecto a los demás.

Este instinto abole habitualmente los condicionamientos ideológicos que asumen quienes hablan del suicidio como derecho: la ideología se esfuma cuando uno se topa con un intento de suicidio, no sólo ante el clasificado como no libre. Es decir, una casualidad, una indiscreción u otros factores, pueden propiciar el que alguien se encuentre con uno de estos escenarios en que el suicida pretende consumar su acción de modo privado. Evidentemente hay escenarios de este género en los que hay testigos, amigos, gentes que se han convencido de la naturaleza libre del acto, que están o bien conformes con el mismo, o que piensan que no deben obstaculizar la libertad de su amigo o familiar. Un extraño probablemente quedaría cohibido ante tal caso, y, sin embargo, en su interior operaría ese instinto por el que se siente impulsado a impedirlo, a la vez que sufriría la impotencia de no poder hacerlo ante tal escenario. De ningún modo, salvo casos de lenta pedagogía anterior motivada por la convivencia con el sujeto y la predisposición ideológica, le brotaría de modo espontáneo en su interior la idea de que está delante de alguien en disposición de ejercer un derecho inalienable...

Pongamos el caso de que el que se topa con esto se encuentra con que tal evento se va a realizar, por ejemplo, en lo recóndito de un bosque, o que, mirando por una ventana vecinal se percata de lo que va a ocurrir. Insistimos: casos no truculentos ni públicos, en los que o no se sabe nada sobre desórdenes sensibles o se es capaz de percibir que el sujeto está convencido y actúa con su voluntad operante, o se sabe esto último con certeza, por un escrito, por una comunicación de un tercero, por lo que sea. El *instinto*, sin embargo, saldría a la luz. Un pasar de largo sólo podría significar egoísmo, o miedo... o un patético fanatismo ideológico. Se intentaría frenar, y luego o durante el momento inicial en que se intenta impedir, se procuraría que tal persona abandonase sus ideas suicidas. No se le dice que tiene derecho a ellas, que ejecute el acto y que, si desiste ahora por la molesta presencia de alguien, planifique para que otra vez nadie moleste y mucho menos se interponga en su «libre decisión».

Estas situaciones, absurdas, kafkianas, que, obviamente, no tienen visos de ocurrir más que rara vez, son sólo un indicio de la contradicción. La contradicción se va haciendo más clara si nos adentramos en los contextos que las leyes de suicidio asistido contemplan para amparar estos actos y los comparamos con las motivaciones de un sinfín de suicidas que, a día de hoy, no ven reconocido lo que han hecho, o quieren hacer, por el ordenamiento jurídico. Todo conduce por lógica interna y desarrollo, al final reconocimiento del suicidio como derecho aquí y allá, y a la regulación legal de la consiguiente logística. Una universalización de lo que ya acontece en Suiza y otros lugares, pero con más extensión casuística y más facilidades normalizadoras.

Porque, ¿quién va a poder establecer con rigidez lo que es motivo objetivo para suicidarse o no? ¿desde qué referencia? Decíamos antes que sólo quedaría como cortapisa el asunto del orden público y la higiene social. Apartados estos obstáculos, ¿qué impide el lógico desarrollo interno de las premisas que ahora justifican el suicidio asistido en el contexto de la ideología eutanásica? Porque suicidios pensados y cometidos no en fase depresiva carente de libertad, sino supuestamente libres y en atención a diversas motivaciones no son algo marginal… Las atmósferas depresivas crónicas, leves y no agudas pero permanentes y el tedio que producen… la protesta ante situaciones de injusticia; el alcanzar algún fin superior, en contextos calificados desde fuera como sectarios; incluso la experimentación, el deseo de ver qué pasa, como atestiguan los contenidos de algunos foros de internet en los que se ha concertado suicidios… y, sobre todo, lo más extendido: el nihilismo, el sinsentido vital, la percepción de que la vida no tiene ningún aliciente, para el sujeto concreto o la vida sin más. No mera subjetividad, sino elementos objetivos se aducen para esto último: la muerte de alguien amado, el fracaso profesional, frustraciones permanentes debidas a causas no removibles como la pobreza o la prisión o el desamor, ciertas previsiones sobre un futuro que no se quiere vivir… así Zweig y su esposa, creyendo en el triunfo del nazismo a nivel global; así Maritain y su esposa Raissa, antes de sus conversiones, quienes valoraron seriamente el suicidio por no poder encajar de ningún modo el sufrimiento presente en el mundo, el de los hombres y el de todas las criaturas…

Tales suicidios, a día de hoy y salvo en algunos lugares que no preguntan por motivaciones, no están protegidos jurídicamente ni regulados procedimentalmente. Circunscribir los protocolos antisuicidio al ámbito de la salud mental, que es lo que generalmente se hace en lugares donde a su vez se legaliza el suicidio asistido, no resuelve la contradicción, porque existe esa franja enorme de situaciones suicidas o potencialmente suicidas en que el sujeto ni está en el área jurídica de tales protocolos, pues no muestra signos de perturbación sensible aguda, ni amparado en las leyes de eutanasia y suicidio asistido. Vincular el fenómeno suicida y su prevención a una salud mental mensurable es un reduccionismo: están, y en número creciente, los suicidios *existenciales*, calculados…

Los protocolos, ante la tentativa suicida, claro está que en primera instancia no pueden distinguir quién actúa con libertad o sin ella, y así se llega a la contradicción de negar normalidad a unos suicidios —pues todos ellos serían asunto de psiquiatras— y reivindicar como derecho otros —hasta llegar a la noción protegida de «suicidio asistido»—, que asimismo invocan como razones para dejar de vivir la previsión de un futuro indeseable y la frustración permanente debida a causa no removible a plena satisfacción del que la padece…

Tales contradicciones se irán resolviendo. Incluso ya se ha comenzado a revolver lo que a día de hoy les parece evidente, como es el circunscribir la ilegitimidad del suicidio, su obstaculización legal, sólo a la problemática de la salud mental: en Canadá se baraja el que los enfermos mentales puedan acceder a la eutanasia. No sólo que se les reconozca autonomía personal, imagino que dependiendo del grado y la intensidad efectiva de su discapacidad. Eso, como principio, es bueno. Otra cosa es la discusión sobre la legitimidad o no de los campos en que tal autonomía tiene autoridad; algo que afecta a toda persona, sea enfermo mental o no. El problema aquí es que la discusión versa sobre la propia condición de tales personas como sujetos idóneos para la eutanasia a causa de su enfermedad mental. Porque hablamos de situaciones de incurabilidad, y muchas de ellas de alta discapacidad permanente, es decir, precisamente de las condiciones que se han esgrimido habitualmente para legalizar el suicidio asistido en contexto eutanásico.

Sin embargo, la contradicción fontal tiene que ver con ese otro género de suicidio que está en medio de tales ámbitos legales. Las premisas antropológicas, metafísicas, que han originado estas legislaciones eutanásicas, tienen vigor interno para resolver la contradicción mediante la progresiva admisión de aquel supuesto primigenio derecho al suicidio. Probablemente no estamos lejos del kit, o de los artefactos estilo «Sarco». Porque muchos de los suicidas justifican su deseo de no vivir más, en atención a algo objetivo.

La despenalización y regulación de la eutanasia en su modalidad de suicidio asistido contempla esto, pero pretende tasar esa objetividad o clasificarla. Así, por ejemplo, niega legitimidad a un suicidio para que el sujeto redescubra lo que hoy se llama «calidad de vida», que supuestamente no ha perdido; y, por lo mismo, secunda al suicida que se basa en una pérdida objetiva de esa «calidad de vida». Filo de navaja y ulterior ampliación casuística, en la medida en que tal tasación puede cambiar, obedecer a baremos diferentes, ser ambigua, atender a «nuevas realidades», y, sobre todo, el que carece de autoridad para negar la objetividad que unos y otros aducen.

La contradicción, el decir autoritativamente y en nombre de nadie que uno goza de tal «calidad» y otro no, cuando este último afirma que él tampoco la tiene, que no quiere esta vida, se irá resolviendo removiendo progresivamente los obstáculos que entorpecen el ejercer el suicidio cuando alguien lo decida. Sin más. Los que defienden el derecho al suicidio deberían, por coherencia, luchar contra los protocolos antisuicidio en la medida en que no discriminan los suicidios decididos libremente de los que son cometidos bajo impulsos que dominan a la persona. No estamos caricaturizando, entendemos que tal coherencia no llevaría a ejercer una suerte de activismo en que se denunciaran las medidas físicas y de disuasión psicológica que se emplean en los casos de suicidios públicos y que conduciría al fanatismo de obstaculizar también físicamente tales acciones, coordinar con suicidas medidas para la protección de su *derecho*, etc.

La coherencia de que hablamos ya está inscrita en la cultura que ha originado la eutanasia posmoderna. Poco a poco, esos protocolos se irán circunscribiendo a las situaciones no regladas, es decir, las condiciones que ahora se exigen para el suicidio asistido se harán más laxas en su interpretación, de tal modo que sin apenas cambios jurídicos —cambios de fondo, relevantes—, el suicidio se irá introduciendo en la cotidianidad de las naciones hastiadas y «avanzadas».

Ahora existe en la generalidad de estas legislaciones el suicidio asistido vinculado a situaciones de grave discapacidad o de enfermedades progresivas crónicas que conducen a esa discapacidad o a la muerte. En este caso, el de esas enfermedades crónicas, parece que se conjuntan ambos supuestos de las legislaciones eutanásicas: el suicidio y la muerte compasiva. Ya hay legislaciones, como las de Suiza y otras en su ambigüedad calculada, que lo que amparan es ese suicidio sin más de que venimos hablando, como *creme de la creme* de esta cultura vacía.

Es lógico que todo el proceso iniciado en tantos lugares conduzca a esa situación: el efecto pendiente existe, la «Ventana de Overton» es real. Es decir, las adaptaciones sensibles y conceptuales que operan de modo gradual, casi inconsciente, en las sociedades y por las que lo que antes era inadmisible termina por digerirse y normalizarse, traerá la legitimación regulada de ese género de suicidio calificado por sus bardos como de racional, expresión de máxima libertad, y, en la medida de su estar en marco legal, con garantías para salvaguardar la higiene pública y evitar las heridas a la sensibilidad que producen los suicidios tremendistas.

El proceso es ineludible y ya está presente (Suiza, Canadá, etc), porque desde sus presupuestos no hay al fin diferencia el que uno aduzca una discapacidad física como la tetraplejia, o que aduzca la grave discapacidad que produce una depresión crónica o, como antes señalábamos, una frustración permanente debida a causas no removibles.

El proceso, no obstante, no culmina ahí. Incluso las legislaciones que regulan el suicidio exigen aún alguna garantía certificada de que el sujeto no padece perturbaciones mentales, etc. Esto, más temprano que tarde, chocará con ciertas «demandas sociales» que lo denunciaran como intromisión indebida a la privacidad, como discriminación a un «colectivo», y como restricción de la libertad de todos. La coherencia, o el desarrollo, del principio, termina por contemplar como atentatorias a la libertad cualquier intervención psicológica, charla, entrevista, que intentara disuadir del proyecto de suicidio a quien no hubiera pedido formalmente tales intervenciones psicológicas. Serían, sencillamente, la obstaculización de un derecho.

Evidentemente, toda la alarma que plasman estas reflexiones no es tal para el sector cultural que ha promovido y promueve la eutanasia posmoderna. Para los políticos profesionales que legalizan o que tragan lo ya legalizado-normalizado, tales alarmas si son objeto de consideración; pero sólo para negar tales afirmaciones y previsiones. Inmersos en el proceso que describía Overton, han de esperar a que las cosas maduren socialmente mediante el carácter pedagógico progresivo con que interactúa el mundo legislativo y el mundo cultural. La progresión provoca los matices legales, los añadidos, las reservas, las excepciones… hasta que todo esto se recapitula en nuevas leyes y el renovado marco legal chirría lo menos posible y ante el menor número de personas. No olvidemos el contexto: personas seducidas y reducidas a la condición de «ciudadanos», en un régimen totalitariamente mercantilista, donde todo es contrato y mercado que atiende demandas y las crea, así como régimen básicamente enemigo de la trascendencia en la medida en que cuestiona el contexto.

Esto, esta negación de la alarma a fin de suscitar una lenta progresión, es para los políticos. Los actores culturales que defienden el derecho al suicidio como expresión de libertad, un Attali v.gr, no ven tampoco alarma ninguna en lo denunciado aquí, pero sí trabas y lentitud en llegar a donde quieren llegar. Es decir, tanto unos como otros, al valorar que lo que se denuncia es algo que como culmen tiene el rostro del suicidio a petición… concluyen con un «¡claro que sí!, eso es precisamente lo que reivindicamos».

Sin embargo, quienes contemplamos el proceso como un mal que daña a las personas y a las sociedades, y negamos que exista ese derecho a quitarse la vida, también tenemos algo que decir sobre la legislación positiva. Tales ordenamientos pueden —y deben— *convivir* con determinados males morales en la medida en que se deberían respetar las conciencias y en que incluso los valores y referencias que cimentan las legislaciones y deben ser fomentados por ellas, como tales valores no se pueden imponer al interior de las personas; además, hay una enorme franja de situaciones socio-morales que no deben ser legislables en clave prohibición-autorización, para que la adhesión al bien sea libre. Otra cuestión es lo que debe ser regulado socialmente para proteger a los débiles, para proteger derechos fundamentales como la vida, la integridad física, la libertad, el honor, etc. Regulación que puede hacer una sociedad constituida en Estado, una asamblea tribal o una comunidad libertaria... pero que en la medida en que afecta a la integridad personal y a unas buenas y justas relaciones sociales, son algo vinculante.

Bueno, esto da para mucho, es más, da para reflexiones inacabables, literalmente hablando. Aquí sólo querríamos hacer notar algunas cosas que nos parecen fundamentales a la hora de confrontarnos con este drama.

En primer lugar, que el negar que ese derecho exista como tal y negar que los ordenamientos deban guardar neutralidad ante este hecho, no conlleva necesariamente, como denuncian algunos apologistas del suicidio, el considerar delincuentes a los que intentan el suicidio y no lo consuman a fin de tratarlos como merecedores de alguna sanción. Ni tampoco considerar así a los que lo han consumado, como personas que hubieran cometido un delito del que por su propia naturaleza no pueden dar cuenta, ni en sentido punitivo ni en sentido rehabilitador.

Una clara salvaguarda del honor de los suicidas y de la integridad social de los que lo han intentado, es compatible con el no reconocimiento del suicidio como derecho y con la prohibición de la ayuda al mismo. Basta reflejarlo así.

El instinto del que hablábamos antes es connatural a la humanidad. De modo no conceptual se *sabe* que no es bueno quitarse la vida. Por eso se tienen que esgrimir argumentos de peso que hablan de situaciones sobrevenidas por las que alguien viera como legítimo, «en ese caso», el quitarse la vida. El que se active el instinto para percibir el suicidio como anomalía fontal y obrar en consecuencia, es una gracia para esa humanidad. Lo otro, la cultura eutanásica y suicida es un superpuesto ideológico que pretende sepultar a la propia realidad del ser humano.

No vemos confrontación aquí entre revelación (la vida como don de Alguien), y razón: hay una base para una ética social por la que no se puede considerar la vida (o la libertad propia o la integridad física) como absolutamente disponibles. Previa a la razón está esa suerte de instinto —que creemos motivado por gracia— por el que los hombres van tomando conciencia de que la vida humana no es un artefacto disponible y de que esa indisponibilidad abarca a uno mismo. Obviamente, tal conciencia es habitualmente contradicha con los actos criminales de los hombres, con la pasividad ante el alud de acontecimientos históricos teñidos de sangre, con la aquiescencia servil a sociedades homicidas que, como las nuestras, las de las libertades civiles para ricos, están cimentadas sobre el hambre y la opresión de otros. Pero la conciencia que viene de ese instinto movido por gracia que no necesita de conceptualizaciones, sigue existiendo en el ser humano: se puede saber que todo eso es un mal.

Esa consideración sobre la no disponibilidad total sobre la vida humana explica la aversión al suicidio y a la normalización del mismo, así como la necesidad de que ciertos «bienes» del ser humano sean salvaguardados jurídicamente incluso cuando se ponen en entredicho por el propio sujeto y no sólo por la intromisión injusta de otros. A riesgo de repetirnos volvemos a ejemplarizar: ilegalidad de venderse como esclavo, de vender los propios órganos o miembros, de automutilarse, de ofrecerse como espectáculo sangriento, de autodenostarse despreciativamente a causa de la propia raza… de quitarse la vida. Y también, desde nuestra visión del ser humano, ilegalidad de prostituirse —que no significa desde esta visión despreciar ni tratar como delincuentes a las prostitutas y a los prostitutos—, ilegalidad de alquilar el útero, y los etcéteras que no nombramos aquí y los que al mundo se le ocurran…

Dichas estas generalidades fundamentales sobre los ordenamientos jurídicos vinculantes hay que resaltar, como más adelante intentaremos desarrollar en esta reflexión, que la misión cristiana primera ante este drama es de orden espiritual: testimonio, expiación, intercesión, súplica… Desde ahí desciende a las concreciones de la lucha, primero cultural y luego sociopolítica.

En lo cultural, como ofrecimiento libre, venido de la identidad cristiana no ocultada de los que proponen la verdad, y sin coacciones proselitistas o de cualquier género. Dejándose avasallar en todo caso sin recurrir a la violencia o el insulto, y desobedeciendo positivamente en el caso de que hubiera alguna prohibición o cortapisa en la difusión de la propuesta. En la lucha social, política, también esa dimensión de ofrecimiento libre para la adhesión, a la vez que el anuncio sincero de una *intolerancia* sobre lo que vemos debe ser vinculante en el orden jurídico; de tal modo que su negación por el poder político nos conduciría —nos debería conducir— a una confrontación abierta, legal e ilegal, pero siempre legitimada por la caridad en sus fines y en sus medios. Esto es, confrontación articulada por la acción directa no violenta y orante, por la no cooperación, por la objeción de conciencia, por los recursos legales si los hubiere. Intolerancia en este sentido, por el que la lucha no exige dañar a nadie sino sólo el sufrimiento padecido por los que la entablen con ese espíritu oblativo. Sí, intolerancia: si el poder pretende establecer un apartheid, instaurar o restaurar la pena de muerte, conquistar naciones, bombardear a civiles, torturar o encubrir la tortura, devastar la naturaleza… y tantas otras cosas… como legalizar la eutanasia y el suicidio asistido en vez de implementar sin más límite que lo realmente posible los cuidados paliativos universales, y los medios para que cualquier discapacitado pueda salvar sus obstáculos, suprimirlos incluso, y desarrollar su vocación, su genio, sus posibilidades personales.

Cuando hablamos aquí de «primero» no lo hacemos como referencia cronológica, sino ontológica: un carácter primero, principal, fontal, que fecunda a las otras dimensiones de la lucha cristiana, que siempre es consacratoria o no es. La caridad, el amor de Dios en nosotros hacia quien sea, amigo o enemigo, atraviesa la lucha, la vertebra, la impulsa, la dirige, la corrige… Y si no es así, no sólo las denuncias contra un aparato jurídico y cultural enemigo de la vida se hacen estériles y contraproducentes alimentando tal aparato, sino que llevan a convertir a los denunciadores en otros enemigos de la vida, o a desvelarlos como tales. Así, las facciones derechistas, ultraderechistas, tradicionalistas e integristas que vocean contra la eutanasia o el aborto.

Ahora bien, esta primacía del elemento espiritual en una batalla que toda ella ha de ser transida de sobrenaturalidad, no olvida ese «descenso» de que hablamos. En este caso —el de las legislaciones eutanásicas— el descenso a la lucha sociopolítica nos conduce a una denuncia de alto calado, perceptible no sólo desde una visión espiritual del devenir y de la vocación de cada uno, sino desde lo que socio-moralmente debe ser vinculante. Nos referimos a que este proceso por el que se legaliza la eutanasia compasiva y el suicidio asistido, en su desarrollo interno conduce a lo que a toda costa niegan sus partidarios y que vinculan de modo excluyente con solo el nazismo: la eutanasia impuesta, coactiva.

CAP. 4.- LEBENSUNWERTES LEBEN, VIDAS SIN VALOR

Dialéctica subjetivismo-objetivismo… hasta objetivar «vidas sin valor»

De modo transversal hemos ido planteando este escenario vital, el cómo los presupuestos que hacen posible la elección libre o supuestamente libre para solicitar la llamada «ayuda a morir», conduce a la noción justificativa de «vidas que no son dignas de ser vividas». No en sentido moral o espiritual, por el que una persona recibe luz interior para contemplar los fundamentos falsos en que pueda haber cimentado su vivir. Fundamentos no meramente erróneos e insuficientes, sino malignos, dañinos para sí y para los otros. Este hombre, esta mujer, entonces sí califica su propia existencia como indigna, pero no para el suicidio, sino para la conversión… Aquí no hablamos de esto…

Esta dialéctica atraviesa todo el drama. El «yo decido» porque tendría potestad para decidirlo es un principio subjetivista que alberga vocación de totalidad: lo decido porque quiero decidirlo, yo soy la norma. Pero esa totalidad arbitraria suele quedar atemperada por otro principio, moralmente objetivista: decido vivir o no vivir en relación a las condiciones de mi vida. Esto conduce a lo normativo, a la valoración de tales condiciones de modo objetivo, a definir qué vida merece ser vivida y cuáles no.

Este es el debate de fondo, intrínseco al proceso cultural y legal. Un debate que como tal es negado. Efectivamente, el debate público se suele circunscribir a la definición de los casos limítrofes entre lo ético y lo no ético, en los que es difícil distinguir las lindes y provocan identificación de situaciones que puede que no sean idénticas… retirar alimentación, o retirar un respirador; con qué motivo y con qué finalidad. Cuando públicamente se manifiesta la existencia del debate de fondo, esto acontece de modo gradual, casi imperceptible: ampliación de la casuística; pero, de parte del mundo jurídico, a día de hoy, no se promulga un genérico derecho al suicidio, ni se estipula qué vida tiene valor o no lo tiene. Eso se queda para los sembradores del mundo cultural.

No obstante, el debate opera y se va abriendo paso en torno a sus dos ejes: autodeterminación absoluta que obvia otras respuestas, como los cuidados paliativos o los medios para desarrollo personal en condiciones de grave discapacidad, y la consideración de qué sea una «vida digna» en relación absoluta a los estándares de lo que en determinado contexto —el del occidente rico— se denomina «calidad de vida».

Como hemos ido viendo más atrás al hablar de la cultura del suicidio, el problema está servido en cuanto los que quieren contención socialmente normalizada de una práctica no pueden evitar el desarrollo de sus presupuestos. Que conducen a las «vidas sin valor» y su tasación. Porque negar el acceso al suicidio asistido a unos y dárselo a otros aduciendo condiciones objetivas para el ejercicio de ese *derecho* es inconsistente. Ya lo hemos dicho: ¿quién establece el baremo de tales condiciones? ¿por qué ha de ser menos llevadera una existencia sin sentido con una discapacidad física que una existencia sin sentido con una dolencia psíquica?... La premisa misma, la famosa «vida digna» tal como es entendida en este contexto, lleva en sí un dinamismo que no tiene freno, hasta considerar condición objetiva la apreciación subjetiva de cada cual.

El baile entre el subjetivismo y el objetivismo está ahí. Los fundamentos mismos que originan estas legislaciones son los que se invocan progresivamente por personas que, en principio, no viven situaciones contempladas legalmente… ¿En nombre de qué se me niega esto? Y el ir y venir de estos dos polos provoca cambios culturales y legislativos también en progresión.

El despuntar de la noción lebensunwertes leben es una sencilla aplicación, un resultado de esta dialéctica. Lo subjetivo, la vivencia subjetiva de rechazo a una vida con tales y cuales características objetivas —físicas, mentales, o ambas— induce al proceso por el cual esas características se vayan incorporando en el cuadro legal de supuestos. Este camino tiene varias metas. De una de ellas no son pocos los que la han enunciado como valor desde el principio: que lo subjetivo sea lo objetivo, facilitando el suicidio a quien quiera.

La otra meta tiene vínculo con las «razones» que se aducen para no querer vivir, es decir, con invocaciones objetivas que en principio son leídas por el sujeto como concernientes sólo a él: me pasa «esto», y MI vida, «por eso», no ME vale... Ahora bien, en la medida de su objetividad (enfermedad o discapacidad física o psíquica), estas invocaciones, una vez se solidifican como razonables, entendibles por todos, tienden al objetivismo, es decir, al tránsito fácil de «MI vida no ME vale» a «una vida ASÍ, NO VALE».

Tenemos sobre esto el paradigma del caso de Ramón Sampedro. Sus visiones, vertidas en el libro *Cartas desde el infierno* y en artículos y declaraciones, expresan con claridad esta dialéctica que culmina en la catalogación de determinadas vidas como «sin valor», como «indignas de ser vividas».

El vaivén argumentativo es constante: se alterna su dolorosa vivencia subjetiva, de la que quería escapar, con unas apreciaciones objetivas universalizables sobre su condición como tal.

Cuando incide en la voluntad del sujeto, en la «libertad», admite que otros puedan sentirse satisfechos con lo que él desprecia como mínimamente satisfactorio: cercanía afectiva, amistad, el «hacer cosas» con la ayuda adecuada... De hecho, con sufriente ironía, hacía referencia a quienes al contradecir su pretensión de morir hablaban de casos como el suyo que estarían determinados por la soledad, el dolor y la inactividad. Al respecto, contestaba que no estaba solo, que no sufría dolores y que sí hacía muchas cosas. En otros momentos, sin embargo, aducía precisamente a carencias de este género, sobre todo en relación al «hacer». En todo caso hay una insistencia en que tales realidades —amistades, ausencia de dolor y actividad relativa—, aunque estén presentes, no pueden eclipsar de ningún modo el deseo de morir. En un artículo escrito por él mismo, en 1994, que condensa de modo apretado y elocuente todas estas visiones, afirma que «quieren consolarte y creen que con cariño todo se supera. ¡Qué barbaridad! Lo cierto es que cuando se queda uno sin la parte física, sin el movimiento del cuerpo, ya no puedes alcanzar jamás lo que deseas. No puedes ser feliz porque no tienes libertad»[22].

Hay que decir, antes de nada, que la supuesta barbaridad denunciada por este hombre aplastado por su situación, no lo es para una multitud de personas. Efectivamente, cuando hay cariño, amistad y no soledad, tratamiento de dolor y ayuda al desarrollo personal propiciando determinadas actividades fructíferas —reales, no distractivas—, disminuyen drásticamente las peticiones de eutanasia y de suicidio asistido. Para muchos esta relación es verdadera, como para tantos otros es verdad que existe la sucesión de fases psicológicas en tales situaciones, y que las peticiones de muerte se suelen dar mayoritariamente en fases pasajeras[23] en las que el enfermo, el grave discapacitado, pide ayuda de modo implícito precisamente para que se responda a su dolor, para que no se le abandone y para que se le muestre un sentido vital en esa tesitura, y de modo tangible.

El paradigma Sampedro nos conduce entonces al problema del sentido vital. Rechaza por contraproducentes e inútiles todas las intervenciones: dar cariño como respuesta, animar, mostrarle que otros como él hacen tales y tales cosas… Y esto, no en cuanto ingenuo de parte de muchos, quienes creen que una palabra animosa, una palmadita, puede solucionar el drama; tampoco en

---

[22] Ramón SAMPEDRO, «Por qué quiero morirme»: *El Mundo 7 Días* (24-12-1994) 12

[23] Viene al caso aludir aquí a lo acontecido al respecto en Galicia a finales del año 2023: una enferma de esclerosis múltiple había solicitado la eutanasia y se había autorizado el procedimiento. Los sanitarios acudieron a su domicilio para trasladarla al hospital donde se quitaría la vida a esta mujer. Vivía con su madre, y ésta les negó la entrada… La hija denuncia a la madre, ciertos medios cargan contra ella por obstaculizar el derecho a morir de su hija… y no mucho después, la enferma se desdice de su petición y agradece a su madre la intervención. Cosa que varios de los medios *militantes* silencian…

cuanto pueda ser postura hipócrita, de parte de quien no va a ofrecer nada o casi nada tangible y expresan una especie de lamento profesionalizado que no conduce a ninguna parte: «no hemos sabido darle razones para vivir»... Los argumentos de este hombre, después de despachar la realidad de posibles intervenciones aduciendo que eso valdrá para otros, que otros vivirán con ello, pero no él, enfatiza entonces esta supuesta libertad de elegir. Nos volvemos a encontrar entonces en el ámbito del supuesto derecho al suicidio y el callejón sin salida a que conducen estos principios: si se considera legítimo y un derecho la asistencia al suicidio de Ramón Sampedro porque subjetivamente vive que sus condiciones objetivas son incompatibles con una «vida digna», se debería hacer otro tanto con cualquiera que razonada y persistentemente quiere suicidarse porque subjetivamente vive que sus condiciones objetivas, es decir, su situación vital, social, psíquica, afectiva... es incompatible con tal «vida digna». Es decir, por coherencia habría que proporcionar legal y logísticamente medios para estos suicidios, y acusar a quien pretendiera impedirlos de lesionar un derecho humano.

La maraña de la arbitrariedad subjetivista asoma poderosa: yo quiero matarme, éste el fundamento; no puedo por falta de movilidad, luego, por respeto a mi decisión libre, deben ustedes matarme o cooperar de modo esencial en mi suicidio. La arbitrariedad del «yo quiero», inscrita en el corazón mismo del derecho al suicidio, no tiene como principio límite en su aplicación.

Entonces, si en este terreno todo depende de la voluntad propia, de las propias percepciones, y se admite que otros libremente decidan otra vía que excluye la muerte, se corre el riesgo de tener que aguantar a quienes pretendan convencerle para que cambie su actitud subjetiva: viene entonces la objetivación, universalizable por universal, por ser *la verdad*... Una verdad que conduciría a una sola solución: la muerte. Efectivamente, este famoso artículo que hemos citado, así como diversos pasajes de su libro, no dejan dudas al respecto: al inicio del artículo, titulado elocuentemente «Por qué quiero morir» se afirma que «un

tetrapléjico deja de ser persona para convertirse en una piltrafa»…
Es decir, se enuncia un principio universal, no sólo una percepción
subjetiva ante una situación que otros pudieran valorar para sí de
otro modo.

No es entonces la cuestión un «así no me siento persona»,
sino «un tetrapléjico ya no es una persona»… Habría que imaginarse
la frase de Sampedro, entrecomillada y firmada —«Vuestro
compañero: Ramón Sampedro»—, puesta en una plaquita en,
digamos por ejemplo, el Hospital Nacional de Parapléjicos…

Este objetivismo tiene sus consecuencias y necesita de sus
apuntalamientos. Una de las consecuencias es que en sí tiene el
germen de la coacción. No determina aún a la imposición de la
eutanasia a quienes no la han pedido, pero establece las bases
fundamentales para que la tendencia coactiva se abra paso. Más
tarde abordaremos esto, el paso a la imposición; ahora sólo
constatamos que la premisa son estas declaraciones por las que se
definen determinadas vidas de personas como de vidas sin valor
para ser vividas, y por las que habría personas que en tal o cual
condición sobrevenida dejarían de ser personas.

El primer indicio, aún débil, de esta coacción es una
presión de orden moral: si una persona se encuentra en tal situación
y no opta por la muerte, aunque se respete su decisión se proclama
de modo abierto que eso acontece porque se autoengaña y porque
otros lo engañan, lo distraen con minucias que no pueden llamarse
«vivir» o le asustan con la muerte, cuando no con la condenación…
Esta es la dramática conclusión que se refleja en el artículo de
Sampedro: «A muchos tetrapléjicos les hacen un lavado de cerebro
y logran que tengan más miedo a la muerte que al infierno diario.
Es lo que ocurre en los centros especiales. Yo estuve en uno de
ellos, que se abrió hace cuatro años en El Ferrol, pero aquello era
verme en un espejo repetido hasta el infinito. Intentan anular la
conciencia del individuo y que acepte el infierno». En su caso
personal parece que esta convicción condujo a este hombre —a este
hermano— a negarse a hacer actividades que podría hacer según el

grado de su lesión[24], bien porque no suprimirían su tedio vital, bien porque al hacerlas estaría contradiciendo de alguna manera, en algún grado, los calificativos con que definía, en sí y para todos, su situación física como incompatible con la vida humana.

La segunda consecuencia, y a la vez premisa para esta visión que conduce como salida a la muerte provocada, tiene que ver con la misma atmósfera de sinsentido vital que alimenta a la cultura del derecho al suicidio: son afirmaciones dogmatizadas, en negativo, por las que se asientan los principios del sinsentido vital en determinadas circunstancias. Son las consabidas negaciones de Dios, del más allá; el considerar mitos «que nadie cree» (S. Panikar) el dar valor metafísico al sufrimiento —«valor» ajeno absolutamente a fatalismos, normalizaciones, masoquismos—, afirmar la dignidad de la vida en cualquier situación, incluidas las situaciones catastróficas… Como decíamos más atrás, afirmaciones negadoras sin autoridad alguna, venidas de las estrecheces de cualquier ombligo dogmatizador que *sabe* todo eso, que ha descorrido los velos del universo y *sabe* que no hay Dios.

Dignitas infinita

Ocioso sería reproducir aquí el alud de declaraciones que la Iglesia ha ofrecido durante décadas sobre esta cuestión. Manifiestan una irreductibilidad mutua respecto a los presupuestos que hacen posible su normalización cultural y su posterior soporte jurídico en determinados ámbitos de nuestro mundo. Efectivamente, la enseñanza de la Iglesia habla de la intangibilidad de la vida humana y de una dignidad «intrínseca» inviolable. De amor a cada persona, de la majestad misteriosa que expresan desde sí todas las existencias,

---

[24] El sacerdote Luis de Moya, en el libro-entrevista de Carla Fibla citado más atrás, declaraba: «Luego, cuando supe su nivel de lesión, mi perplejidad aumentó. También había descubierto lo que otros tetrapléjicos hacen en condiciones como la que él tenía y aun peores, y yo mismo me adaptaba a la nueva situación: comenzaba a trabajar de nuevo y mi cabeza no dejaba de idear otros objetivos» (p.324)

incluso las moralmente execrables, pues con la incesante llamada a conversión manifiestan su ser amadas de modo gratuito. Amor al que somos invitados, también por pura gracia.

Esta convicción previa es la que ha propiciado desarrollos doctrinales y aclaraciones, liberaciones del poder constrictor de las épocas, respecto a la pena de muerte, la tortura... Y la que motiva que en el corazón mismo de la Iglesia arda con una insolencia sagrada que desafía todas las sólidas objeciones que se le oponen, la respuesta combatiente de la no violencia activa, orante, oblativa ante las necesarias luchas de este mundo e incluso ante la guerra.

Respecto a la especificidad de la cultura de la muerte que ahora ocupa nuestras reflexiones —eutanasia, suicidio asistido— vamos a ejemplarizar dicha convicción atendiendo a dos documentos cercanos al tiempo en que estamos escribiendo estas páginas. La carta *Samaritanus bonus*, «sobre el cuidado de las personas en las fases críticas y terminales de la vida», y la declaración *Dignitas infinita*, «sobre la dignidad humana». La primera, fechada el 14 de julio de 2020, provenía de la Congregación para la Doctrina de la Fe; la segunda, de 2 de abril de 2024, tenía como autor al organismo sucesor de esta Congregación, el Dicasterio para la Doctrina de la Fe.

En *Samaritanus bonus*, en su Introducción, se habla de la autodeterminación del paciente, no como de algo indeterminado, ni tampoco constreñido, sino situado en un previo, que es la dignidad humana. Legalizar el suicidio asistido y la eutanasia significa decir que la vida humana carente, doliente, no vale para ser vivida. Por mucho que la decisión se dejara en manos de una supuesta libertad subjetiva, el mensaje es objetivo: vidas sin valor. El capítulo V de esta carta afirma el valor de la vida como algo independiente de las circunstancias con las que se la quiere identificar: «El valor de la vida, la autonomía, la capacidad de decisión y la calidad de vida no están en el mismo plano».

En *Dignitas infinita*, en sus números 7-9, se hace una distinción respecto a la noción de «dignidad» al hablar de «dignidad ontológica», «moral», «social» y «existencial». Respecto a la dignidad moral, depende de cada cual el confirmarla y purificarla —con la gracia de Dios ofrecida a todos— o negarla y embarrarla. Pero aun en este caso la inalienable dignidad ontológica permanece, como el *lugar* de la verdad, donde reside la dignidad en sí, donde Él llama incesantemente a la puerta... La dignidad social puede ser quebrantada sólo por otros: es la injusticia, las carencias vitales provocadas por la quiebra de la dignidad moral que induce al egoísmo, la indiferencia, la cosificación y explotación de los otros. Es precisamente el carácter inalienable de la dignidad ontológica de cada uno, quien denuncia la infamia de la esclavitud y las injusticias, reclamando que la dignidad social sea lenguaje, explicitación, de la dignidad ontológica. Está, al fin, la noción de dignidad existencial, en la que se sitúa nuestro drama: situaciones como la infelicidad, la desarmonía familiar, las adicciones patológicas... las enfermedades graves, que «llevan a alguien a experimentar su propia condición de vida como "indigna" frente a la percepción de aquella dignidad ontológica que nunca puede ser oscurecida» (n.9).

Aquí es donde se establece la batalla: en lugar de remover los obstáculos morales, sociales y existenciales que quieren solapar a la dignidad en sí, se apuntala el cinismo burgués relativista o el falso rigorismo moralista, se solidifican —de parte de casi todos— las injusticias apocalípticas... y se confrontan como excluyentes las indignidades existenciales con la dignidad inalienable de la vida humana y su consecuente intangibilidad. La «dignidad», a raíz de esta última confrontación y cuando las causas de dicha percepción existencial negativa no son removibles o no se quieren remover... consistiría según el espíritu del mundo en suprimir tal existencia.

El documento del Dicasterio afirma entonces una y otra vez esa dignidad inalienable: «la Iglesia proclama la igual dignidad de todos los seres humanos, independientemente de su condición de vida o de su calidad» (n.17). Quien interprete esto como indiferencia respecto a las condiciones de vida, o engaña o se autoengaña: es precisamente la firme afirmación de esta dignidad primera la que impulsa a remover esos obstáculos a que antes aludíamos. Una afirmación que es absoluta: en el n.51 de la declaración se reconoce que la extensión y normalización de la eutanasia acontece bajo la cobertura de la «dignidad», pero la contestación es clara al respecto: «no hay condiciones en ausencia de las cuales la vida humana deje de ser digna y pueda, por tanto, suprimirse (…) ayudar al suicida a quitarse la vida es una ofensa contra la propia dignidad de la persona que lo pide, aunque con ello se cumpliese su deseo» (n.52).

Estas afirmaciones absolutas chocan con el absolutismo mundano que quiere establecer una tabla indicativa de qué vidas pueden vivirse y cuáles deberían ser extinguidas a causa de unas motivaciones objetivas que no tienen por qué ser irreales. Volvemos, pues, a ese fondo metafísico de la cuestión sobre qué es la persona y en qué consiste su dignidad. Volvemos a «Dios» como primer y último problema.

Respecto a la condición de «persona» este documento magisterial, en su n.24, hace una alusión directa a las visiones utilitaristas de la ética, como la representada por Singer, uno de los adalides contemporáneos de la eutanasia posmoderna. El señor Singer tiene un enfoque moral de los aconteceres encajonado en lo que llama «utilitarismo preferente», que significa que una acción sería éticamente correcta si satisface la prioridad de los afectados y tiene las mejores consecuencias para el mayor número de personas. En esta definición encontramos dos polos: por un lado, el asunto de las prioridades de los afectados. Esto, de por sí, ni es ético ni antiético… depende de cuales sean tales prioridades: instaurar un apartheid o abolirlo, por ejemplo, puede ser la prioridad de unos y otros; conquistar a otro pueblo o favorecer su liberación, atacar el aborto porque hay «un tercero» viviente y humano o defender el aborto porque tal *tercero* no es humano sino un proceso del cuerpo de la mujer de la que ésta debe tener dominio completo… y así con todo. Es decir, el recurrir a las prioridades no solventa en absoluto el dilema ético, sino que lo traslada —como no podía ser de otra manera— a instancias previas, metafísicas, morales, espirituales.

El otro polo de su visión, el que la decisión y acción de unos, motivada por sus prioridades, tenga las mejores

116

consecuencias para muchos… tampoco solventa ni aclara nada. Aparte de que el planteamiento podría llevar aparejados perjuicios para las minorías, Singer no puede escapar de aquello que quiere a toda costa eludir: cuando se habla de consecuencias «mejores», o «peores», se está hablando de puntos de referencia morales; es decir, qué es bueno, qué es malo para estas personas. Si se responde con el enunciado de las «prioridades satisfechas», volvemos al punto de partida sin iluminar éticamente nada. Porque hay prioridades que son repugnantes, afirmación que nos costaría de parte del filósofo y sus masivos correligionarios la calificación de dogmatistas irracionalistas dependiendo del contenido de tales prioridades. Porque ellos están asimismo sujetos a previos morales —errados o no—, por mucho que este mero enunciado les repela.

En realidad, Singer tiene ideología. Una ideología servil respecto a estos dinamismos culturales del mundo rico, que se traduce en las afirmaciones negadoras de lo trascendente y en la consecuente manipulación del hombre sobre sí mismo, no para desarrollar, sanar y suplir —bajo la conciencia de «lo dado»—, sino para sustituir, autoconstruir. Una suerte de ingeniería antropológica que satisface prioridades pretendidamente ajenas al bien y al mal. Esto significa, sencilla y brutalmente, que este filósofo construye una ética ad hoc, para justificar ciertos hechos y tendencias de la posmodernidad en el mundo de capitalismo desarrollado.

Decíamos que así se vuelve al problema primero, trascendente. Las intervenciones en ámbito sanitario debidas a esa cultura tienen una fuerte carga ideológica que manifiesta una supuesta autonomía moral sin referentes. No es total el dinamismo, claro. Hay aspectos señalados que son sanos, códigos conductuales con elementos que sí responden a la naturaleza y vocación del hombre. Pero cuando esta cultura aborda los quicios existenciales —aparición de la vida, extinción de la vida—, asoma la ideología, se los despoja de Realidad para situarlos en una atmósfera materialista que impulsa a la manipulación. El aborto, la eutanasia en situaciones que se pueden tratar sin ensañamiento, la instauración de los dominios de la técnica —dominio, no ayuda o soporte— en las fuentes de la vida, hasta llegar a variaciones cada vez más estrambóticas y alejadas del modelo natural al que, sin embargo, no pueden dejar de recurrir como referencia para sus manipulaciones... son un resultado de tal reducción previa: el no saber de dónde venimos, ni quiénes somos, justificando así progresivamente la idea de «producción» o «fabricación» de humanos, y, sobre todo, el no saber qué hacer con la muerte y con las carencias.

Singer, y muchísimos con él, no pocos con tareas de gobierno y legislación, opera con su filosofía lo que cualquier pensador reaccionario de cualquier época: adapta sus principios al orden establecido... Por ejemplo, se aborta, es natural, es una conquista de derechos... luego lo abortado no es persona. Porque, dice el maestro, «persona» sólo es el ser que piensa y razona. El que proyecta y tiene conciencia de futuro.

En *Dignitas infinita*, como hemos indicado más arriba, se habla de esta visión como negadora de una dignidad inalienable de la persona humana, dignidad que no depende de las capacidades. La visión de Singer, la negación de la definición de «persona» a personas reales, no sólo afecta a niños no nacidos, sino a los ya nacidos hasta determinada edad —cuya concreción también debería establecer la normativa—, así como a ancianos con demencia y discapacitados mentales.

A la afirmación de esta dignidad inalienable de que habla la enseñanza de la Iglesia, se oponen entonces las concepciones de la dignidad que dependen de la dignidad existencial, y, como consecuencia en principio no deseada, de la dignidad social.

Efectivamente, se liga de modo identificativo la noción de «dignidad» con la de «calidad de vida». Si ésta es precaria o carente o dificultosa indicaría ausencia de dignidad vital. Como indicábamos más atrás, no un señalamiento para combatir a toda costa y a todo coste dicha precariedad, dichas carencias y así dignificar la existencia afrontando las dificultades, sino indicación de la licitud de suprimir dicha vida. O las dos opciones, a elegir. Algo que, como vemos, ni siquiera es totalmente cierto, pues el «a toda costa y a todo coste» no es exactamente real, y la noción de vida sin valor como verdad objetiva que tiende a la normatividad, avanza.

Detrás del concepto «calidad de vida» hay ambigüedad. Hay primero que definir qué sea tal calidad. Además, una cosa es procurarla para todos, por amor debido de unos a otros y por la consiguiente intolerancia hacia la injusticia, y otra es medir la valía de la vida misma por su «calidad». Aquí volvemos entonces a la pregunta sobre tal noción; porque, como acontece, se la puede reducir, por ejemplo, a bienes que son necesarios, queridos por Dios para la vida en la tierra, pero que ni son únicos ni son el único baremo para hablar de calidad vital.

La cultura que hace posible esta legislación lo tiene claro, sin embargo. Ya en los setenta del pasado siglo asomaron «tablas de calidad de vida», es decir, una catalogación de elementos físicos, intelectuales y afectivos, supuestamente medibles cuantitativamente en relación a un entorno concreto histórico y geográfico. El problema: vincular esto con la dignidad vital en sí.

Los actores culturales que por doquier han allanado el camino a la aceptación y normalización de la eutanasia, muchos de ellos, son francos al respecto. No circunscriben el asunto al drama del sufrimiento de los terminales, sino que dan el salto estableciendo como referente absoluto la llamada calidad de vida, que sería signo de que la vida humana exista o no, se pueda vivir o no, sea digna en sí o no. Entre estos actores los hay que defienden la posición eutanásica con expresión y conceptos algo burdos… Un Terenci Moix, por ejemplo, que abominaba de todo lo que le oliera a religión o a trascendencia, se desata para pontificar con rotundidad que «vale la pena vivir en plena posesión de tus facultades, si no, no»; y para justificar tal aserto exponía asimismo sus dogmas, también de modo algo chusco: «un ser vivo que no ha nacido, para mí, no lo es (…) De la misma manera que una persona que por mil razones está incapacitada para la vida ha dejado de ser un ser vivo»… Es mejor no comentar.

Mendiluce, otro ejemplo, hablaba de la lucidez o no lucidez —no reconocer ya a un amigo, etc— como signo de que es el momento de dejar la vida («yo ya he dicho a todos mis amigos que el día en que ni sea capaz de reconocerlos, quiero que me ayuden a morir»). Y Montalbán aludía a las tablas indicativas: «se tienen que crear unos mínimos de lo que puede significar calidad de vida y, por debajo de esos mínimos, que cada cual tenga la libertad de elegir si está dispuesto a asumir esas condiciones o no. Ese es el problema, el de fijar mínimos, para que no se trate de algo completamente arbitrario».

Fijación de calificativos, no arbitrariedad, etc, pero para definir el valor o disvalor de la vida. Otra vez el baile subjetivismo-objetivismo, pues hay quien, situado por encima de esos «mínimos», argumentaría que lo que es arbitrario es fijar el mínimo precisamente *ahí*, donde su situación o la percepción que tenga de la misma quedarían excluidos del ámbito legitimador de la muerte: la ausencia de calidad de vida. La tabla diría que esta persona sí la tiene, y ella diría que no… O que su libertad está por encima de tablas; una declaración concreta del subjetivista derecho al suicidio cantado por los profetas de la nada.

El polo objetivista, por su parte, en la pretensión de fijar y definir, abre el camino a la imposición eutanásica: para los que tienen capacidad de decidir, por coacción interna; para los otros, como objeto de una decisión racional, fundamentada, ejercida por otros.

La definición de qué es dignidad para la vida apuntala los argumentos en favor de la eutanasia y, sobre todo —pese a las intenciones de muchos de los propagandistas de este nuevo «derecho»— indican un rumbo, un camino. El filósofo Trías, en referencia a situaciones existenciales terminales hablaba de personas en «estado objetivo de degradación de su propia condición humana»; Paniker afirma que «vivir no es un valor absoluto, sino que debe ligarse a la calidad de vida»; el médico Fernando Marín, de la asociación Derecho a Morir con Dignidad (DMD) y concretando más, decía que «hay personas que no quieren perder la dignidad al final de su vida. Y tener que usar un pañal y que alguien te lo cambie cuando lo ensucias es una indignidad».

Todas estas declaraciones, estas concepciones, situadas en el contexto de una elección libre —según el deseo y la convicción de la mayoría de sus propagandistas—, tienen, a causa de su objetividad, un reverso que contiene la semilla de la imposición: quien, en las condiciones que señala Trías, creyera que su «condición humana» permanece incólume en medio del derrumbe y que, aún más, resplandece con vigor porque no depende de circunstancias y estados que desde el principio sabíamos pasajeros y caducos... sería un iluso, un fanático, un masoquista... Quien, en el gráfico ejemplo del doctor Marín, viera en el cambio de pañales eso mismo, que la dignidad no depende de las debilidades sobrevenidas —y esperables por cualquiera que tenga conciencia clara del devenir del ser humano—, y que incluso viera en ello una fuente de humildad para contemplar lo que perdura desechando interiormente la pretensión de eternidad de lo caduco, y de amor en el servicio de los otros... o de paciencia e intercesión por ellos si lo hicieran de mala gana... este tal sería otro idiota engañado que se reboza en su propia indignidad...

La controversia sobre qué es dignidad de la persona se pone de manifiesto de un modo especialmente sensible cuando hablamos de este drama, la eutanasia. Por ejemplo, en España, los casos estrella que han servido durante años para ir allanando este camino legitimador revelaban con toda crudeza esta ambigüedad del objetivismo: no es que se hiciera un canto a la supuesta libertad de elegir, sino que se definían ciertas vidas como no válidas en referencia a sus circunstancias. Circunstancias que en muchos de estos casos no se referían al sufrimiento de los terminales... sometidos a la injusticia de la precariedad de unos cuidados paliativos retardados, tacañeados o ausentes sin más... pero técnicamente posibles. Es decir, casos que se podrían y deberían haber englobado en la legión mundial de víctimas de la injusticia social. Estos, en la era de la lucha propagandística, no eran los casos más notables. Como mensaje de fondo sí: en primera instancia, la legitimidad de la eutanasia se cimenta en este asunto, el afrontar de modo determinante el sufrimiento de los terminales. Ocurre que en este clima se cuela de inmediato y lógicamente el situar en ese mismo plano a quienes, previsiblemente, van a llegar a un estado semejante a causa de enfermedad progresiva. Y lo más significativo, se cuela asimismo el identificar con estas situaciones a los que tienen discapacidades severas y a los que también las enfermedades progresivas van a conducir a tales discapacidades.

Vimos, por ejemplo, en el año 2010, el caso de un expolicía español quien ante la ausencia de legislación en España se traslada a Suiza para ser sometido a eutanasia. Un accidente le había dejado tetrapléjico, pero con movimiento de brazos, no de manos. Vimos en Andalucía el caso complejo de la mujer que dependía de un respirador, con conciencia y no en estado terminal irreversible y con rauda degradación orgánica, y que decidió que lo desconectaran. Vimos, por supuesto y en máximo grado, el drama de Ramón Sampedro, quien estimaba que la vida de un tetrapléjico no era una vida humana. Vimos asimismo en los debates parlamentarios de febrero de 2020 la petición con firmas para la legalización entregada un año antes por los familiares de una mujer aquejada de Alzheimer que había declarado con antelación que el día que no los reconociera la ayudaran a morir. Es decir, la mataran. El hijo de esta señora decía ante las cámaras que al final estaban «alimentando a un cuerpo»… y que su madre vivía «sin dignidad» por decreto ley. Cuando al fin se produjo la legalización, vimos que el primer caso autorizado y practicado, el 23 de julio de 2021, lo fue a una vecina de Durango de 86 años. Su hijo, también ante cámaras, declaró que su madre «se estaba apagando y no era persona»…

Por supuesto aquí ni podemos, ni debemos, ni queremos juzgar los sentimientos de estas personas. Pero sí constatar que en la mayoría de los casos, no en todos, tales sentimientos han sido alimentados, o han sido justificados, por visiones previas sobre la existencia. Visiones metafísicas. Visiones que han propiciado el catalogar ciertas condiciones de vida como incompatibles con la vida. No como descripción de un hecho, es decir, porque de hecho lo sean, porque haya accidentes, violencias o enfermedades que irremisiblemente produzcan de modo ipso facto la muerte… sino, porque respecto a un baremo que indica supuestas condiciones de dignidad vital, hay condiciones de hecho que no se ajustan a ellas y ya antes se ha operado una identificación entre tal dignidad vital y el vivir sin más. Dignidad, luego vida; indignidad, luego la liberación que de la misma produciría la muerte.

Muchos de los casos estrella son casos de suicidio. No vamos a volver sobre esto, sólo constatar otra vez que el aducir como determinante tal o cual condición vital para acabar con la propia vida no casa con las actitudes de los que viven y se desarrollan personalmente, si el mundo les deja y apoya, en esas mismas condiciones. Volvemos a los callejones sin salida: si es mera elección, una multitud de suicidas aduce lo mismo: libertad para matarse sin más restricción que la propia voluntad. Si el motivo es un dato objetivo baremado como tal, de tal modo que a otro se le negará el suicidio asistido o la eutanasia porque su caso no entra en la tabla… éste denunciará la discriminación, y por otro lado, la existencia de la tabla estará comunicando a muchos el mensaje dorado de que su vida ni es personal, ni es digna.

De hecho, quienes viven en tales circunstancias y no quieren suicidarse ni ser matados, no suelen defender la supuesta libre opción, sino que suelen optar por la denuncia. En primer lugar, los hay que no tienen esa actitud por un miedo irracional a la muerte, como se afirma desde el otro lugar. Los creyentes, por ejemplo, quienes según su psicología, vivencias, imaginación, previsiones, grados de fe, altibajos… pueden sufrir temor psicológico pero no temor existencial, en la medida en que son creyentes. Éstos no se aferran a la vida por pánico como motivación determinante.

Además, muchos de ellos perciben el carácter objetivista, normativista, interiormente coactivo, solidificador de concepciones utilitaristas de la vida… que contienen los mensajes legitimadores: antes hemos escrito un supuesto kafkiano, el imaginar la frase de Sampedro («un tetrapléjico deja de ser persona para convertirse en

123

una piltrafa») puesta en una plaquita en el Hospital Nacional de Parapléjicos de Toledo... Si resulta que él tenía razón al exponer como determinante tal motivo porque su definición se corresponde con «la verdad»... ¿por qué no publicitar la frase en cuestión entre quienes viven lo que él vivió?...

Cuando, en el año 2004, el año de estreno de *Mar adentro*, una persona tetrapléjica, Maribel Campo, declara que «si hubiera tenido acceso a la eutanasia me habría perdido quince años de mi vida, mejores aún que los anteriores»... está manifestando la realidad de que existen las famosas fases en las que no hay suficiente libertad ni perspectiva ni serenidad para ver con claridad; y está manifestando que tal vida, en sí, no se puede definir objetivamente como «el infierno». Maribel Campo, con una lesión medular superior a la de Sampedro, cursó la carrera de Psicología y trabajó en el departamento docente y de investigación sobre discapacitados de la Universidad de Salamanca.

Cuando en el mismo año, Alberto Pinto, presidente de una asociación que luchaba por los derechos de los discapacitados para la movilidad, discapacitado él mismo, nos cuenta su historia y sus afanes, nos enteramos de que tuvo un accidente a los 18 años, que cursó la carrera de medicina, formó una familia, reivindicaba la dignidad de los afectados batallando por que se les apoye para vivir «una vida digna», no para morir en nombre de una supuesta indignidad vital identificada con su condición; y de remate, luchaba también en favor de los cuidados paliativos reales motivado por la situación de su madre, enferma de Alzheimer.

También ese año y al calor del efecto tsunami de la película de Amenábar, Juan Carlos Carrión, promotor de una empresa de venta de coches de segunda mano adaptados para personas con problemas de movilidad, declaraba: «soy tetrapléjico, tengo una inmovilidad del 97 por ciento, me casé con mi médico, tengo dos hijos, mi empresa factura casi cien millones al año y no tengo ninguna gana de morirme». Rotundidades que desvalorizan a la tendencia interpretativa objetivista.

José Ramón del Pino, ingeniero que sufrió un accidente que le dejó tetrapléjico cuando su esposa estaba embarazada de cuatro meses, se dedicaba en aquellas fechas a ayudar como voluntario en ese Hospital de Toledo a otros que sufrían lo que él mismo había experimentado. Sabedor de que en los primeros momentos el apoyo del entorno es crucial, este hombre sale de sí mismo para buscar el encuentro de personas que lo que menos necesitaban, tanto en los primeros momentos como después, es que alguien les dijera que su vida ya carecía de dignidad... Hay que imaginar también —otra vez el fantasma de Kafka— a alguien de visita en el hospital regalando a su pariente o amigo el libro *Cartas desde el infierno* de Ramón Sampedro.

En los casos extremos también encontramos diversidad de actitudes que si bien en primera instancia no resuelven el problema de la supuesta libertad de elección, sí manifiestan la falsedad de las definiciones objetivas, universalizables en cuanto definiciones de una situación. Así, nos encontramos con el impresionante caso de Paul Alexander, quien falleció el 11 de marzo de 2024 a los 78 años. Contrajo polio a los 6 años de edad, quedó tetrapléjico e incapaz de respirar por sí mismo, y vivió en un «pulmón de acero» setenta años... Pero se hizo abogado, escribió libros, cuando surgió el mundo de las redes sociales tuvo seguidores... De niño, bajo la promesa del regalo de un cachorro de perro, aprendió la técnica de respiración glosofaríngea, lo que le permitió pasar ratos cada vez más largos fuera del pulmón, hasta llegar a las 4, 5 y 6 horas diarias. Ya había aprendido a usar ordenador y teléfono utilizando una varilla dirigida por la boca. El cuadro se completa al saber que una cuidadora suya, Kathy Gaines, quien fuera su sincera amiga durante décadas... era ciega a causa de la diabetes. Este hombre, que antes de cursar la carrera de derecho había obtenido una licenciatura en Económicas, recibía como abogado a algunos de sus clientes metido en su máquina de acero.

José Carlos Carballo Clavero, conocido como Charli en Valladolid, autor de un par de libros y protagonista de un documental, es otro de los muchos casos paradigmáticos que desmienten a las definiciones objetivistas sobre las vidas gravemente carentes como vidas sin valor, sin dignidad, que deben poder encontrar la salida de la muerte a causa de una situación que de por sí estaría privando a esas vidas de su carácter de vidas humanas. El título del primer libro de Charli es elocuente: *El síndrome del cautiverio en zapatillas...* [25] El documental se llama *Verbos*, que es también el título de su segundo libro.

Este hombre, vitalista, amante del rugby, lleno de buen humor, está casado. Un accidente cerebrovascular lo dejó en ese estado: mueve los ojos y un dedo. Se comunica pestañeando y un sintetizador traduce sus frases en voz. Con sus fases depresivas ante la magnitud del acontecimiento [26], ha luchado y vive. Ha volado en parapente, viajado en avión, bromea con sus amigos, sale en su silla, habla y discute con su mujer, escribe... mantiene el humor: «soy el Stephen Hawking español, pero en guapo»... La primera frase completa subordinada, elaborada con pestañeos y dirigida a su esposa fue esta: «Esta mañana, cuando los rayos del sol atravesaron mi ventana, he pensado en ti y desde ese momento supe que sería un día feliz».

El caso de Jean Dominique Bauby, afectado asimismo por este síndrome, saltó a la fama tras la publicación de su libro *La escafandra y la mariposa*, después llevado al cine. El libro fue escrito también con movimiento de ojos.

Julia Tavalaro es otro ejemplo: creían que estaba en coma... durante años. Hasta que una persona, viendo un brillo especial en sus ojos le dijo que si podía oír pestañeara. Luego le hizo más preguntas conviniendo en un código en principio binario (sí y no) a través de ese movimiento de ojos. También ha escrito libros y ha podido comunicarse con sus parientes y amigos. Hay más: por ejemplo, el escritor francés Philippe Vigand, autor de varias obras, o la también francesa Maryannick Pavageau.

---

[25] Publicado en 2005 por la editorial Rico Adrados en Burgos.
[26] Agobiado por la carga que supondría para su esposa le llegó a soltar un «búscate a otro», a lo cual su mujer le respondió: «búscate tú a otra»...

Esta mujer, abogada y consejera matrimonial, se hizo activista en favor de los derechos de los discapacitados y denuncia la eutanasia. Padece ese síndrome paralizador. Sus palabras contradicen cualquier objetivismo fatal y determinante. En entrevista realizada en 2008 con Jean Leonetti, cardiólogo y diputado en Francia, decía: «Cuando descubrí el estado en el que estaba no se me ocurrió pensar "¿por qué a mí?", sino al contrario, me dije "¿qué es lo que sigue?" (…) ha llegado el momento en que las asociaciones que defienden a los más débiles participen en el actual debate y afirmen inequívocamente que todos, a pesar de sus impedimentos, percances, desánimos, tienen su lugar en la sociedad, que no hay límites a la dignidad humana (…) Toda vida merece ser vivida (…) Estoy firmemente en contra de la eutanasia». En aquel contexto político-moral en que se debatía en Francia la legalización de la eutanasia, Pavageau escribió un artículo en el que afirmaba: «los pronunciamientos públicos causan daños colaterales inesperados entre la gente que padece enfermedades serias como el síndrome de *locked-in* (el síndrome del cautiverio o de enclaustramiento). Vemos muchos programas de televisión y de radio. Y en respuesta a nuestro profundo desaliento —¿quién está libre de sufrirlo?— solamente se nos ofrece ese supuesto derecho final, hipócritamente bautizado como signo de amor»… Más adelante nuestra reflexión abordará, «con temor y temblor», la respuesta de Dios, que eleva estas actitudes vitalistas y las hace fructificar en amores que el mundo estima imposibles. Ahora, sólo la constatación de que los mensajes totales, «ha dejado de ser persona», «no es una vida humana», «no significa nada vivir así»… y todas sus variantes, son contradichos en cuanto a su totalidad objetivista por personas afectadas por esos males y que, por tanto, tienen autoridad para hacerlo.

A veces es la obstinación de la realidad la que se encarga de desmentir tales mensajes. El caso de Hawking es aleccionador al respecto: diagnosticado de ELA a los 21 años. La ciencia dice que la media de vida desde el diagnóstico es de 3 a 5 años, con algunas excepciones que no contradicen realmente en mucho a la previsión.

Pero este hombre sobrevive 55 años en tal estado. Y realiza su vocación científica, paralizado, comunicándose con un sintetizador. Diserta, escribe, participa en simposios y conferencias. Vive su ser hombre de ciencia como un hombre de ciencia en un estado que otros han calificado solemnemente como incompatible con la dignidad de la vida.

Por supuesto, como antes apuntábamos, está la objeción de la libertad de elección, que, según los propagandistas y sobre todo según los legisladores, respondería a todas las denuncias contra la eutanasia con una indeterminación que legitimaría a unos el vivir así, precariamente, y a otros el elegir el suicidio asistido y la aplicación de la eutanasia. La objeción es evidentemente seria.

Globalización y «cultura del descarte»

Paginas atrás, cuando hablábamos de la hipocresía ultraconservadora o integrista respecto al tema que nos ocupa, hipocresía consustancial a su cosmovisión, hablábamos del economicismo como una de las fuentes de la realidad eutanásica en el mundo. Esta visión antropológicamente reduccionista en la que el hombre es concebido como variante de las complejidades económicas es una de las poderosas fuentes desde las que se gesta lo que Francisco ha denominado «cultura del descarte».

El economicismo, como fruto de la caída, siempre ha estado presente. En la posmodernidad se reafirma el perenne imperio espiritual del dinero: modos de poseer que privan a otros del acceso a los recursos comunes, poder y no servicio, falsa seguridad, individualismo, indiferencia, opresión, explotación… Y esto no a causa de una hipocresía, como en la era de cristiandad o en las otras sociedades tintadas de religiosidad, sino en este caso por negación del carácter trascendente de la persona y por considerar mito lo relacionado con la vida y la muerte. Por este mismo fundamento se normaliza la eutanasia y al fin las dos realidades —economicismo y esta normalización cultural— confluyen en la eutanasia social.

Frente a los dogmas economicistas, férreo armazón estructural entregado a la expansión y defensa del imperio espiritual del dinero, sabemos que de hecho en la tierra hay bienes en acto y en potencia para atender adecuadamente y según el genio de cada época, a todos, todos, los discapacitados y enfermos. Es algo, además, circular: ese espíritu y no el mero lucro egoísta tiene capacidad para agrandar el genio, los logros... a Pasteur y otros no parece que les movieran las presiones e indicaciones de un consejo de administración de alguna multinacional farmacéutica.

La pecaminosa estructuración de la economía —querida así a causa de la conjunción de actitudes egoístas—, junto a las decisiones operativas concretas en esta materia —regidas asimismo por el egoísmo y el temor— excluyen a ingentes multitudes de dolientes de cura y ayuda para su desarrollo. Hasta la muerte por indiferencia y omisión, o incluso por comisión, por exclusión positiva y por daños infligidos de modo positivo... Una empresa, por ejemplo, que al amparo de su poder se instala en lugares sin control de nadie y envenena literalmente las vidas de personas que son tenidas en nada: pobres, indígenas... Personas que, además, no van a ser atendidas posteriormente.

En la encíclica *Fratelli tutti* el Papa afirma que esta cultura del descarte se está imponiendo, que crece. Luego abordaremos las paradojas que al respecto se muestran en el mundo rico, pero la constatación manifiesta de indiferencia respecto a los pobres del mundo es brutal.

Esta indiferencia no sólo indica mala conciencia, para mitigar de algún modo la responsabilidad directa e indirecta del mundo rico en tales empobrecimientos. Ya sabemos que a día de hoy estas afirmaciones son objeto de burla de parte de los economistas del sistema —liberales o socialdemócratas—, y de la acusación de demagogia por parte del mundo conservador; del confesionalista (tremendo el contemplar cómo sí se quiere pretender «servir a Dios y a Mammon») y del secularista.

La indiferencia no queda ahí, en el daño espiritual que se puedan hacer a sí mismos los indiferentes, sino que apuntala mecanismos de omisión y de opresión. De entre los pobres, los peor parados son, obviamente, los enfermos y discapacitados, de los cuales también una multitud de ellos llegan a ese estado merced a la propia pobreza. La indiferencia opresiva puede ser terrible en su expresión: por ejemplo, hay que ver al respecto a discapacitados, incluso en silla de ruedas, o sin silla, en camillas o sin ellas, varados tras las alambradas antipobres custodiadas militarmente por el mundo rico…

Estos dinamismos espirituales allanan el camino a la extensión suave y penetrante del concepto paradójicamente preconsciente de «vidas sin valor» a través de la aceptación, habitualizada primero y normalizada después, de la existencia de este género de eutanasia, la eutanasia social, una de las que denunciaba San Juan Pablo II en *Evangelium vitae* o Francisco en *Gaudete et exsultate*.

Hay una responsabilidad positiva en este dejar morir sin auxilio, cifrada en el asentimiento a nuestra forma de vida. Un género de existencia que se cierra sobre sí. Cuando en los propios documentos magisteriales de la Iglesia se habla de los adelantos en medicina y se pretende extraer una enseñanza universal sobre los logros y los peligros o retos espirituales y éticos que comportan los mismos… incluso ahí hay que ser prudentes y matizar: hay que ver que esos documentos se han elaborado material y psicológicamente en la zona rica del mundo; que, a pesar del carácter universal de la enseñanza o que se haya querido prever que tales avances o desarrollos en medicina al fin tendrán influjo mundial… se corre el riesgo de inducir al error en cuanto parecería que esos medios tecno-médicos o farmacológicos son un fenómeno universal… La realidad es que a los pobres se les vetan incluso las aspirinas… Cuando uno ve con asombro que hay cura para muchos tipos de ceguera, incluso con intervenciones en el cerebro que obvian los órganos visuales dañados; gente que recupera el oído con algún dispositivo no meramente amplificador; que hay gente sin piernas que puede correr y saltar vallas, que, como hemos contemplado páginas atrás, personas con inmovilidad se pueden mover con sillas especiales o en casos extremos pueden comunicar con artilugios informáticos, y estudiar y escribir… y todo lo demás que pueda tener que ver con salvar la vida en situaciones orgánicas realmente desastrosas: fármacos, tratamientos, intervenciones, prótesis… Cuando uno ve esto, sabe que nada de eso va a llegar a los pobres de la tierra: los ciegos seguirán ciegos y a merced de la ayuda de otros o de la mendicidad para comer; los que no tienen piernas ni siquiera tendrán una silla de ruedas manual la inmensa mayoría de ellos… millones morirán a causa de situaciones que hoy son tratables o plenamente sanables… En la India, por ejemplo, donde existe la medicina más sofisticada del mundo y una economía en brutal expansión macro… y donde cientos de millones está sometidos a hambrunas, miserias, esclavitudes, pobrezas y millones de muertes por enfermedad desatendida.

La eutanasia social a nivel global es fruto de un modo de entender la existencia. Como decíamos, no es sólo indiferencia: hay un motivo positivo para la inacción. El mundo, hoy, tiene capacidad técnica y económica para atender a enfermos y accidentados o violentados que de otro modo morirían, para atender a terminales mediante cuidados paliativos, estabilizar a crónicos y atenderlos según su progresividad, mantener con vida a grandes lesionados y ayudarlos después… Pero esto no se hace por motivos economicistas: es caro, no es negocio. Y lo único importante es descubrir fuentes de negocio como sea, donde sea, para alimentar aún más la idea del crecimiento ilimitado caiga quien caiga, aunque sean miles de millones… aunque sea uno, que es imagen de Dios, lo crean o no… Entonces, la omisión es preconcebida para que el negocio siga boyante, y la comisión consiguiente agrava más el drama: brutales abusos de las farmacéuticas y otras empresas y Estados, en los precios de las medicinas e instrumentales médicos y de enfermería, de la logística. Eutanasia social por descarte de vidas humanas concebidas como instrumentos que valen o no valen.

Si los argumentos cristianos contra la licitud de la eutanasia le pueden resultar a muchos incomprensibles, pues remiten a la vida del espíritu, al sentido vital, al misterio de la fragilidad y la caducidad… el discurso contra la eutanasia social, este dejar morir a enfermos y discapacitados pobres, debería ser más claro a tales oídos. Pero es más desatendido realmente que el otro, pues cuestiona nuestra forma de vida, la de todos. Al fin, ambos discursos de denuncia están vinculados íntimamente.

Cierto es que hay diferencia entre quien al interior del sistema cree en la «sanidad universal» que el que invocando la libertad (¡!) ataca el concepto mismo diciendo que cada cual se pague lo suyo sin que nadie meta las narices en «lo suyo». El discurso de los primeros ciertamente salva la vida de muchos pobres y de la mayoría de los otros, no-ricos que no podrían costear sus tratamientos en intervenciones. Pobres y no-ricos insertos en el mundo rico como condición previa, pues incluso este discurso no tiene vigor para hacer frente al drama universal en la medida de su sometimiento esencial a los presupuestos morales y estructurales del sistema.

Tales presupuestos parece que han ligado desde el principio la modalidad de democracia imperante con el imperio espiritual del dinero. De un modo consustancial. En unos lugares el escenario consecuente es la miseria social de la mayoría; en otros, una opulencia derrochadora masiva salpicada de situaciones individuales de pobreza, también masivas, y coloreada por bolsas sociales de pobreza que crecen o decrecen según las circunstancias. Es la democracia sin referentes personalistas claros que denunciaba San Juan Pablo II en *Veritatis splendor*, en *Evangelium vitae*… con poco fruto, pues los disidentes a causa de la fe brillan por su ausencia. Y nos referimos, obviamente, a disidentes cristianos, ungidos por el Espíritu, enamorados, en actitud oblativa, sobrenaturalizados en ese amor universal que envuelve con su luz a los enemigos… porque reivindicadores de disidencias que invocan la fe cristiana, a día de hoy, sí que hay: integristas plenos de odios conceptualizados como odios.

Esta «cultura de la muerte», «crisis de civilización», «economía que mata», «mecanismos perversos», «colonización ideológica», «sistema insatisfactorio», «totalitarismo encubierto», etc —Papas dixerunt—, significa que la democracia burguesa, que no se asienta en valores previos, trascendentes, innegociables, se glorifica a sí misma como medio y fin. Y sin tales referentes previos, deja al aire del contrato, de los equilibrios, de las presiones, de la confrontación entre poderosos, a las gentes. La mayoría, obviamente, seducidas por el clima y participantes del juego en la medida en que puedan.

El dinamismo no es total, claro. Emerge la persona humana, sostenida desde lo Alto, y en la barahúnda de disvalores orgánicamente trabados para que el artefacto siga en pie arrasando el planeta y las almas de millones, asoman auténticos valores humanos, bondades, bellezas, apuntamientos de justicia y solidaridad. Incluso desde el poder; no desde sí exactamente, sino desde los hombres y mujeres que lo detentan y que están llamados, como todos, a esa bondad y esa belleza.

Sin embargo, la alianza originaria, inherente, entre democracia burguesa y totalitarismo mercantil, el economicismo consustancial a una mayoría de decisiones y desarrollos factuales habidos en las democracias burguesas, apuntala la cultura del descarte en referencia a las llamadas relaciones Norte-Sur. Los países ricos están insertos en esa dinámica opresora que tiene el lenguaje de una brutal usura, del expolio de las materias primas, de los propios intereses estratégicos, del *multinacionalismo* —ahora visto como valor, como muestra de eficacia empresarial—, del basurerismo por el que el mundo pobre es usado de vertedero… por la política criminal de fronteras… ¿cómo no iba a practicar con descaro la denegación de auxilio?...

Pero, como insinuábamos más arriba, no sólo omisión, sino política activa que se traduce en eutanasia social. Hablamos de un mundo que desdeña la verdad incluso como noción. Ese humus cultural, el de la indeterminación regida por el pragmatismo, está al fondo de las legislaciones neo-antropológicas. El ser humano es manipulable entonces. No hay referentes indicadores, correctores, plenificadores: se exalta la supuestamente libre disposición sobre el

133

cuerpo; aunque por otro lado nos atiborren de normativas incluso amenazantes sobre la salud y de campañas de propaganda, el espíritu de la premisa se refiere a sólo lo que los ideólogos del sistema indican: sexo seguro, cambio de sexo, aborto, suicidio asistido...

Este dinamismo cultural propio de países ricos apuntala la atmósfera de no-verdad antropológica. No es inocuo, fomenta el temor a perder cotas en esa forma de vida cuyo motivo y meta es el hedonismo generalizado. Los pobres del mundo se conciben entonces como amenaza, como factor desestabilizante... Hablamos de una atmósfera. Evidentemente tal mundo muestra paradojas: los pequeño-burgueses intelectualizados, de clima universitario, que defienden a los migrantes y denuncian las injusticias globales, suelen ser personas adscritas a las nuevas antropologías que viven como conquista de derechos todo lo relacionado con el lote indicado: sexo seguro, aborto, etc. Y, por supuesto, eutanasia. No saben, muchos de ellos, hasta dónde pueden llegar sus contradicciones, cómo sus supeditaciones político-filosóficas pueden ayudar a solidificar el imperialismo en que se basa la constitutivamente injusta relación internacional. La estafa Obama, de corte obscenamente mesiánico, es una muestra; que se repite una y otra vez.

Así, el mundo «de las libertades», no sólo provoca pobrezas apocalípticas, no sólo deniega el auxilio y deja morir —«eutanasia encubierta», dice Francisco—, sino que pretende conjurar el *peligro* de los pobres mediante medidas de presión imperialista que obligan a adoptar políticas antinatalistas, abortistas. A gran escala, en ocasiones bajo verdadero chantaje; y en otras, incluso coactivas e impuestas, mediante sobornos y engaños... Por ejemplo, inyectando Depo-Provera diciendo que es una vacuna...

El asunto de la eutanasia activa no podía dejar asomar la cabeza en ese clima. Tímidamente se va introduciendo la noción. Hay que tener en cuenta que, realmente, la mayoría de las eutanasias que se legislan en países ricos, ya existen en los países pobres. No en contexto clínico, jurídico, sino que, sencillamente, la gente se muere. Otros son abandonados, y en casos —en determinados *lugares* culturales— se realiza el acto positivamente ante la indiferencia de los demás y la ausencia de cualquier posible control. Esto último, que existe como fenómeno social, es contradicho, sin embargo, por las actitudes de muchos pobres del mundo que cargan sobre sí a sus hijos y parientes con graves discapacidades o los cuidan en sus enfermedades letales hasta que mueran. Es decir, la inmensa mayoría de casos contemplados como motivo de eutanasia en las legislaciones de los países ricos, se *resuelven* allí con la muerte no provocada porque la gente no tiene atención, medios adecuados para sobrevivir en tales situaciones de enfermedad o de gran discapacidad.

El apuntamiento de esta nueva pretensión imperialista existe, sin embargo. Ya se manifestó en el año 2002 con motivo del Foro de la ONU sobre el envejecimiento. Allí, en abril de 2002, se produjeron disputas y ausencia de «consenso» precisamente porque en el documento final había países (del «Norte») que querían incluir en el mismo el reconocimiento del «derecho» a la eutanasia… Era una asamblea que tenía como objeto tratar sobre los ancianos y el problema demográfico que suponía y supone el envejecimiento poblacional en diversas áreas del mundo.

Visto lo visto en guerras y fronteras quizá el futuro nos deje imágenes como la que plasmaba en uno de sus relatos —«La Yoreille»— el extraño y polifacético Pierre Very:

«Estas Purgas eran administradas a razón de una por siglo (al menos) a la Humanidad. Resultaba una medida indispensable debido al crecimiento, en progresión aterradora, de la demografía, sin olvidar el considerable aumento de la duración media de longevidad (…) Quedaba una sola solución: las Purgas… Destrucciones masivas en los pueblos más prolíferos, es decir: negros, árabes, indios, la raza amarilla»[27]

---

[27] Pierre VERY, *Todo debe desaparecer el 5 de Mayo* (Ed. G.P., Barcelona 1966) 20-21

Una sociedad antagónica: subvenciones, «inclusión»... y descarte

Realmente el panorama al respecto es complicado en su análisis. Ciertamente la mentalidad y estructuración mercantilista del mundo rico es casi total, lo cual significa que los propios ciudadanos de tal mundo, los que gozan de libertades civiles como asociación, expresión, etc, son en definitiva y asimismo también concebidos como sujetos u objetos de procesos económicos. De hecho, tal ciudadanía, el que ante todo la mayoría sea *ciudadana* y no rebelde, se compra así: porque incluso en medio de injusticias sociales flagrantes y de frustraciones personales en los proyectos vitales de muchos... estas poblaciones no mueren de hambre, tienen agua corriente y electricidad casi todos, hay multitudes de clase media para arriba entregadas a un consumo caprichoso y narcotizador, y la mayoría de los otros, los que sufren no sólo frustraciones ante lo que desearían (gastar como los que gastan), sino privaciones incluso severas... viven en la atmósfera individualista del «sueño americano» trasladada a todas las sociedades de capitalismo desarrollado: estoy aquí, luego tendré tarde o temprano ese dinero, esa casa, ese coche, esos artefactos que ansío.

No obstante esta realidad evidente, el antagonismo íntimo que supone el sostener —en medio de tal clima— como valor las libertades civiles necesarias a todos —que de suyo, en correspondencia con lo íntimo del ser humano, deberían ser fruto de justicia social y generadoras de solidaridad—, significa que en estas sociedades sí hay quien crea en ellas como realmente destinadas a todos. Hay quien se preocupa de los otros, de los más débiles.

Esta actitud choca realmente con el trasfondo economicista, el dios que sostiene el edificio y lo hace mundanamente poderoso y espiritualmente con pies de barro, binomio que significa el augurio incluso mundano de su derrumbamiento. Efectivamente, los presupuestos socioeconómicos en que se basa el mundo rico y con los que trata a los pobres del resto del mundo son el egoísmo y la injusticia, es decir, tanto actitudes personales como modos estructurados de relacionarse. El apuntalamiento de ambos, del egoísmo y de la injusticia, contamina a su modo al propio entramado íntimo del mundo rico. La metodología suele ser la omisión, la denegación de auxilio, los recortes económicos volcados sobre los más débiles, los más silenciosos e *irrelevantes* socialmente.

Sin embargo, la otra actitud permanece, enmarcada en lo que se ha dado en llamar Estado del bienestar o Estado social. Efectivamente ha crecido el asociacionismo en torno a las personas con graves problemas de discapacidad, en torno a la infancia que sufre de los mismos o de otros grupos de personas que necesitan apoyo en sus enfermedades, adicciones, etc. Un asociacionismo que ha brotado en los entornos familiares, en los barrios, en los empeños de algunos luchadores y sobre todo de muchas luchadoras, y que generalmente ha acabado subvencionado públicamente.

Vemos entonces que la cultura de la solidaridad y la cultura del descarte conviven en el mismo seno. Una cultura de la solidaridad que si bien es veraz en sus protagonistas —en la mayoría de ellos salvo casos de corrupción—, sin embargo, por parte de la sociedad genérica y del poder en los contextos del mundo rico es vivida como aditamento, como algo que en realidad sólo concierne a algunos. Se compartimenta, se encapsula, se sectorializa la solidaridad en determinados ámbitos… para que no enturbie la vida real.

Esto es posible en el mundo rico gracias a sus inmensos recursos; y es compatible con movimientos reales en el corazón de muchos, realmente solicitados en su interior al amor gratuito… Pero la contradicción existe y tiende a manifestarse en la ambigüedad de las situaciones y de las concepciones que las preceden y las siguen: en monstruosa yuxtaposición conviven desigualdades injustas (ancianos pobres, discapacitados parados, familias sin recursos adecuados para atender a sus miembros enfermos, etc) y asociaciones subvencionadas que atienden a muchos equilibrando o eliminando tales desigualdades; o aborto eugenésico a la par que propaganda igualitarista para discapacitados… Un mensaje cultural de respeto, igualdad, en el seno de una cultura eficacista, economicista, que tiende a ver como un estorbo a tales personas o como objeto de nuevos negocios.

Este antagonismo, esta contradicción, hace emerger tanto por rendijas como descarada y masivamente a la cultura del descarte. Que actúa a su vez como fermento que llega a contaminar. Efectivamente, el culto al cuerpo, la exhibición en las redes para poder ser *alguien*, el diagnóstico prenatal para localización y eliminación de deficientes, el precarismo laboral bajo el eufemismo de la flexibilidad como constitutivo de economías dinámicas, el taylorismo gigantista, y todo lo demás… chocan con las medidas positivas de ayuda a los débiles. O bien, como decíamos antes, tales medidas quedan encapsuladas, compartimentadas, como casi ajenas a la marcha de la cultura o como medalla que esta cultura se impone a sí misma en clima propagandístico; o bien incluso el clima las contamina, como cuando se acogen beneficios fiscales para contratación a personas con problemas, no por solidaridad sino por codicia, o cuando se crean asociaciones con el motivo fundante de acceder a subvenciones…

En todo caso, el clima economicista también genera un ambiente general de engaño al respecto, en el sentido de que la propaganda masiva de corte solidario no se corresponde con la realidad de muchas de estas iniciativas a las que se tacañean medios, se racionan, se deniegan, se conceden bajo condiciones inasumibles, se enmarañan en burocracias imposibles, se enmascaran como grandes ofertas que realmente no llegan a casi nadie… Y fundamentalmente, no se corresponde con la realidad de tantas y tantas situaciones en que muchísimas personas insertas en las sociedades del mundo rico quedan abandonadas a su suerte, víctimas de injusticias profundas, de pobrezas severas, de *ayudas* falsas que son un escarnio; víctimas de un clima envolvente de sálvese quien pueda o de acusación de parasitismo, de aceptar lo que haya, incluso con facha de semiesclavitud... un clima en el que las personas especialmente débiles sufren de carencias impensables para esas franjas enormes de población consumidora estabilizada socialmente según los cánones de la cultura burguesa.

No se puede servir a Dios y al dinero, y cuando un mundo se entrega al dinero como a su «Señor», principio y fin de las operaciones, brota incontenible de un modo u otro la cultura del descarte: los que son imágenes de Dios, todos los prójimos, son vistos como objetos de interés, y, bien se les usa y premia y obsequia, bien se les usa y oprime, se les rechaza, se les aguanta a duras penas como una *patata caliente* que nadie quiere sostener... o se les aleja hasta llegar a descartarlos socialmente.

En el caso que nos ocupa, la eutanasia posmoderna y su relación conceptual con la triada enfermos-discapacitados-ancianos, esta cultura del descarte prepara el terreno. Cultura que se expresa a veces de modo bien brutal, pero cuya manifestación queda engullida en la barahúnda de información de consumo diario y pasajero. En el caso de los ancianos la desinformación suele ser notablemente alta, pero desde hace muchos años ya se denuncian en las sociedades ricas un aumento de rechazo y de malos tratos. Por ejemplo, la Fundación Encuentro publicaba en su Informe *España 2005* que muchos ancianos viven precariedades vitales y que muchos de ellos sufrían maltrato; la mayoría no llegaba a denunciar estas situaciones de maltrato debido «a la dependencia económica, física o emocional que padecen». El informe señalaba además «lo difíciles de detectar que resultan estos casos». No obstante, el informe hacía mención de otro estudio protagonizado por la ONU en aquellas fechas en que se constataba en la última década un crecimiento de casos de maltrato de un 110%...

El asunto de las residencias-puro negocio y del personal no vocacional, fastidiado por trabajar con ancianos y discapacitados, o de centros con un *clima* en que espiritualmente todo se ha derrumbado... no es algo marginal en el occidente rico. Contrastan brutalmente estas situaciones con las de otros muchos lugares en que la ternura, el respeto, el servicio, son evidentes. Pero lo otro existe… de modo masivo: de tanto en cuando un escándalo por alguna filmación[28], fotografía, denuncia familiar o de algún empleado, por algunas muertes o lesiones… y otra vez al cajón del olvido.

La dinámica asentada es la ambigüedad constitutiva: nuevos derechos sociales y sobre todo sanitarios junto a nuevos fenómenos malignos de rechazo y desprecio; ofertas en que prima la evasión en vez de la potenciación de la personalidad, a la par que iniciativas en que se incita a los mayores al estudio y el compartir sus conocimientos y sabidurías en favor de otros… Y el clima mercantilista y hedonista: cómo casar, si no es con la cultura del descarte, el culto al cuerpo con la decrepitud; cómo compatibilizar el espíritu del capitalismo con aquellos que no rinden como quieren sus explotadores… Así, a la vez que brotan reconocimientos de derechos sociales y se dispensan medios, se convive de modo habitual, normalizado, con el fenómeno de las nuevas pobrezas extendido entre los ancianos, con el paro masivo entre discapacitados que tienen capacidades para mil misiones y tareas, con enfermos crónicos o grandes discapacitados a los que no se hace llegar medios adecuados —medios que existen— para paliar, ayudar a quienes los ayudan, potenciar y posibilitar sus desarrollos personales también en el ámbito laboral, intelectual, etc. Y esto por motivación previa economicista, por supuestamente inexorables leyes del mercado.

Hay soledades consecuentes, y depresiones exógenas, y el contemplarse como una carga; sensaciones de «muerte civil», de inutilidad fomentadas por los mensajes y realidades entorno… suicidios manifiestos o encubiertos, tal como se solapan las situaciones de maltrato. Y más al fondo, en un clima que asegura civilmente la libertad religiosa pero que, lo quiera o no, desvaloriza

---

[28] El 2 de junio de 2011 asomaban en algunos medios de comunicación las grabaciones practicadas en una residencia de enfermos mentales en Gran Bretaña: de un modo rutinario los residentes de allí eran vejados, burlados, insultados, golpeados, pateados, rociados con agua fría por los cuidadores…

la trascendencia, todo tiende a reducirse a criterios de productividad, de eficacia inmediatista, de diversiones... en que los enfermos crónicos, los discapacitados severos, los ancianos en declive, se convierten en cierto obstáculo, en una suerte de aguafiestas, en un fastidio. Muchos los ven así, de modo sutil, inconsciente, inconfesado o incluso en lucha con otras emergencias interiores de signo positivo y bondadoso... o con expresiones brutales de desprecio y de burla. En otros muchos prima la indiferencia, o, cuando se tiene presente el cuadro de un modo evidente, el pensar que siempre son otros los que viven tales situaciones... El mayor drama es cuando los afectados directa y personalmente se ven a sí mismos así.

Ciertamente la cultura del descarte aumenta en los países ricos. En una micro entrevista realizada a un «juez de menores» en España, emitida en *Radio 5 Todo noticias* el 26 de noviembre de 2011, este hombre hablaba del crecimiento de casos de maltrato de hijos a sus padres y hacía notar que hacía diez años tal delito no existía, que predomina en la clase media y media-alta... Y ya en aquel tiempo constataba aumento espectacular asimismo de agresiones entre menores y acosos en internet, móviles, grabaciones vejatorias, dirigidas contra menores sometidos a esa cultura del descarte a causa de su aspecto, de su raza, de su estatus social, de sus rarezas... Todo el mensaje cultural solidarista machaconamente repetido en colegios, medios de comunicación, campañas institucionales, choca con el poder espiritual del materialismo, del economicismo, de la sospecha y burla a la religión, del culto al cuerpo.

Cultura del descarte y eutanasia

En el mundo rico actúa un poderoso vector espiritual, de signo materialista y maligno, que penetra el entramado: hay avances positivos y avances falsos, no aplicados realmente y otros contrarios a la dignidad humana y su vocación; hay leyes justas o encaminadas a la justicia, y obstaculizaciones esenciales a las mismas, además de leyes aberrantes. Y este antagonismo, con una expresión sui generis

141

de la emergencia de la cultura del descarte, tiene un vínculo muy concreto con el drama de la eutanasia.

No podía ser de otra manera: el economicismo franco, introducido en el propio debate, en su argumentario y en sus realizaciones concretas. Ya lo dijimos al principio, el desarrollo y oferta de cuidados paliativos reales y de medios para que los crónicos y los grandes discapacitados puedan ser atendidos y puedan desarrollar una actividad personal y social, es muy caro. En las sociedades en que triunfa cultural y legislativamente la eutanasia posmoderna se manifiesta esta ambigüedad de que hablamos. Por supuesto, respecto a «los pobres de la tierra» no hay nada que decir: están excluidos de antemano, no participan en el debate, no van a tener cuidados paliativos ni medios para sobrevivir y desarrollar sus potencialidades en caso de graves limitaciones por el motivo que sea. Pero este fruto del economicismo que, previa cosificación instrumental de las personas, puede excluir de bienes necesarios a un cierto número de ellas, más o menos grande dependiendo de circunstancias, es patrimonio asimismo del mundo rico.

En las propagandas eutanásicas —que siempre se centran en su primera fase en enfermos terminales con sufrimientos— se ofrece un panorama envolvente que de modo implícito justifica el egoísmo institucionalizado y el robo de bienes que son comunes. Este panorama es una disyuntiva diáfana: o vivir a duras penas, con grandes sufrimientos y sin esperanza alguna de curación… o admitir una muerte indolora provocada. Ambas opciones implican —diga lo que diga el señor Paniker— el relativizar, relegar, tacañear, y en ocasiones negar el desarrollo pleno y eficaz, posible, de los cuidados paliativos. Esta es la denuncia de diversos miembros del mundo sanitario: que se atiende adecuadamente a un tanto por ciento determinado de personas que necesitan tales cuidados, pero no a todos; y de los que son atendidos, hay una parte que no lo son adecuadamente por falta de medios y de personas cualificadas. Esto acontece como problema en lugares del mundo rico donde hay sanidad socializada, donde realmente existen para muchos tales cuidados y donde, a la par, se va legalizando la eutanasia. En otros lugares en que la sanidad está articulada a través de seguros privados o de pago de costes al momento, Estados Unidos v.gr, el drama se multiplica y se generaliza.

En el caso de los sistemas públicos de salud, el factor eutanasia introduce una nueva inyección de virus economicista: el neoliberalismo es enemigo de gastos públicos, y aquí hablamos de mucho gasto destinado a un número reducido de votantes-ciudadanos-clientes-consumidores... que es a lo que se tiende a reducir a la persona. El planteamiento del exceso de gasto no es privativo sólo de la derecha neoliberal; también la generalidad de los gobiernos de tendencia socialdemócrata se ven tentados de recortar ayudas incluso vitales a los más débiles. Así aconteció con la crisis originada en 2007. Obviamente la eutanasia es muy barata. María Antonia Blasco, científica que ha trabajado como investigadora en el Centro Nacional de Biotecnología, participó en la encuesta realizada por Carla Fibla y plasmada en un libro ya citado aquí. Esta mujer, partidaria del suicidio asistido en las circunstancias que contempla la propaganda eutanásica, advertía sin embargo de los peligros que conlleva la legalización, precisamente desde el factor económico. Tras constatar que la prolongación de vida actual (sobreentiende que en los países ricos) conlleva muchos costes económicos, pues hay más gente mayor, con enfermedades largas, y los terminales duran más, piensa que en el futuro se incrementará esta situación y que alguien pueda ofrecer como solución la eutanasia... «me da miedo que existan abusos en el planteamiento de la eutanasia para evitar gastos económicos» (p.243 del libro cit.).

Las enseñanzas de la Iglesia asimismo constatan este peligro y esta realidad. En *Samaritanus bonus* se advierte que «las instituciones sanitarias deben superar las fuertes presiones económicas que a veces les inducen a aceptar la práctica de la eutanasia» (V,9).

El ya citado aquí Jacques Attali declaraba en el temprano 1981, cuando el debate sobre la eutanasia estaba lejos de sus concreciones posteriores, que, o se vive el factor económico como determinante para que la propia organización social supedite la vida de los individuos al funcionamiento de la sociedad; o sencillamente, según el planteamiento ideológico de Attali, los individuos deben poder ejercer una supuesta «libertad fundamental» identificada con el suicidio:

> «Pienso que en la lógica del sistema industrial en que vivimos, la longevidad no debe ser una meta. Cuando el hombre sobrepasa los 60/65 años vive más allá de la edad productiva y cuesta demasiado a la sociedad (…) Por mi parte, y en cuanto socialista, considero un falso problema el alargamiento de la vida… La eutanasia será uno de los instrumentos esenciales en las sociedades del futuro, sean de la ideología que sean. Dentro de una lógica socialista, el problema se plantea así: el socialismo es libertad, y la libertad fundamental es el suicidio; por tanto, el derecho al suicidio, directo o indirecto, es un valor absoluto en este tipo de sociedad. Pienso, pues, que la eutanasia —como tipo de libertad o por necesidad económica— será una de las reglas de la sociedad del futuro»[29]

Attali sitúa su análisis en clave de disyuntiva excluyente: habrá eutanasia sí o sí. O por imperativo de una lógica industrial, que él repudia[30], o como conquista de la libertad definitiva que traería su lectura del socialismo. Este pensador no quiere o no puede valorar hasta qué punto están intrínsecamente relacionados ambos polos de su disyuntiva, cómo el vacío que legitima el suicidio deja libre paso al economicismo, a sólo lo tangible y controlable; cómo puede esa supuesta libertad conjugarse con el imperativo económico de sostenimiento de la totalidad en detrimento de

---

[29] Jacques ATTALI, «La médicine en accusation»: *L'avenir de la vie* (Ed. Seghers, Paris 1981) 273-275

[30] Habitualmente el uso de esta famosa cita de Attali por parte de derechistas enemigos de la eutanasia falsifica su pensamiento presentando al autor como partidario de lo que él achaca a una mentalidad mercantilista que dice no compartir.

algunos individuos, hasta llegar a presionar de modo sutil y poderoso para que los individuos se responsabilicen y valoren el absurdo de seguir con vida siendo una carga social.

El hecho es que el factor economicista ya funciona en el mundo rico en relación a la eutanasia. Tanto en las sociedades con predominio de sanidad pública como en las otras. Es un goteo de noticias, que son signo de muchas más situaciones similares, punta de iceberg, avanzada de una mentalidad que se va densificando y concretando.

...Que si en Dinamarca (año 2000) se denuncia la inatención de terminales por considerar tales intervenciones como inútiles y muy costosas... Que si el Dr. Peter van Haemmerli, responsable de una clínica suiza, eliminaba de diez a doce terminales cada año mediante una *dieta* de lo que llamaba «hydration» (agua y sal) por la que mueren de inanición, y su motivo era la falta de camas... Que si un juez de Cambridge avala a las autoridades sanitarias que niegan tratamiento a una niña enferma de leucemia arguyendo dos motivos: pocas probabilidades de éxito y gran coste económico... Que si los recortes y el ahorro de gastos exigido provocan en Gran Bretaña, según un informe de febrero de 2013, unos tres mil muertos por falta de asistencia: cifras que pueden ser mucho mayores pues de la situación de un solo hospital, el de Sttaford, se discute el número, que oscila entre 400 y 1200 muertos... el informe constataba asimismo que la falta de medios y de personal se traducía en ausencia de analgésicos para el dolor, pacientes bebiendo agua de los floreros porque no había quién los atendiera, otros atados a las barras de modo permanente, o viviendo días sobre sus propios excrementos... O una de las cumbres de tal mentalidad: lo sucedido en Canadá a Christian Gauthier, atleta paralímpica en silla de ruedas, quien, viviendo en una casa adaptada pidió ayuda para conseguir un salvaescaleras, un elevador. Cinco años batallando, hasta que un funcionario de un organismo gubernamental le ofreció la opción del suicidio asistido y la posibilidad de acceder a un equipo adecuado para llevarlo a cabo. El escándalo producido por la publicitación de esta respuesta —en carta oficial— destapó algunos casos similares, la desautorización del gobierno, el despido del funcionario… Pero todo esto no aclara cuántas personas han sufrido el argumento economicista, cuántas han cedido o las han hecho ceder. Sobre todo, el que se pueda dar tal situación sencillamente muestra la realidad de que la cultura del descarte también se puede expresar en la propuesta eutanásica.

El economicismo como elemento —bien sustancial, bien ineludible— de la práctica no es sólo una acusación o una advertencia venida de la Iglesia cuando señala la tentación del recurso a causa de la «carga social» que supondrían determinados enfermos terminales o crónicos, sino que es un argumento positivamente evidente para ciertos partidarios de la eutanasia, que consideran inútil y «costoso» el que no se aplique. Además, antes de teorizaciones comprometidas al respecto, por las que alguien puede encontrarse con que se le acusa públicamente de «nazi», es un hecho: el factor económico, es decir, el que quien necesite ayuda para cuidados paliativos o para desarrollar su vida en condiciones de gran dificultad, no pueda pagar, y el hecho de que quien podría sufragarlo no quiera hacerlo… *obliga* a admitir el suicidio o la aplicación de la eutanasia en los lugares en que se legalizan estos procedimientos y en que se habilitan los baratísimos medios para hacerlo.

La vida de los otros como mero negocio… El papa Francisco habla de la «tentación funcionalista». En la encíclica *Fratelli tutti* se denuncia al respecto ese «pragmatismo sin alma» (n.187), y se insta a «cuidar de la fragilidad» frente a «un modelo funcionalista y privatista que conduce inexorablemente a la "cultura del descarte"» (n.188)… Eficacismo y economicismo; no otra cosa es hoy la generalidad de la industria farmacéutica, de la fabricación de artefactos para la movilidad, de prótesis… Precios abusivos y chantaje: lo tomas o lo dejas, lo que allí vendemos por xx, aquí te lo ofrezco por mil veces xx… Eficacismo y economicismo que vertebra gran parte de las líneas de investigación. Y por fin, eficacismo y economicismo que son el alma de los sistemas sanitarios privatistas.

El socialista Belloch, quien se oponía a la legalización de la eutanasia directa y activa, ya hacía notar hace muchos años y respecto a las leyes eutanásicas del Estado norteamericano de Oregón, que parecía manifestarse una relación proporcional entre aquella despenalización y una «disminución drástica del dinero dedicado a estudios e investigaciones de medicina paliativa»[31]. Pero no sólo esto, sino sencillamente la imposibilidad económica que para multitudes supondría el acceso a tal medicina. Cuando el psiquiatra Luis Rojas Marcos, entusiasta del orden establecido y la cultura dominante, idealizaba la situación de Oregón en cuanto a sus leyes eutanásicas (garantismo, etc), olvidaba el pequeño detalle de que a muchos de los afectados por situaciones contempladas en tales leyes, sus seguros privados les ofrecen «ayuda a morir» pero no cubren los grandes costos que conllevan tanto los cuidados paliativos que ayudan al enfermo en el camino hacia su muerte, como, ni mucho menos, todo lo que les haría falta a los crónicos de larga duración y los grandes discapacitados. Los «seguros médicos públicos» de allí —eufemismo que encubre una deficiente, fastidiosa y condescendiente *beneficencia*— hace lo mismo. El caso de Barbara Wagner, también en Oregón, es ilustrativo: en 2008 el seguro público le deniega un nuevo tratamiento contra el cáncer que padecía y a cambio le ofrecían medicamentos para suicidarse, cuarenta veces más baratos…

Lo señalamos ya más atrás en esta reflexión: el humus cultural en que nace esta propuesta, en que se desarrollan las campañas y se legaliza al fin, es el capitalismo como *religión*, como vertebrador de lo existente, el totalitarismo mercantil.

Recuerdo haber leído un viejo artículo irónico sobre este proceso cultural, artículo del que no registré su procedencia, pero sí copié algunos párrafos. Ahora, muchos años después, vienen como hechos a medida para nuestro empeño. Transcribo:

«Pensé en publicar un artículo en tono humorístico, de un humor un poco negro, en el que equiparaba la "paternidad

---

[31] En p. 116 del libro-entrevista de Carla Fibla.

responsable" con lo que se me ocurrió llamar "filiación responsable". Si los padres tenían libertad para no engendrar, incluso para disponer de las vidas de los ya engendrados pero no deseados, ¿por qué los hijos, o el Estado, no habrían de poder disponer de las vidas de sus padres, cuando éstos les representasen una carga? La eutanasia, que bastantes preconizan hoy para los enfermos incurables, sería una solución piadosa para "curar" los achaques de la vejez —incluso la vejez en sí— y las molestias que pudieran ocasionar a los familiares. El mundo sería solo de los jóvenes, y las dificultades para colocarse que encuentra hoy una persona de 45 años que haya perdido su empleo anterior, se resolverían expeditivamente. Muy probablemente no faltarían teólogos atentos a los signos de los tiempos —expresión con la que muchos designan lo que siempre se ha llamado moda— que encontrarían moralmente justificables ese proceder. Bastaría analizar algunas definiciones de lo que es el hombre»

Obviamente, este escenario —fuera de las ironías caricaturescas— es impensable en el corazón de la mayoría de los partidarios de la eutanasia posmoderna… Pero escenarios similares han existido, se han incluso institucionalizado, y han sido protagonizados, no por alienígenas sino por hermanos de la especie humana. Gentes de la misma pasta que nosotros. En no pocas ocasiones el escenario terrible no ha sido fruto de los arrebatos fanáticos y rupturistas de algún seductor o de alguna ideología brotada de modo intempestivo en la historia humana, sino el resultado de una evolución.

CAP. 5.- DEL OBJETIVISMO A LA IMPOSICIÓN

El tránsito a la coacción

Obligatoriedad u opción libremente elegida. Ciertamente la diferencia, en cuanto a principios enunciados, parece sustancial, y los partidarios de la eutanasia posmoderna no se cansan de subrayar ante las acusaciones que las legislaciones realizadas por las democracias burguesas contemporáneas no se identifican con las leyes nazis.

Hay, no obstante, argumentos que vinculan las actuales legislaciones con la obligatoriedad. En clave evolutiva, con fases de transición. Por ejemplo, la coacción interna sufrida a causa de la presión social, cultural, psicológica... la «auto-responsabilidad». El argumento es débil y fuerte a la vez. Fuerte, en el sentido de que exhibe una de esas constelaciones de malignidad dañina que caracterizan tantas interacciones humanas. Una cosa conduce a otra, la prepara, la suaviza, la maquilla, la *normaliza*, y al fin, la provoca, la exige. Y así, en una relación circular que a veces apenas se percibe, una porción de la humanidad traga y luego defiende conductas, expectativas, que poco antes le eran inadmisibles o impensables, o sencillamente ausentes.

El argumento es acusado de débil porque parecería un añadido alarmista colateral, que no alteraría el fondo del debate y los principios que invocan los defensores de la práctica. En esto hay también una parte de verdad: nuestra confrontación seguiría en pie aun en el caso de que no existiera el mínimo indicio de coacción o imposición, porque nuestra visión de la existencia excluye el suicidio supuestamente libre, no sólo como algo ilícito espiritualmente hablando, como dañino culturalmente hablando, sino que lo excluye como algo a proteger por el orden jurídico. Ahora bien, hay que ver asimismo si la acusación de «proceso evolutivo» que provoca coacción interna y más tarde situaciones de eutanasia impuesta tienen fundamento. Y si esto es controlable o consecuencia de los propios principios.

149

Hay que tener en cuenta el enorme poder del objetivismo: en el contexto de que hablamos se han proclamado diversas situaciones vitales como indignas de ser vividas por un ser humano; como incompatibles con cualquier noción de vida digna; incluso como señales de que se ha perdido la condición de persona humana. La crudeza con que se expresa el utilitarismo respecto a la noción de «calidad de vida» se procura evitar —en cuanto expresión— en las legislaciones eutanásicas, que se ufanan en el garantismo, en garantizar el ejercicio de una libertad. Pero muchos de los protagonistas de los prolegómenos culturales, los corifeos que aplauden el reconocimiento del «nuevo derecho», los que han exigido tales leyes y luego siguen batallando por sus ampliaciones, no tienen reparo de usar las expresiones crudas como más acordes al principio reclamado: ya no es persona, vida inútil, absurdo total, repulsivos y falsos mitos consolatorios, etc…

Uno de los efectos del objetivismo es desvalorizar, ridiculizar o denunciar como engaño, la asistencia espiritual a terminales y grandes impedidos. Porque para el objetivismo eutanásico es perentorio que no se rompa la idea del «absurdo objetivo» de tales situaciones vitales, que, en sí, no tendrían ninguna clase de lectura salvo el fatalismo y el azar, y, por tanto, no tendrían «salida» alguna en *connivencia* con la situación. Esta afirmación negadora de cualquier logos sólo presenta una salida lógica: el librarse de la situación en sí mediante la muerte provocada.

No es todavía eutanasia impuesta, pues tales denuncias y tales burlas o tales señalamientos contra los embaucadores religiosos, acompañados de sentimientos plenos de enfado e indignación, aún se sitúan en una libre determinación jurídica: cada cual sería libre de elegir el camino sensato (la eutanasia)… o dejarse engañar. Sin embargo, la labor del exclusivismo cultural inherente a esta visión, y el embudo socioeconómico en no pocos lugares, contienen en sí un potencial ineludible de coactividad que cuando no se expresa francamente tiene vigor para buscar rendijas por las que expresarse. Rendijas que se van convirtiendo en grietas, que a su vez tienen vigor y coherencia interna como para acabar derribando los muros del garantismo.

Otra vez volvemos Keborkian y a Sampedro. El llamado «Doctor Muerte» parece no era partidario del suicidio asistido o lo que él consideraba como tal. Así, su reivindicación de la eutanasia no se basaba en sólo la libre determinación de sus pacientes, sino conjugada tal querencia de morir con datos objetivos que él pudiera valorar. A unos prestaba su asistencia para morir y a otros se la negaba en atención a los datos. Esto significa catalogar el valor de la vida de modo objetivo, es decir, declarar que de hecho y de modo independiente de la voluntad de los afectados, hay situaciones que legitimarían la muerte provocada de los mismos. El garantismo consistiría en respetar la voluntad de querer seguir viviendo «a pesar» de que objetivamente no tendría sentido el querer seguir viviendo. La cruda afirmación solemne de Sampedro —«el tetrapléjico deja de ser persona para convertirse en una piltrafa»— viene a decir lo mismo de modo brusco. Se le dice a la gente que padece tal y cual situación que no merece la pena seguir viviendo porque su vida no tiene valor de vida humana, es una lebensunwertes leben. Sampedro descubre esto tras su accidente. Y el descubrimiento, lo que no veía antes a pesar de que muchos ya eran tetrapléjicos, lo convierte no en solo reivindicador de un derecho individual, según las prioridades y concepciones de cada cual, sino y en contradicción con tal opción que también defiende, en un vocero de «la verdad» de la condición de los tetrapléjicos, de todo tetrapléjico y similar. Un anuncio de la verdad que, por su objetividad, se torna deber universal el asentimiento a la misma.

El que sufre entonces de una situación por la que otros han decidido morir aduciendo un motivo objetivamente incontestable, es decir, la evidencia de estar viviendo tal situación, se convierte en un ser autoengañado, seducido por otros, o incluso egoísta, si se obstina en querer seguir viviendo. Por este objetivismo, lo que el garantismo pretende sea una nítida decisión personal va abriendo paso a una atmósfera en que asoma primeramente la coacción interna, pues el abanico de sentimientos subjetivos que desvalorizan la vida crece y se objetivan añadiendo nuevas condiciones y circunstancias que hacen la vida «indigna». En el capítulo V de *Samaritanus bonus* se constatan las evidentes ampliaciones de supuestos para catalogar la vida como de indigna de ser vivida, tales como los «sufrimientos psicológicos o depresión». Y el que no lo ve es constreñido a verlo:

«Así, pedir morirse se convierte en normal, en lo esperado. El envejecimiento de la población y el gasto sanitario al final de la vida fortalecen esta expectativa que, en muchos casos, se convierte en una "presión sutil" sobre los más vulnerables, como ha denunciado monseñor André-Joseph Léonard, presidente de la Conferencia Episcopal Belga. En Inglaterra, donde no se investigan los casos de enfermos que viajan a países con eutanasia para morir, un paciente con una enfermedad motora denunciaba hace poco en la *BBC*, cómo las continuas preguntas de la gente sobre si se plantea una *muerte asistida* "te hacen sentir como si debieras planteártelo, por el bien del servicio de salud, o de mi familia" (…) El Consejo de Canadienses con Discapacidad ha subrayado "la carga emocional que supone oír continuamente" que las personas que no pueden manejarse solas "deberían recibir ayuda para morir"»[32]

Belloch, socialista que, como hemos consignado antes, en su día se manifestó en contra de la eutanasia activa, también hablaba de presión social sobre «los más débiles», de costes sociales y familiares de orden económico y psicológico que se les hacen ver. Esto significa sencillamente que la cultura eutanásica posmoderna, lo quiera o no, envía el mensaje a muchas personas de que son una carga social y familiar. Como antes hemos ejemplificado al hablar de la cultura del descarte, hay personas a quienes se les ha espetado en la cara que su opción obvia era pedir la muerte asistida… porque

---

[32] María Martínez López, «Bélgica exporta su modelo de muerte»: *Alfa y Omega* n.869 (20-2-2014) 21

carecían de poder económico para afrontar su situación con los medios que ésta requería.

La coacción interna, la presión moral, se sufre desde varios *frentes*, venida de diversos mensajes; conjugables entre sí o no, pero lanzados como un pack único. Efectivamente, en la historia contemporánea del mundo occidentalista rico asoma de nuevo aquella vieja concepción estoica sobre el suicidio: sería una acción heroica cuando es justificada por razones objetivas; poner fin a la vida cuando la razón lo aconseja no sería huir sino saber cuándo marchar; y el reverso, claro: el que en la misma situación no lo hiciera, o es un egoísta o es un cobarde…

Las brutales definiciones sobre la perdida de la condición personal y humana de las que más atrás hemos tratado, hablan al fin más que de una opción de huida —que también—, de un deber, del fruto de una coacción, jurídica o no, que ha sido interiorizada y que obliga a elegir el dejar de vivir.

El pack ofrece, efectivamente, el «deber» moral. Y lo ensalza: «el suicidio del anciano, no sólo es normal, sino ejemplar»[33], decía Gilbert Brunet, antiguo miembro cualificado de Asociación Derecho a Morir con Dignidad. Y también ofrece la facilidad suma, con el mensaje implícito de la normalización social y existencial de la práctica: «Podemos recetarle un medicamento de efecto rápido (de unos cuarenta minutos), que recomendamos especialmente a enfermos o a ancianos en asilos de la tercera edad»[34].

---

[33] Cit en Carlos VALVERDE, «¿Sabe usted qué es la A.D.M.D.?»: *Ya* (22-4-1988) 12

[34] Folleto informativo con fecha de 1988 de la Asociación Alemana de Ayuda a la Muerte Humanitaria o Sociedad Alemana para una Muerte Humana, asociación cuyo fundador —y «propietario, pues el asunto tenía vertiente empresarial— era el filósofo Hans Hening Atrott, quien en aquellos tiempos ganaba medio millón de pesetas mensuales (cf Diario16 [14-7-1988] 24). Atrott se corresponde con el tipo de pionero de la eutanasia posmoderna: feroz enemigo del cristianismo, en 2009 publica el libro *La farsa de Jesús. El escándalo universal del mundo*, y en 2015 *La Cruz y el Crimen. Jesús vino a crucificar el mundo*.

Está, obviamente, la presión familiar. Que puede ser brutal, sutil, discreta o incluso inexistente por parte de la familia pero que puede brotar como auténtica presión moral en el enfermo que ve sufrir a los suyos y se concibe como una carga pesada para ellos. La presión familiar es ineludible en muchos casos: en Bélgica, por ejemplo, se aprueba en febrero de 2024 la eutanasia voluntaria para menores, sin límite de edad, bajo la condición de que se les considere «capaces de discernir»... Habrá que ver si tal discernimiento se puede ver libre de los influjos, presencia, expectativas, emociones, valores o incluso directrices concretas de los progenitores o tutores...

Por supuesto, una cúspide de la coacción está en los enunciados totales provenientes del objetivismo eutanásico: si alguien no cree en los dogmas auto revelados por la posmodernidad, a saber, Dios no existe, no hay logo alguno de orden positivo en el sufrimiento, el hombre tiene autodeterminación absoluta respecto a su vida y sus valores, y otros tantos artículos de fe... si no cree en esto y opta ante unas determinadas condiciones vitales por una *salida* que no sea la eutanasia, es un fanático o es un imbécil, o es un pobre ignorante, víctima de las añagazas de otros. De modo más fino, como decía Puente Ojea en el libro de Carla Fibla, significa que los tales están dominados por «ideas falsas», que «les han inculcado ideas falsas que les impiden deliberar con libertad moral y conciencia libre» (p.59). La presión interior ejercida por la asimilación cultural de esta propaganda puede ser tremenda.

«Aprender de la historia»

Muchos dramas atraviesan la historia en relación con la fragilidad humana. De entre ellos queremos destacar el caso de los enfermos o heridos en fases terminales, y el de los enfermos o heridos que o bien se dirigen irremediablemente a esas fases, o bien sufren de incurabilidad por el resto de su vida. Son casos que motivan a dar respuestas, como la que actualmente ofrece la que aquí denominamos «eutanasia posmoderna».

La humanidad, confrontada desde siempre con estas situaciones, ha tratado de dar asimismo respuestas que a su vez expresaban marcos morales-espirituales en relación a los significados del dolor, de la discapacidad, de la relación de los individuos con la comunidad. Visiones racistas, guerreras, eugenésicas, totalitarias, o el drama de tener que responder a gravísimos dolores o de qué hacer con quienes podrían comprometer o dificultar la existencia de los demás…

Respuestas diversas atendiendo a estas diferentes circunstancias, que también se mezclan o se relacionan entre sí, como por ejemplo, cuando el que sufre considera asimismo un deber para con su sociedad el dejarse matar o ser abandonado hasta la muerte. Y respuestas a las respuestas, es decir, críticas de orden moral sobre lo que se hace y no se debería hacer, alternativas, referencias a otros marcos espirituales y otros valores, etc.

Infanticidios eugenésicos (eutanasia neonatal), parecido al espartano, se han dado en muchos pueblos. Abandono de ancianos y de impedidos, también. Ya hemos hablado de antiquísimas eutanasias sociales, es decir, el dejar morir, matar por omisión, como práctica habitual en la medicina grecorromana y en tantas otras. El drama de la eutanasia compasiva —drama donde los haya—, también viene de antiguo: como en algunas zonas rurales de América del Sur, donde existía —existe— la figura del «despenador», cuya misión es romper la columna de enfermos terminales sometidos a grandes sufrimientos… Al fin, esto sería una variante trágica de la eutanasia social: comunidades pobres a las que no llegan los medios médicos y farmacológicos a que tienen derecho intrínseco.

El drama ha provocado famosas respuestas entre los que han querido abordar la ética de la profesión médica. Está el archiconocido —y ambiguo en no pocas de sus respuestas— «Juramento de Hipócrates», con su mandamiento «no accederé a pretensiones que se dirijan a la administración de venenos, ni induciré a nadie sugestiones de tal especie». Está la grave acusación de Arnaldo de Vilanova: «el médico (…) si llegare a proporcionar bebidas mortales, interviniendo en alguna maquinación dolosa, es reo de sangre, digno de execración y homicida»[35].

Están asimismo las intervenciones de diversos utopistas del Renacimiento y posteriores, quienes plantean en sus obras respuestas eutanásicas a algunas de estas situaciones dramáticas. Y en consonancia con los avances técnicos y el aumento de los conocimientos en medicina, también asoma el dilema moral de las acciones de doble efecto… Aquellas decimonónicas «sangrías sueltas» aplicadas a enfermos de rabia, que acababan con las convulsiones… pero, asimismo y en una gran cantidad de casos, acababan con la vida del paciente…

La eutanasia posmoderna suscita el que se resuciten para los debates todas estas referencias históricas, pero la actual pretensión no se asusta por ello: unas referencias serán rechazadas como propias de otros contextos y épocas, y otras serán mostradas como paradigmas de lo que hay que hacer. El verdadero fantasma al que tiene que hacer frente la eutanasia posmoderna es el vínculo que pueden encontrar sus detractores con el nazismo y sus programas eutanásicos. Vínculo real o no, pero que pulula por el fondo del escenario como ente amenazante. Obviamente, la respuesta cultural en que se enmarca la actual pretensión y realización eutanásicas en el mundo rico posmoderno, consiste en encapsular histórica e ideológicamente al nazismo de un modo nítido a fin de acentuar el contraste excluyente entre aquella iniciativa y la que se normaliza a día de hoy en las democracias burguesas.

Pero este encapsulamiento es cuestionable. Choca con la historia. Y con la propia condición del ser humano. Porque el nazismo no fue un invento impuesto contra las corrientes de la historia, sino uno de sus resultados malignos.

---

[35] *Contra calculum*, cap.III: «De curatione medici fidelis»

Los previos culturales que al fin culminan en el nacionalsocialismo no consistieron solamente en una adhesión a la germana del regeneracionismo propuesto por el fascismo. En el movimiento alemán se perciben ciertamente los influjos directos del vitalismo nacionalista, guerrero, conductor, mesiánico, cargado de promesas de redención social que ofrecía el fascismo y que condujeron a los promotores del nazismo a admitir con absoluta lógica la simbología identificativa que representaba el saludo imperial a la romana. Pero asimismo y con no menos fuerza, el nacionalsocialismo hereda con orgullo las pretensiones del cientifismo decimonónico y una buena runfla de las aberraciones que ofreció la época, tales como el eugenismo y el imperialismo colonialista basado en el supremacismo blanco. Hay que hacer notar que estas propuestas, estas visiones y sus realizaciones históricas tuvieron su ámbito natural, su nacimiento, sus impulsos, en las democracias burguesas de aquel tiempo.

Hemos encabezado este epígrafe con el lema «Aprender de la historia». Es el título de un viejo artículo[36] sobre la eutanasia firmado por el P. Javier Gafo, quien fuera director de la Cátedra de Bioética de la Universidad Pontificia de Comillas. En dicho artículo se hace referencia a una «reciente conferencia internacional sobre la eutanasia y el futuro de la medicina en Worcester, USA». El P. Gafo transcribe algún párrafo de la intervención del científico y filósofo Patrick Derr, organizador de la conferencia, párrafo que a nosotros nos puede situar:

«Entre 1920 y 1935 la comunidad médica más humana y más avanzada científicamente que el mundo jamás ha conocido —la de la República de Weimar— sufrió una transformación radical que llevó al asesinato médico de 200.000 enfermos psiquiátricos y crónicos y, más tarde, a la colaboración médica con el amplio programa de exterminio social dirigido bajo los auspicios nazis (...) El error fatal de la medicina de Weimar había sido creer que

---

[36] En el diario *Ya* (12-2-1989)

podía aceptar un "pequeño matar", por propia y bien intencionada iniciativa y, sin embargo, resistir a las presiones para un "matar más" a iniciativa de cualquier otro»

Efectivamente, en los preludios a las enormidades nazis contemplamos modelos culturales, iniciativas, referencias, y contextos socioeconómicos enemigos de la vida que a día de hoy son fácilmente reconocibles. Por supuesto, como hoy, está lo que aquí hemos denominado como «eutanasia social». A alguno parecerá forzado el usar el concepto de eutanasia para describir estas situaciones... Bueno, el concepto en cuestión, bajo el enunciado de «eutanasia encubierta», forma parte de las enseñanzas pontificias. Y aquí acogemos como algo veraz e iluminador tal denuncia.

En aquella época inmediatamente anterior al fascismo, era de alboradas mesiánicas respecto a las democracias que habían acabado con el absolutismo y que pretendía enterrar para siempre y en nombre de «la ciencia» a «las supersticiones», se daban casos de exterminios masivos de determinadas clases de personas a través del sencillo y barato procedimiento de la omisión de ayuda. Los hallazgos de Darwin y etcétera, discutibles o no, habían salido de su órbita científica para trasladarse al mundo de las cosmovisiones totales. Darwinismo social se ha llamado al proceso. Una ideología que alimenta al movimiento eugenista y al imperialismo colonialista...

Esta adaptación social de la idea matriz de selectividad natural condujo a muchos a la aceptación ideologizada de horrores seculares que, además, fueron potenciados por las condiciones de la época: el trabajo prácticamente esclavo de multitudes de entre los supuestamente libres, el trabajo infantil donde la explotación llegaba a los últimos extremos criminales, los salarios de hambre literal bajo el chantaje de la realidad de que innumerables hombres, mujeres y niños hacían cola para ocupar cualquier puesto vacante por enfermedad, desnutrición, accidente... La mortandad fue terrible, como lo es ahora en tantos lares de nuestro mundo. Y la sociedad, es decir, sus rectores, que a toda costa quería evitar costes, valga la redundancia, se libraba así de excedentes molestos. Entre ellos y como signo evidente de esta suerte de eutanasia encubierta, el doble caso horroroso y como decimos, masivo, del abandono hasta la muerte de enfermos pobres y proletarios accidentados, y de una suerte de *solución final* a la grave anomalía social que suponía el inmenso número de huérfanos y de niños abandonados que tales situaciones provocaban. Efectivamente, muchos, muchísimos orfanatos, hospicios, «inclusas», inmersos en el contexto de la revolución industrial fueron un infierno letal para miles y miles de niños. Muchos no sobrevivían y hubo instituciones situadas en lugares conocidos como las «cunas de las libertades modernas» — Gran Bretaña, Francia— en las que el número de los que morían allí era sencillamente del 100%. En muchos lugares era normal que el 70 u 80% de los recién nacidos huérfanos o abandonados no superara el primer año de vida.

El movimiento eugenésico de la época se centró en los catalogados como incapaces o que sufrían algún trastorno que se pensaba podrían heredar sus descendientes. El movimiento tenía vertientes diversas, diferentes sensibilidades y referentes motivacionales: desde la «compasión» hacia seres que no podrían ser felices dada su condición, hasta el vigor de los pueblos, un bien que debería protegerse de las «degeneraciones». Sin olvidar, por supuesto, un asunto que confesado o no, disfrazado o exhibido, atravesaba a casi todas las sensibilidades: el coste social del mantenimiento de los «incapaces».

Este movimiento se fundió con parte del movimiento eutanásico. Había quien defendía una eugenesia de tipo *positivo* que, en principio, dejaría en paz a los catalogados como «incapaces». Consistía en favorecer, incentivar o incluso introducir mecanismos de selección de los más adecuados para la procreación. Por supuesto, como resultado que ni siquiera contemplaban los preconizadores de esta corriente eugenista, la omisión de ayuda sufrida por los no elegidos se convertiría en una agresión efectiva, dañina o letal para ellos. Otros centraban sus campañas, más que en el proteger la procreación de unos, en evitar la de otros. Es decir, en la necesidad eugenésica de impedir el nacimiento de personas cuyos progenitores hubieran sido catalogados como incapaces, enfermos, impuros racialmente (mestizos), o sencillamente miembros de razas que si crecían en número podrían desestabilizar el poder blanco... Esta mentalidad justificaba las medidas de fuerza, pues era obvio que los tales «incapaces» e «impuros» no se iban a conformar alegremente con tales pretensiones. Los movimientos eugenistas de las democracias burguesas preparaban para la posterior recepción mesiánica de los fascismos intentando normalizar aberraciones que deberían ser impuestas «por el bien de todos». Ya en la época coincidían sus pretensiones con los de ciertos sectores ideológicos prefascistas, no en sentido cronológico, sino espiritual. Por supuesto, está Nietzsche, que habla de eutanasias que deberían aplicarse a «parásitos de la sociedad, enfermos que vegetan perezosamente». En un libro tragicómico que denuncia a estos sectores ideológicos, escrito en 1914 y ambientado en la Alemania de las postrimerías del siglo XIX, podemos leer sobre su protagonista:

> «Él no deseaba una paz eterna, pues no era más que un sueño que, además, rayaba en la pesadilla. Lo que sí deseaba era una reproducción de la raza a la manera espartana. A los retrasados mentales y degenerados sexuales debería impedírseles la procreación mediante una intervención quirúrgica»[37]

Pero el vínculo entre el fanatismo eugenista, el racismo y la eutanasia no es sólo privativo de los contextos que espiritualmente preludian al fascismo; también es cosa de este contexto específicamente demoliberal anterior a los fascismos, que vertebra sus luchas sociales en torno a «la raza» y la «higiene social».

---

[37] Heinrich MANN, *El ultra* (Planeta, Barcelona 1977) 332-333

La eutanasia, en tal medio ideológico, era un concepto que armonizaba diversas motivaciones e incluso las fundía: de la compasión hacia el enfermo que sufre sin remedio se pasa fácilmente a la compasión por el discapacitado supuestamente destinado de modo fatalista y sin solución a sufrir de por vida; y de ahí, a la compasión hacia la familia, sujeta a una carga supuestamente insoportable y dañina. El siguiente paso incluido en el lote es que no sólo la familia, sino su extensión, la sociedad entera, es la que va a tener que sufrir de una carga que lastra y dificulta el vigor que precisa para su desarrollo. Así pues, todo es compasivo. Bentham y su utilitarismo (la ideología que recoge y perfecciona Singer, uno de los actuales profetas eutanásicos) justifican y preconizan la necesidad de la eutanasia como «mayor bien» para el enfermo y su familia. Galton y compañía ofrecieron la base *científica* para los que ya en la época veían como problema la procreación de determinados grupos de personas y le añadían esa doble visión de las cosas que hemos citado: la condena a sufrir que conllevaría la mera existencia de tales personas y los costos sociales, económicos, que recaerían sobre todos en el caso de tener que esterilizarlos o abortar sus descendencias antes de la esterilización manteniéndoles con vida, improductivos muchos de ellos, «inútiles» para la supervivencia de la sociedad todos... Burocracia, funcionarios, personal de asistencia, centros, alimentación, quizá pensiones... para mantener con vida a los impedidos para la procreación a causa de su catalogación como de dañinos para la sociedad... Demasiado. Sería más barato el generalizar la eutanasia.

Es antes del nazismo cuando tales ideas se difunden en los países de cultura y régimen demoburgués. Nuestra pretensión al mostrar este clima y sus concreciones y pretensiones es precisamente «aprender de la historia». Aktion T4, el programa eutanásico de los nazis, no vino de la nada. Victor Brack, responsable de este programa, Karl Brandt, plenipotenciario Comisario del Reich para cuestiones de sanidad, y todos los demás tuvieron sus predecesores, insertos en un clima político, social y moral similar al que enjuiciamos en estas páginas como humus del que brotan las iniciativas culturales y legislativas eutanásicas de la posmodernidad: democracias liberales, capitalismo desarrollado, mundo rico.

Sin forzar los argumentos, vamos a aprender de aquellos aconteceres cómo lo que en principio se vende como conquista de libertades y como progreso en bien de toda la sociedad, si es falso en sí, puede culminar en pesadilla descargada sobre los más débiles. Aquel horror manifiesto[38], el horror nazi, provocó una ralentización cultural o silenciamiento en occidente respecto a prácticas eugenésicas y reivindicaciones eutanásicas después de la guerra. Pero apenas comienza a desvanecerse esa sombra, el proceso renace y se acelera porque encaja en otra horma cultural ajena al nazismo; una horma vieja, decimonónica, *democrática...* pero revitalizada, regenerada, limpia de determinadas expresiones hoy malsonantes, y referida no ya a entusiasmos cientifistas totales y omnicomprensivos, sino al vacío contemporáneo y la desconfianza hacia «la verdad». Dinamismos que dejan paso —horror vacui— a un par de nuevos dioses: el asidero del culto tecnolátrico y la exaltación de la autonomía total del hombre.

Hablábamos de los antecesores de aquellas figuras del nazismo... está, en general, el movimiento eugenista, particularmente intenso entre 1910 y 1940 en Inglaterra, Estados Unidos y Alemania. Movimiento ligado esencialmente a un sentimiento de superioridad blanca anglosajona y germánica. En Alemania, la transición al nazismo se produjo sin estridencias

---

[38] «Horror Manifiesto» después... porque en la época algunos protestaron, pero muchos de los que posteriormente, en las democracias burguesas victoriosas, alzaron la voz con mayor energía —y odio—, lo hicieron tanto para tapar sus propios y abismales crímenes de guerra como para *redimir* sus inmediatamente anteriores silencios interesados y sus complicidades: negar la inmigración de judíos perseguidos, hacer negocios incluso de industria de guerra, practicar racismos propios al interior y en las colonias y darle a ese racismo soporte jurídico amen de brutalidad policial y militar, legislar esterilizaciones forzadas y eutanasias impuestas...

significativas. Está, asimismo, el vínculo entre este movimiento y el propiamente eutanásico cuando éste propone como medida eugenésica la eliminación —no cruel, sino suave— de los catalogados como incapaces.

Está el psicólogo austriaco Adolf Jost, quien en 1895 publica *Das Recht auf den Tod*, es decir, *El derecho a la muerte*, donde argumenta partiendo de la base de una *evidencia*: que el Estado tiene derecho a matar en tiempos de guerra o por causas penales, algo en lo que, salvo misteriosas excepciones, convenían todos tanto en aquellas democracias, como en los regímenes autoritarios de la época. A día de hoy, la evidencia en cuanto a la guerra se mantiene casi en totalidad, y respecto a la pena de muerte la gran democracia USA la mantiene, se practica de facto —extrajudicialmente— en las democracias de países pobres, y se alberga en el corazón de no pocos ciudadanos de las otras democracias. Jost, a partir de este consenso, preconiza la legitimidad de una eutanasia impuesta por el Estado para mantener la organización social viva y sana.

Está también August Weisman, responsable de una Sociedad Alemana de Higiene Racial en 1904, quien defendía por motivos eugenésicos la necesidad de hacer de modo sistemático, e impuesto, exámenes de recién nacidos... para decidir sobre sus vidas tras el resultado...

En plena democracia liberal están los consabidos Karl Binding y Alfred Hoche. Binding, jurista, y Hoche, psiquiatra, publican en 1920 conjuntamente un libro con un título demoledor y clarificador: *El permiso para destruir la vida indigna*. Ellos son los principales responsables de la popularización del concepto «vidas sin valor», o «vida indigna de ser vivida» y la consiguiente necesidad —primeramente por el bien de tales vivientes— de su eliminación, su «destrucción»... Vernichtung Lebensunwertes Leben.

En esto hay que incidir, pues es un punto de identificación con la eutanasia posmoderna: la *compasión* hacia los discapacitados, obligados por la vida a vivir de modo indigno... Páginas atrás ya hemos visto tal uso del concepto «dignidad» en contexto contemporáneo. En esta época de que tratamos, anterior a los programas nazis, se funden, como indicábamos más arriba, «compasión» y «eugenesia», con el resultado de la pretensión de eutanasias impuestas —no voluntarias— a los incurables, aunque sean crónicos con años de vida por delante, y a los discapacitados.

La idea se cuela en muchos espíritus. Incluso de gentes que luchan por causas justas, pero que desde sus antropologías previas se muestran incapaces de ver más allá. El abogado Clarence Darrow, por ejemplo: antirracista, defensor de sindicalistas, enemigo de la pena de muerte... Fue famoso asimismo por ser el abogado defensor en el célebre «Juicio del Mono», donde el fundamentalismo protestante pretendía condenar a un maestro por hablar de Darwin y contra un falso creacionismo de tipo fijista. Pues bien, este hombre, llegó a expresar esta reclamación moral: «Usad cloroformo con los niños incapaces. Mostradles la misma misericordia que mostramos a las bestias que ya no están en condiciones de vivir»... Hay que notar que el alegato no se sitúa en el terrible caso de los enfermos o heridos terminales que sufren de gravísimos dolores, sino respecto a los «incapaces», los actuales «discapacitados», quienes van a tener serias dificultades para vivir...

La idea de una deseable eutanasia involuntaria asoma asimismo en los precursores de la eutanasia como derecho individual. En 1938 Potter y Mitchell fundan la «Euthanasia Society of America», alabada décadas después por Paniker en su condición de pionera. Los promotores de tal sociedad querían una regulación legal a toda costa[39] y evitaban el que se los relacionase con prácticas ilegales. Mitchell afirmaba con rotundidad que «nos oponemos definitivamente a los "asesinatos por piedad" ilegales, no regulados y subrepticios por parte de individuos, por mucho que podamos simpatizar con el motivo humano que a menudo los impulsa». La asociación se desvinculó explícitamente de los programas nazis... pero preconizaba asimismo una temprana eutanasia impuesta, no

---

[39] Varios intentos de legalización, en Iowa (1906) y Ohio (1912), habían sido rechazados por el Congreso de los Estados Unidos

voluntaria, hacia quienes mostraban discapacidad para su desarrollo.

Estas mismas ambigüedades y rendijas mostraba la otra gran pionera de la época, nacida en el Imperio Británico: la «Voluntary Euthanasia Legalization Society»[40]. Y las numerosas asociaciones que al respecto nacieron en los Estados Unidos durante el siglo XIX y en los comienzos del XX. Hay un vínculo entre ciertos presupuestos existenciales que conforman la cultura de las democracias burguesas, y la existencia de estas *rendijas*, o incluso de declaraciones francas, por las que se concibe la idea de unas eutanasias involuntarias legítimas y necesitadas de amparo legal.

Hay iconos del pasado, reconocidos como tales por gran parte de la cultura contemporánea posmoderna, que expresan con claridad este vínculo. Un Havelock Ellis, médico británico, considerado padre de la «sexología». Concepto entrecomillado porque su propuesta no es científica sino ideológica; y muy acorde con las actuales cochinadas establecidas. Este hombre —pionero de la pseudo revolución sexual que quiso confrontarse con la asimismo falsa concepción sexual del moralismo— es padre de esta idea: «en la humanidad hay un lugar para el asesinato, es decir, para matar a los incapaces».

El «aprender de la historia» a que nos referimos tiene que ver, obviamente, con el nazismo y la eutanasia. Vamos a ver entonces una suerte de *ida y vuelta* entre la pretensión nazi y estos movimientos autotitulados como de liberadores de la humanidad. Efectivamente, la época nos muestra la propaganda ideológica nazi al respecto, usando de los mismos argumentos humanitaristas que los desarrollados y nacidos en las democracias burguesas. Y, como signo de a dónde pueden conducir tales orígenes culturales, la

---

[40] En Gran Bretaña también hubo intentos fallidos de legalización en 1936 y, sorprendentemente, en 1947, apenas conocidos los alcances del programa nazi de eutanasia. Obviamente, aquí se enfocaba el asunto bajo la cobertura moral y legal de la voluntariedad.

historia nos muestra asimismo y en el otro sentido de esta bilateralidad, las relaciones explícitas, institucionalizadas, de los adalides *democráticos* de la eutanasia con los promotores nazis de la misma. Vamos a empezar por aquí.

El punto de conexión es el entusiasmo eugenista... Charles B. Davenport, por ejemplo. Líder del movimiento eugenista estadounidense, promotor del racismo pseudocientífico, presidente de un «Comité de Bastardización y Mestizaje» que denunciaba el cruce racial porque eso significaría la «degeneración» de la raza blanca, la que constituía según su visión la esencia y la realidad de la nación y su democracia fundacional... Uno de los *artículos* de su «Credo Eugenésico» afirmaba literalmente: «creo en la selección de los inmigrantes a fin de que nuestro plasma germinal nacional no sea adulterado con rasgos de inadaptación social». Davenport fundó en 1925 la Federación Internacional de Organizaciones de Eugenesia, IFEO según sus siglas inglesas, que incluía una sección alemana. Esta sección recibió de parte del fundador la «Ley Eugenésica Modelo» elaborada por el jurista norteamericano y también entusiasta eugenista Laughlin, protagonista de las legislaciones eugenésicas adoptadas por treinta de los Estados de la Unión. En un encadenamiento causal maligno, las leyes cuya paternidad era de Laughlin y que ya habían sido evocadas por Hitler como ejemplarizantes en su *Mein Kampf*, constituyeron el modelo desde el que los nazis promulgaron las conocidas como «Leyes Raciales de Nuremberg» en 1935. Las partes más destacadas de lo promulgado en Alemania eran traducciones literales de la legislación eugenésica estadounidense, y desde ahí, se fueron implementando tanto las medidas antisemitas que conducirían a la «solución final», como los programas eutanásicos masivos motivados por razones eugenésicas... Pero Davenport y su gente siguieron en relación con estos alemanes, nazis, incluso durante la guerra. Incluso cuando comenzó el programa Aktion T4, un programa secreto que desde su inicio en 1939 se convirtió en un secreto a voces que Davenport, como todos, conocía.

166

Desde la idea matriz de «higiene racial», la eugenesia —vinculada a medidas obligatorias como la esterilización, el aborto eugenésico, la prohibición del matrimonio y la procreación— daba un salto fácil a la eutanasia impuesta... motivada por la «compasión» hacia seres destinados a la infelicidad —infelicidad para ellos y para los suyos—, y por el deber de la sociedad de no cargar con sobrecostes y esfuerzos que perjudicarían a quienes, a causa de esto, verían mermados sus oportunidades y sus derechos...

No sólo fue Davenport y sus socios, inmersos en la democracia americana y sin pretensión alguna de acabar con ella para establecer un régimen fascista. Whitney Leon, secretario de la Sociedad Americana de Eugenesia, en su libro *El caso de la esterilización*, publicado en 1934, elogiaba directamente en él la política de Hitler y los anuncios públicos de los objetivos nazis al respecto... Whitney, como primera medida lógica, reclamaba la esterilización obligada de al menos el 10% de la población americana. El Dr. Clarence Gordon Campbell, presidente de la Asociación Americana de Investigación Eugenésica, invitado al Congreso Mundial de Población organizado por el gobierno alemán y celebrado en Berlín en 1935: su intervención suscitó el que en la revista *Time* de 9 de septiembre de ese año apareciera un artículo referido a él y titulado «Elogios para los nazis»... Personas como el biólogo Paul Popenoe, también en Estados Unidos, autor de un famoso informe favorable a las esterilizaciones eugenésicas realizadas en California; este democrático racista, que coqueteaba con la idea de la eliminación de los «incapaces», fue usado como referencia explícita por el gobierno nazi para propagar la plausibilidad de las esterilizaciones obligatorias y su carácter beneficioso...

Esterilizaciones sin consentimiento que recibieron el refrendo moral y legal, no sólo de los nazis años después, sino de la Corte Suprema de los EEUU por boca del juez progresista Oliver Wendell Holmes: su veredicto, que incluía la expresión «tres generaciones de imbéciles son suficientes», también se hizo famoso.

El caso más significativo de este camino de *ida* que dirige hacia la relación con el nacionalsocialismo es el de la supuesta pionera feminista Margaret Sanger. Han sido muchos años los que ha durado su fama como de señera liberacionista femenina. El otro icono liberacionista que antes hemos citado, Havelock Ellis y su pseudo sexología, estaba en relación con ella pues a ambos obsesionaba una «higiene social» de signo eugenista tintada inevitablemente de racismo.

Sanger era miembro de la Sociedad Americana de Eugenesia y de la Sociedad de Eugenesia de Inglaterra. Ya hemos tenido ocasión de encontrarnos en otro lugar con esta figura. Efectivamente, hablando de su obra, esa actual multinacional del aborto llamada Planned Parenthood, escribíamos:

> «La organización ocultó durante décadas la personalidad real de su fundadora, también aclamada como líder de la liberación femenina. Margaret Sanger era admiradora del Ku-Klux-Klan, organización a la que apoyó; al igual que su *padre* Malthus, quien se alarmaba proclamando sin pudor que "los obreros se reproducen con una ligereza inexcusable", Sanger predicaba contra la irresponsabilidad de pobres y defectuosos por traer niños al mundo. La organización, ante la evidencia del pensamiento de su fundadora, intentó diluir el asunto hablando de "fundadores" y no de una fundadora, y posteriormente con la pretensión de desligar su actividad, que sería beneficiosa para las mujeres, de su pensamiento, que se debería a ciertas servidumbres de época. Tan inútil era el intento aclaratorio que al fin y en la tardía fecha de 21 de julio de 2020 (!!) decidieron retirar su nombre de los edificios de la organización… Institución que, por supuesto, continúa con la encomiable tarea abortista, en la que se incluye de modo esencial la eliminación de enfermos y discapacitados no nacidos»[41]

[41] Gerardo LÓPEZ LAGUNA, o.c., pp 92-93

Con ese bagaje ideológico el encuentro con los eugenistas nazis iba a ser una obviedad. A Sanger, como a muchos de sus correligionarios, no le arredraba el carácter impositivo de sus medidas en pro de una sociedad nueva. La imposición es otro eslabón psicológico que vincula este movimiento eugenista con la opción de las eutanasias no voluntarias. Y hay que situarse en lo que significa el actuar con la violencia del Estado para forzar a unas personas concretas a ser sometidas a medidas que afectan a su integridad corporal y moral en nombre del bien de la colectividad. Cierto que esto tiene sus lugares similares comunes en todas las sociedades: imposiciones fiscales, bajo amenaza de intervención incluso física (internamiento a la fuerza), y todas las normativas que conllevan sanción aplicada forzosamente en caso de incumplimiento. Pero ese ámbito específico de que hablamos, el que tiene que ver con la intervención violenta y no sanitaria en el cuerpo de los otros, en nombre del bien común, es decir, con mutilaciones (esterilizaciones, castraciones, tortura) y con la vida (v.gr. aborto procurado, pena de muerte, eutanasia no voluntaria o bajo presión moral) es un mundo moral propio e identificable.

Decíamos que hay que situarse en el escenario de estas esterilizaciones obligadas y esos abortos obligados —realizados por motivos eugenésicos y en el marco de sociedades demoburguesas— para entender el fácil salto a la legitimación interna de las eutanasias impuestas y a la admiración y relación consecuente con quienes posteriormente harían política de Estado con tales medidas en Alemania. El escenario en aquellas democracias es de policialismo represivo: el Estado metiendo el hocico en las intimidades de la gente, catalogando, midiendo, y protagonizando acciones policiales de detención, de violenta contención de familiares, de internamiento, de oídos sordos a las protestas...

Sanger tenía en sí todos los elementos ideológicos para su posterior vínculo con el nacionalsocialismo y su programa eugenésico total en el que figuraba la eutanasia. Aktion T4 era conocido ya por todos en 1941, antes de cumplir los dos años desde su secreto inicio en 1939, y Sanger siguió vinculada incluso después de la guerra a varios de los personajes nazis que formaron parte de aquellas iniciativas.

Decíamos antes que la imposición violenta no sólo no repugnaba a la visión de las cosas sostenida por esta mujer, sino que la defendía como una obviedad. En *American Weekly* de 27 de marzo de 1934, Sanger publicaba el artículo «America Needs a Code for Babies». Su «Código para bebés» significaba sencillamente que toda procreación que no contara con la autorización del Estado debería ser considerada ilegal.

Una imposición violenta del eugenismo que dejaba aflorar la solución eutanásica como posible complemento a las medidas previas. En su revista *Birth Control Review* de febrero de 1919, Sanger publicó un artículo racista titulado «Birth Control and Racial Betterment» en el que afirmaba que «al igual que los defensores del control de natalidad, los eugenistas, por ejemplo, están tratando de ayudar a la raza hacia la eliminación de los no aptos»…

«Eliminación»: ¿eliminación de su presencia social a causa de las medidas previas, o de los individuos mediante eutanasia?… Sanger entabló relación con eugenistas de varios lugares del mundo blanco, y entre ellos, con alemanes que más tarde serían protagonistas institucionales o cómplices de las eutanasias eugenésicas cometidas por el gobierno nazi. Tenía vínculo con Hans Harmsen desde inicios de los años veinte; y Harmsen era un higienista racial que participaría de modo destacado en todo el entramado burocrático de la política racial del gobierno nazi. Tenía asimismo relación con Ernst Rüdin, quien escribía en la revista de Sanger artículos defendiendo la esterilización obligatoria; Rüdin fue un fanático nazi que defendía la eutanasia en ámbito clínico de los «no aptos», miembro del comité científico del que brotaron los Decretos Raciales de Nuremberg…

El 18 de mayo de 1931, en una «Conferencia Protestante de Eugenesia», Harmsen repite a propósito de la eutanasia eugenésica la noción propagada por Jost años antes: que el Estado tiene derecho a destruir vidas humanas por el bien de la sociedad.

Harmsen exhortaba así a sus oyentes: «damos al Estado el derecho de destruir vidas humanas, criminales y en guerra ¿por qué le negamos el derecho a destruir estas molestas existencias?».

La legitimación de la eutanasia eugenésica era una idea que podía sobrevivir al contexto de las imposiciones fascistas de la época. Efectivamente

«historiadores como Pross documentan que Harmsen nunca abandonó los puntos de vista eugenésicos, ni siquiera después de la Segunda Guerra Mundial, cuando Sanger lo buscó como socio comercial»[42]

La fundadora de Planned Parenthood, institución que a día de hoy se sigue vendiendo a sí misma como adalid de los derechos de la mujer, lo que fundó fue una gran empresa dedicada sobre todo a realizar abortos bajo pago. Y esta empresa pronto se convirtió en multinacional. Así, Harmsen, uno de los que se libraron de la represión de los aliados por no ser afiliado al partido, se convirtió en 1952 en el responsable del ala europea de International Planned Parenthood.

Más arriba hablábamos de un camino de ida y vuelta entre el eugenismo nacido en sociedades demoburguesas y la concreción nazi. Es interesante para nuestro propósito el destacar el cómo el nacionalsocialismo pudo introducir algunas de estas ideas en el alma de muchos alemanes. Porque no todo fue propaganda furibunda de pureza racial o de costes sociales derivados del sostenimiento de los calificados como no aptos… El régimen nazi usó, a modo de bálsamo aceptable y de modo abundante, una noción que está ahora en la base de la propaganda que prepara a la aceptación de la eutanasia posmoderna en el mundo rico: la compasión.

Efectivamente, la expresión «gnadentod», es decir, «muerte misericordiosa», ya figuraba en la carta autógrafa de Hitler, de fines de 1939, por la que se autorizaba a una clínica de Leipzig la

[42] A. E. SAMAAN, «Sanger y el Holocausto: las conexiones nazis de Margaret en contexto histórico»: *eugenicsanthology.com* (Feb. 2023) 3

aplicación de la eutanasia a un niño ciego, deficiente mental y con sólo dos extremidades. En la carta, además del contexto racial eugenista propio del régimen y de la ideología de Hitler, se introducía esa noción —la muerte por compasión— como un plus fundamental para la aplicación de la eutanasia. La eugenesia, por sí sola, ya tenía respuesta para esas situaciones, pues este niño de ningún modo sería reproductivo en caso de llegar a la edad adulta: si hubiera mantenido sus capacidades generativas, habría sido esterilizado según las leyes ya vigentes. La motivación, además del coste social, era «el bien» del propio niño. Un niño ario, es decir, en principio miembro de una familia de ciudadanos. Esto, la «compasión», el evitar al niño una vida de privaciones, etc, es algo recurrente en la atmósfera cultural de nuestras sociedades ricas contemporáneas.

Cuando en 1995 se hizo público el pasado de Heinrich Gross, un afamado psiquiatra infantil austriaco, muchos se sorprendieron: este hombre era responsable de la muerte por eutanasia de al menos 200 niños, lactantes y de otras edades, con problemas psíquicos y físicos ingresados en la Sección Infantil del Hospital Psiquiátrico de Viena y sujetos al programa gubernamental nazi que acabó con la vida en esa ciudad de otros trescientos niños y tres mil adultos. No era un programa de arianización, sino de eugenesia. El problema es que Gross no era una persona especialmente fanática, sino, además de un borrego servil, un hombre inmerso en una cultura eugenésica que no tenía su origen en el nazismo.

Muchos ciudadanos tragaron la medida gracias a esos previos culturales que cifraban casi todo el asunto en la «compasión». Y el régimen lo sabía. Así, además de excitar el egoísmo con las campañas sobre los costes sociales del mantenimiento de individuos «inútiles» —costes de los que se decía en la propaganda «también es tu dinero, camarada»—, el Doctor Goebbels explotó la veta de la gnadentod…

Efectivamente, en 1941 se estrenaba en Alemania la película Ich Klage, *Yo acuso*, realizada bajo el auspicio y la orientación del Ministerio de Educación Pública y Propaganda dirigido por Goebbels. La película excluía a propósito discursos políticos explícitos. No había en ella propaganda de partido. Versaba sobre un médico procesado por aplicar la eutanasia a su esposa a petición de ella. Afectada de una enfermedad degenerativa, esclerosis múltiple, sufre y pide la muerte por compasión. El médico de cabecera se niega y entonces el marido toma la resolución. La propaganda se cuela en la película mediante las disertaciones que aparecen durante el juicio a que es sometido el marido, acusado de asesinato. Ahí aparece un alegato en favor de la eutanasia voluntaria y no voluntaria. Sería un derecho del paciente que sufre, el cual, en su exigencia de compasión, estaría revelando que prolongar la vida que ha quedado o está quedando progresivamente en situación de discapacidad, de inutilidad, sería contrario a la naturaleza. Entonces, el médico tiene un deber moral: aplicar la eutanasia tanto a quien lo pide como a quien está en tal situación.

El trasvase entre la voluntariedad y la obligatoriedad está presentado en el filme de un modo hábil y convincente. Goebbels quedó muy satisfecho… En una página web llamada Decine21 y que trata de lo que su nombre indica, encuentro un artículo del año 2022 que habla sobre esta película. En una sección titulada «Últimos comentarios de los lectores» y bajo la indicación «Pablo-Hace 2 años», se puede leer:

«Independiente de lo que se piense del sr. Joseph Goebbels, como Médico yo creo que la película (que la encuentro excelente) pone en el tapete un tema del cual no podemos escaparnos, que es el de la Eutanasia, en donde ningún médico debería ser juzgado si tanto paciente y familia están de acuerdo en terminar un sufrimiento inútil. Jamás pensé que el cine de la Alemania nazi era tan bueno; además la película está cargada de emociones y sentimientos que te llegan hasta el alma y te hacen reflexionar»

¿Criptonazi, filonazi, estulto irremediable?... Sin embargo, y si no estamos ante un engaño, es decir, ante un comentarista nazi que se suma a la pretensión de Goebbels de hacer tragar insensiblemente el lote entero, el proceso psicológico que expresa es algo que está aconteciendo hoy: la eutanasia entra en el corazón por vía de una supuestamente obvia compasión modelada en tal forma, la de dar muerte para acabar con el dolor. Tal y como hace este comentarista, que en su análisis parece no haber registrado la escena culmen de la película, es decir el juicio y el alegato presente allí sobre la necesidad de la eutanasia atendiendo a razones de valoración objetiva sobre la vida del prójimo y no solo a pretensiones subjetivas de éste... ahora sucede algo parecido: silencio e ignorancia totales sobre los mensajes que desvalorizan las vidas de discapacitados como indignas de ser vividas, y oídos sordos, absolutamente, ante las denuncias repetidas de que ya se hacen eutanasias involuntarias de modo rutinario y de que para determinados grupos de personas se reivindica por parte de ciertos e influyentes agentes culturales la legalización explícita de este género de eutanasias.

La eutanasia impuesta ya es una realidad

Abandonamos la época nazi para situarnos en el hoy de la cultura posmoderna en regiones de capitalismo desarrollado. Pero no podemos obviar el contexto cultural en que nacieron las ideas eutanásicas previas al nazismo, porque tal contexto tiene vínculos profundos con el del «hoy» señalado. El neocolonialismo, la colonización ideológico-cultural occidentalista, la tecnolatría, la neo-eugenesia inscrita en la cultura abortista, el materialismo del desencanto... tienen parentesco directo con aquel pasado, con el imperialismo colonial, con el supremacismo blanco, con el cientifismo, con la eugenesia como higiene social, con el materialismo entusiasta. De tal humus y las relaciones internas entre estos principios, del humus de antaño y del de hoy, ha brotado la idea de la legitimidad de la eutanasia orbitando sobre todo en torno a una «compasión» fundida con la nueva eugenesia.

Evidentemente, la eutanasia que hoy se propone tiene diferencias cualitativas respecto al programa nazi: éste fue política de Estado obligatoria y ahora, incluso en las numerosas eutanasias impuestas a quien no la ha pedido o ni siquiera tiene capacidad para pedirla o no, la fuerza coactiva del Estado no está presente: la decisión la toman familiares y/o médicos, comités de especialistas... pero estos mismos, a día de hoy, pueden optar por otra vía, no están obligados por ley a tomar esa decisión. Esta diferencia cualitativa no legitima la situación actual, que tiene entidad moral propia. Por supuesto —más adelante trataremos sobre esto—, los procesos humanos no han cesado, es decir, el futuro más o menos cercano o lejano, puede traer cualquier cosa. Cualquier cosa, repetimos: desde un nuevo Gandhi, que movilice para luchar en amor y oración a multitudes, hasta la normalización social del canibalismo, de los juegos circenses, de la esclavitud franca y legal, la pedofilia también legal... Las semillas de todo, para el bien y para el mal, están ahí. Fructifican o no, o cambian de fisonomía o asoman efectos absolutamente nuevos... Es decir, la semilla que se planta hoy y que ya produce la vergüenza ocultada a toda costa de eutanasias impuestas... podría llegar a fructificar en política de Estado. Y de tal fruto, se podría discernir su origen, la cadena causal que conduce hasta ahí y que tiene como eslabón definido a lo que acontece hoy.

Esto sigue siendo hipotético, aunque muy plausible, pues esta cultura posmoderna se encamina desde hace mucho hacia nuevos totalitarismos expresos. Pero no es éste el lugar para desarrollar tales ideas. De hecho, no parece correcto el afirmar, como a veces se hace propagandísticamente, que lo que sucede hoy es nazismo sin más. Respecto a esto es interesante contemplar cómo se aborda este escenario acusatorio en la película sobre Keborkian que ya citamos antes, es decir, cómo en el filme se critica a los críticos que usan de este argumento. Es en concreto una escena, en la que piquetes de personas que protestan por las actividades del «Doctor Muerte» ofrecen la presencia de un niño en silla de ruedas que porta un cartel en el que figuran estas palabras: «No me mates». La escena muestra un contraste bien visible en la película: Keborkian como abanderado de decisiones libres, frente a la sobreactuación de los detractores de la eutanasia, que no dudan en usar de argumentos falsos que, en el contexto, producen cierta vergüenza ajena... Porque realmente el Doctor Muerte y sus defensores no pretenden matar a ningún niño en silla de ruedas, ni proponen ningún plan legal de tipo eutanásico para eliminar a discapacitados. En el filme aparece este médico incluso acusando de barbarie nazi a los que usan o propugnan métodos de eutanasia pasiva consistentes en desnutrición y deshidratación.

Sin embargo... sí existe un *sin embargo*... Hablamos de un proceso que ya ha traído eutanasias impuestas. Ocurre que tales actos son cometidos contra personas que por su situación no gozan de voz social alguna: su temprana edad (recién nacidos o poco más), ancianos demenciados, enfermos o accidentados inconscientes, son personas sobre las que otros toman decisiones. Y entre ellas y en determinados ámbitos en los que la legalización está asentada legalmente y normalizada socialmente, la decisión de que algún otro agente les ponga una inyección letal o les niegue hidratación y alimento.

Estas informaciones y denuncias incrementan la gravedad del cuestionamiento: ya no se trataría en exclusiva de una ilegítima ayuda al suicidio de quien lo decide supuestamente libre de cualquier presión, sino de asesinar a personas.

El proceso que conduce a estas situaciones reales es lógico: como un embudo, los presupuestos conducen a la eutanasia impuesta. Efectivamente, el objetivismo y sus tablas de valoración vital desbordan el ámbito de los terminales con dolores para abarcar a los terminales en sí y a los crónicos progresivos y grandes discapacitados; la cultura del suicidio como derecho incluye en la tabla de valoración vital el deseo de no vivir más, más o menos vinculado —o desvinculado sin más— a datos objetivos de orden físico y psíquico; el llamado garantismo se ve asaltado una y otra vez por las pretensiones de ampliación casuística… El caos de que hablábamos antes, propio de las sociedades económicamente ricas y por las que puede coexistir la protección a los llamados vulnerables junto a la cultura del descarte, no es un caos neutral, no produce equilibrio, y no puede impedir la emergencia progresiva de la imposición a los más débiles, los que no tienen voz…

Todo esto, interactuando entre sí, hace que las fronteras que impedirían o dificultarían el abuso coactivo se vayan diluyendo: el proceso cultural y legal muestra que habrá eutanasia impuesta, decidida por terceros, donde no la hay, porque esto ya ocurre en otros lugares sometidos a los mismos procesos. El desarrollo interior de la lógica eutanásica tiende asimismo a consolidar la idea de que, si se de lo que se está tratando es de un verdadero derecho humano, las obstaculizaciones, los intentos de disuasión, las negativas a colaborar en la ejecución de la práctica… pueden al fin llegar a concretarse jurídicamente como auténticos atentados contra derechos fundamentales. Se puede llegar a obligar al personal sanitario a realizar eutanasias. Este debate ya existe en torno al aborto procurado: hay quien contempla la falsa solución acomodaticia que impera en la actualidad[43] como una contradicción que ampararía legalmente a los que vulneran el derecho de otros con su negativa a realizar la práctica. El desenvolvimiento de los principios por los cuales se legitima y legaliza la eutanasia también conduce a esta conclusión. Así se advertía hace ya muchos años en el documento sobre la eutanasia publicado en octubre de 1992 por el Comité Episcopal para la Defensa de la Vida de la Conferencia Episcopal Española:

«En la medida en que su propia situación clínica lo incapacita para suicidarse, el titular de ese supuesto derecho no pude ejercer él solo su autodeterminación, sino que ha

---

[43] Dejar a la clase médica en paz para evitar confrontaciones, y aplicar sin contratiempos el supuesto derecho a abortar concertando acuerdos con clínicas privadas o acudiendo a médicos de sanidad pública, no de modo aleatorio, sino a los registrados explícitamente como no objetores.

de incorporar necesariamente a su decisión a otras personas. Al tratarse de un derecho del enfermo que afecta a su propia vida, esas personas vendrían obligadas a respetarlo, puesto que contra el ejercicio de los derechos humanos no cabe la objeción de conciencia. Se llegaría así a crear una "obligación de matar"»[44]

Esta «obligación», no sólo la de acercar de modo positivo una sustancia a la boca o una pajita para absorberla, sino en casos de problema de deglución o de inconsciencia, mediante inyección directa u otro medio letal, está contenida en los presupuestos de la cultura eutanásica. Si no se obliga hoy por hoy —repetimos: hoy por hoy—, es por pragmatismo, por evitar tensiones peligrosas y en espera de que la normalización social y cultural sea prácticamente completa. Probablemente una espera ilusoria, porque este debate, como otros, no se puede cerrar sin más, aunque, en todo caso y tal como la historia demuestra, se podría hacer cumplir la «obligación» a la fuerza.

En todo caso, el proceso normalizador contempla las eutanasias impuestas circunscritas en la actualidad a personas con especiales características de indefensión e imposibilidad de autodeterminación. El proceso en sí contiene los elementos, los presupuestos y principios, que impulsan a la aceptación normalizada de las tablas de valoración vital motivadas, no por un franco economicismo, ni mucho menos por eugenesia racista declarada como tal, sino por «compasión», aunque economicismo y eugenesia existan. Otra vez acudimos a modo de ilustración del escenario, a Pierre Very y sus relatos:

«(...) temo que habrás de pedir socorro a los Servicios Municipales de Eutanasia para que se hagan cargo de tu

[44] COMITÉ EPISCOPAL PARA LA DEFENSA DE LA VIDA (CEE), *La eutanasia. 100 Cuestiones y respuestas sobre la defensa de la vida humana y la actitud de los católicos* n.70 (octubre 1992)

pobre y anciano padre. Tiene verdaderos síntomas de senilidad precoz»[45]

Los agentes culturales abrieron tiempo ha el camino de la decisión por terceros, invocando dos grandes principios, uno más *grande* que el otro: la compasión y la redefinición de qué sea «persona». Esta «compasión» está relacionada con una conclusión que evidencia una visión previa reductiva: si no hay posibilidad de expresión de capacidades humanas, hay ausencia de sentido vital. Inutilidad. El libro entrevista de Carla Fibla que nos ha ido sirviendo para abordar las diversas concepciones del debate así como sus previos y sus consecuencias, también mostraba esta dimensión específica que es el asunto de la decisión por parte de terceros sobre el dar muerte a otros en este ámbito concreto. Victoria Camps, filósofa adscrita al sistema y antigua senadora, expresaba al respecto tras legitimar en esencia un supuesto derecho al suicidio:

> «El tema es la decisión de morir cuando una persona no quiere vivir más. O, incluso, provocar la muerte de una persona que está sin conciencia, que no puede decidir, pero que se ve que está sufriendo, con una enfermedad irreversible y que no tiene nada que hacer»[46]

Tras invocar el garantismo, el control, para que esta facultad no se use mal, incide en la misma idea matriz:

> «La persona que no tiene capacidad de decisión, que no puede decidir por sí misma, como el de una persona mayor con Alzheimer, que sufre, que no tiene nada que hacer ya en esta vida ni es recuperable y que sólo está sufriendo; entonces sus allegados pueden decir que sería mejor acabar antes»[47]

---

[45] Pierre VERY, o.c., p.14
[46] Victoria CAMPS, en o.c., p.232
[47] Ibid, pp 233-234

Esta idea de la compasión vinculada a una valoración total en negativo de la supuesta inutilidad, ya está indicando una concepción precisa de la persona. Lo decisivo en la visión de Camps no es el sufrimiento, pues se le podría oponer que entonces la cuestión sería combatir tal sufrimiento, mitigarlo, eliminarlo. Lo crucial es esa expresión repetida, el «no tiene nada que hacer», «no tiene nada que hacer ya en esta vida»… Una concepción utilitarista que puede conducir muy lejos, muy lejos… ¿Cuántas personas «ya no pueden hacer nada»? ¿cuántos NUNCA «han podido hacer nada», sea lo que fuere ese «nada»?...

Otro de los agentes culturales entrevistado en aquel libro, ya citado aquí con anterioridad, perfilaba con más nitidez esta concepción previa de la persona según la cual se es persona o no se es atendiendo a la tenencia y capacidad de expresión de determinadas facultades:

> «Debería existir un código de conducta que tuviera en cuenta que esas personas tienen una suerte muy adversa, que no está viviendo, que de hecho no viven, porque cuando decimos vivir quiere decir vivir en posesión de tus facultades mentales, estar disfrutando de todas tus capacidades físicas»[48]

Estos antagonismos íntimos de la cultura posmoderna, cuestionan la práctica del mantener con vida a grandes discapacitados permanentes, total o parcialmente dependientes, inexpresivos intelectualmente, emocionalmente, o mermados en dichas capacidades… Es un antagonismo que, hoy por hoy, produce salidas eutanásicas en contextos determinados. No es en ámbito general: se sigue legislando en favor de las personas con discapacidades, pero esa concepción produce brechas. No sólo en las mentes y los espíritus de quienes piden eutanasia porque, como

---

[48] Terenci Moix, en ibid., pp 254-255

dice la cita, «no viven», sino a la hora de decidir por quien no puede decidir.

La confrontación de visiones, el Dios sí o dios (mito) no, se hace evidente en estas declaraciones sobre qué sea una persona. La «dignidad infinita» proclamada por la Iglesia se expresa precisamente con mayor claridad ante el misterio de la ancianidad y el misterio de las discapacidades y de las mermas de facultades: ahí, precisamente ahí, emerge «la persona» sin más. No sus expresiones tangibles, cuantificables por los otros, reconocidas o no, reconocibles o no, incluso comercializables… El no eliminar en ningún caso a una persona en las condiciones que describen estos propagadores de la eutanasia tiene que ver con un concepto de la vida humana en que ésta no es apropiada por nadie, ni por el propio sujeto humano vivo, sino que es acogida como un valor en sí misma, independientemente de sus frutos constatables y de la propia carencia congénita en el ser humano para constatar frutos. Ahora bien, el acoger sólo es posible con claridad si se entiende la vida como un don que presupone un Donador… Detrás de cierto instinto por el que muchos, sin conocer a Dios con firmeza o sin conocerlo sin más, sienten repugnancia de eliminar «vidas inútiles» está esta verdad, que sitúa la vida en el misterio. Una verdad que *roza* todas las almas.

La brecha por la que ya se realizan eutanasias impuestas proviene de estas concepciones previas de la persona por las que se la reduce a sus capacidades visibles por los otros. Ya hemos tenido ocasión de referirnos a Singer, a quien hemos denominado páginas atrás como «profeta eutanásico». Su aportación a la consolidación de la eutanasia posmoderna tiene un valor singular. ¿El motivo?: hemos visto a otros, y aún los seguiremos viendo más adelante en esta reflexión, que ayuntan sus entusiasmos eutanásicos en ámbitos demoburgueses, con declaraciones racistas que provocan repulsión; pero Singer, como aquel abogado, Clarence Darrow, defensor de causas justas, está significado en nuestro mundo como un adalid de la lucha por el respeto a los animales. Y esto le hace simpático a grandes sectores sociales inmersos en el mundo de capitalismo desarrollado… al cual, tal como sus opositores derechistas, no piensan renunciar aunque sea precisamente este mundo el que está acabando con una especie animal detrás de otra… Bueno, quien ahora escribe esta reflexión también defiende el respeto a los animales: desde unas concepciones vitales y antropológicas radicalmente diferentes de las que parte Singer, puedo confluir con él en no pocas de sus reivindicaciones conductuales y legales respecto al trato a los animales. Incluso de las más audaces. Lo que quiero decir es que la labor de penetración y persuasión en relación a la normalización cultural de la eutanasia tiene en Singer un gran aliado merced a dos condiciones: esa simpatía que provoca en muchos la causa animalista y que le separa de otros que aroman un exclusivo eugenismo racista, y los presupuestos absolutamente materialistas de su ética, muy gratos a los oídos posmodernos. Conviene, pues, que nos situemos en las franquezas con que habla este pensador sobre su concepción de la persona y cómo desde la misma se puede justificar la eutanasia impuesta a otros, que según él, ya no son «otros» o nunca lo han sido. Escribe, como un nuevo Moisés, o mejor, como nuevo Mesías:

«Tercer mandamiento nuevo: respeta los deseos de la persona de vivir o morir.

John Locke definió a la persona como un ser con razón y capacidad reflexiva que puede "considerarse a sí mismo como una misma cosa pensante en diferentes tiempos y lugares". Este concepto de persona se encuentra en el núcleo del tercer mandamiento nuevo. Sólo una persona puede *querer* seguir viviendo, o tener planes para el futuro, porque sólo una persona puede incluso entender la posibilidad de una existencia futura para él o ella. Esto significa que terminar con las vidas de la gente, contra su voluntad, es distinto a terminar las vidas de seres que no son personas. Es indudable que, estrictamente hablando, en el caso de aquellos que no son personas no podemos hablar de acabar con sus vidas contra, o de acuerdo con, su voluntad puesto que no son capaces de tener una voluntad al respecto. Tener un sentido de sí, de la propia existencia continua a lo largo del tiempo, hace posible una clase de vida enteramente diferente. Para una persona, que puede ver su vida en conjunto, el fin de la vida adopta una significación completamente distinta. Pensemos en cuánto de lo que hacemos está orientado hacia el futuro —nuestra educación, nuestro desarrollo de las relaciones personales, nuestra vida familiar, nuestros caminos profesionales, nuestros ahorros, nuestros planes de vacaciones—. Por eso, terminar prematuramente con la vida de una persona puede hacer que gran parte de su pasado de lucha no sea fructífero.

Por todas estas razones, matar a alguien en contra su voluntad es un mal mucho más grave que matar a un ser que no es persona. Si queremos enunciar esto en el lenguaje de los derechos, entonces es razonable afirmar que sólo quien es persona tiene derecho a la vida»[49]

Así pues, según este profeta, no nacidos, recién nacidos, niños de la primera infancia, grandes discapacitados mentales, determinados enfermos psíquicos, ancianos demenciados, enfermos en coma… no son personas, no tienen en sí «derecho a la vida», pues carecen de conciencia de sí y proyección en el tiempo. Matar a estos seres, en atención a circunstancias diversas, no sería matar personas.

Esta brecha respecto a la intangibilidad de la vida en este ámbito, el sanitario, no es una teoría ni una advertencia. Ya existen los hechos que acreditan su enraizamiento progresivo. En el capítulo V de *Samaritanus bonus*, este documento eclesial de 2020 que ya hemos citado, se advertía que «son frecuentes los abusos denunciados por los mismos médicos sobre la supresión de la vida de personas que jamás habrían deseado para sí la aplicación de la eutanasia». Esta denuncia ya es vieja: como decía Javier Gafo en el

---

[49] Peter SINGER, *Una vida ética. Escritos* (Taurus, Madrid 2002) 256-257

artículo a que antes nos hemos referido —«Aprender de la historia»—, escrito en 1989, «las cifras de Holanda son muy significativas de cómo se está pasando ya desde una *eutanasia a petición* a otra impuesta al enfermo».

Esto tiene su lógica: es un desarrollo en la concreción de los principios que hacen posible la eutanasia legal «garantista». Está, por supuesto, el previo de lo que aquí hemos denominado como «eutanasia social», resultado de la extensión de la cultura del descarte. Como denunciaba el sacerdote tetrapléjico Luis Moya, el aumento en diversos lugares de eutanasias no solicitadas tiene relación con ciertas actitudes previas, no universales pero sí extendidas. Él ponía el ejemplo de los casos de ancianos demenciados abandonados en verano, con ocasión de vacaciones familiares, a la puerta de algún asilo o casa de caridad… Está el problema de las ambigüedades legales, deliberadas, en contextos culturales proclives a la eutanasia o que ya han reglado la práctica, respecto a viejos protocolos que intentan evitar con toda razón los casos de ensañamiento terapéutico: ambigüedades que permiten una *extensión* de tales indicaciones antiensañamiento, bajo responsabilidad médica y sin permiso de paciente y/o familia, para aplicar eutanasias directas, sean éstas activas o pasivas (alimentación, hidratación).

Lo que se denuncia, sin embargo, no son concretamente sólo estas ambigüedades respecto a enfermos terminales, o esas actitudes previas que ocasionan eutanasias encubiertas practicadas por el medio de la omisión de cuidados, sino eutanasias directas a personas que no lo han solicitado y que pueden y deben recibir asistencia sanitaria estén en la fase en que estén. Si es que están en alguna fase progresiva en sus carencias o dolencias.

Holanda se presentó en el mundo, hace ya muchos años, como pionera en el reconocimiento de este supuesto derecho. Era obvio, por tanto, que las miradas se enfocaran hacia allí. Ya desde el principio las denuncias contra las eutanasias impuestas han sido continuas, incluso desde instancias médicas y jurídicas. Pero no se investigan, no se toman en serio, caen en saco roto ante la determinación y solidez ideológica de los partidarios de la eutanasia activa y el suicidio asistido y el carácter de supuesta irreversibilidad de este hallazgo. El propio entramado jurídico que condujo a la normalización legal, es decir, esa trampa ya conocida que intenta a toda costa y en fase inicial distinguir esencialmente despenalización de legalización… era un embrollo, un chanchullo que contenía ya en sí las herramientas para dejar impunes a las eutanasias involuntarias: desde aquel primer «estado de necesidad» en que no se legalizaba pero no se penaba la muerte deliberada de un terminal, hasta los cambios de procedimiento para la «certificación de la muerte sobrevenida», un cuestionario en el que si se confirma que ha habido intervención médica en tal muerte, se dejaba al arbitrio de un funcionario (oficial judicial del Ayuntamiento) la discrecionalidad de abrir o no una investigación…

En el ya antiguo debate desarrollado en España con ocasión de los anteriores intentos de legalización, Paniker y los otros no tenían reparo en poner como ejemplo a Holanda. Pero en las mismas fechas, el socialista Belloch, jurista, o Adela Cortina, filósofa, o Gonzalo Herranz, médico, y muchos otros, señalaban precisamente el caso holandés como muestra de que al amparo de la cultura eutanásica como derecho se realizaban ineludiblemente eutanasias involuntarias.

No se hablaba por hablar; muchos de los denunciantes no lo han sido a causa de una contradicción ideológica. Este fenómeno, que evidentemente existe, el de atrincherarse frente al enemigo ideológico y señalarlo como responsable de aberraciones, sean reales o no, o se deformen y descontextualicen o no, no agota el mundo de la denuncia de la eutanasia como un mal. Como antes hemos dicho, las denuncias al respecto existen desde el principio, y muchas de ellas no venían del ámbito de la confrontación político-moral, sino desde la constatación de abusos normalizados que, también desde el principio, fueron defendidos como ejercicios de lo que sería una praxis correcta. Uno de estos momentos de confrontación tuvo lugar, en Holanda de modo público, a causa de la crisis del sida de finales de los ochenta. Hasta bien avanzada la década siguiente la mayoría de estos enfermos, en los países ricos, estaban destinados a morir sin remedio. No había medicación al respecto. El inciso de «los países ricos» sencillamente significa que el mecanismo de eutanasia social que por injusticia e indiferencia victimiza a los pobres sigue en todo su vigor en numerosos lugares del mundo: hay muchos que hoy mueren allí de sida lo mismo que morían aquí en aquellas fechas.

Quien esto escribe tuvo ocasión —como creyente sé que una gracia de Dios— de acompañar como Él nos daba a entender a muchos, muchos hermanos que padecieron esta enfermedad en esos años. Prácticamente todos eran heroinómanos. Acompañarlos en su tránsito, en sus fases previas, con sus familias si todavía existía alguna relación con ellas, en contacto con médicos que sufrieron mucho, por impotencia, y que hicieron lo que pudieron para mitigar los efectos dolientes de aquellos trances. Acompañarlos en su ida a la Casa del Padre. Los desvelos de muchos médicos y de otras personas de centros específicos para estos enfermos mantuvieron casi milagrosamente con vida a algunos de estos hermanos el tiempo suficiente como para que pudieran acceder más tarde a las nuevas medicaciones que por fin convirtieron esta enfermedad en crónica. En Holanda se desató la polémica porque pronto hubo constancia de que a muchos de los enfermos de sida se les aplicaba la eutanasia sin consentimiento. Muchos sufrían demencia y esto facilitaba las cosas a los médicos que mataban a estas personas. No lo ocultaron: mezclando los casos en que los pacientes lo solicitaban con los no consentidos, quien fuera el jefe de la unidad anti-sida del Centro Médico Académico de Ámsterdam, Sven Danner, declaraba en 1987 sobre estas prácticas que «no tiene sentido esconderlas, ya que la eutanasia es un tema tópico entre los enfermos de sida» y que «sería tonto ocultarlo, la eutanasia está a la orden del día entre pacientes del síndrome»[50]. Por su parte, otro médico famoso en estas lides, el doctor Pieter Admiraal, calificado de «ángel exterminador», defendía el que los médicos optaran cada vez en

---

[50] En *Ya* (11-11-1987), pp 18-19

mayor medida por provocar la muerte de estos pacientes porque los casos se duplicaban cada varios meses. Y esto, tanto bajo petición, como con consentimiento después de ofertarlo, de la misma manera pero bajo presión disfrazada de oferta, y por fin sin consentimiento.

Tiempo después se fue normalizando la práctica impuesta, sobre todo dirigida contra ancianos con demencia y niños con malformaciones, compatibles o no con la vida. Obviamente, en número sensiblemente menor que las eutanasias consentidas según datos oficiales (pues hay *consentimientos* que no lo son pues se han obtenido bajo presión) y, por eso, engullidas sin mayor problema por la cultura social dominante.

Las denuncias siempre han sido acusadas de estar contaminadas ideológicamente, y de falsear contextos, o su interpretación… pero están los «informes»… Efectivamente, está el famoso informe Remmelink de 1991 (de Jan Remmelink, Fiscal General del Estado en Holanda). Este informe, favorable a la plena legalización, hablaba de unas mil muertes provocadas mediante eutanasia sin consentimiento durante un año. El informe comparaba las muertes totales acontecidas en el país durante ese periodo para minimizar el impacto de la eutanasia. Y hacía lo mismo comparando cifras de las realizadas tras petición del paciente respecto a las realizadas por decisión de terceros. Sobre la admisión, por evidente, de tales muertes decididas no por el paciente, Remmelink, con otros, defendía su aplicación aduciendo motivos humanitarios también evidentes.

Sin embargo, el informe contenía todavía más, para quien quisiera enterarse: estaban las 4941 muertes por sobredosis de morfina, de las cuales nadie parecía querer investigar cuántas de ellas fueron fruto de tratamiento adecuado por sedación para mitigar los dolores terminales, cuántas fueron deliberadamente precipitadas y cuántas se aplicaron a pacientes que no estaban en estado terminal. Además, el informe constataba 8750 muertes más tras retirada u omisión de tratamiento: lo mismo que en el otro caso, aquí se mezclaban las situaciones en que se había frenado o impedido un proceso de ensañamiento terapéutico, con las que sencillamente eran eutanasias directas mediante omisión.

Visto que el informe constataba entre las numerosas víctimas a recién nacidos con malformaciones, niños con enfermedades graves, y enfermos psiquiátricos… y visto que el mismo informe constataba que un 51% de los médicos consideraba plausible el aplicar eutanasia involuntaria, que el 27% confesaba haberla aplicado y que las motivaciones para esto eran «baja calidad de vida», «ausencia de perspectivas de mejoría» y «excesiva carga para la familia»… visto todo esto, junto a la admisión no problemática de esos mil casos confirmados por el informe, no extraña que apareciera después el «informe Fenigsen», en el que este médico cuestionaba las cifras totales de eutanasia en Holanda, tanto de la supuestamente consentida, como de eutanasia involuntaria. Respecto a la primera, sus investigaciones le permitían denunciar que en este país, tanto médicos como familiares habían coaccionado a muchos pacientes.

Años después y a instancia de las ministras de justicia y de sanidad holandesas, los catedráticos de Salud Pública de la Universidad Erasmus de Rotherdam y de la Universidad Libre de Ámsterdam, Jan Van der Maas y G. Van der Wal, elaboraron un nuevo informe sobre el año 1995 en el que constataban que esos aproximadamente mil casos de eutanasia involuntaria consignados por Remmelink se seguían produciendo cada año. Una manera peculiar de digerir el asunto, de hacerlo tragable: mientras el informe constataba el incremento de casos por petición, es decir, la normalización social del nuevo *derecho*, las no consentidas —y admisibles a causa de las condiciones objetivas de los destinatarios de estas muertes provocadas—, parece que permanecían estables. Y ya está. Obviamente y además, el informe no cuestionaba, como sí hacía Fenigsen, el que una parte importante de las otras muertes acontecidas en ámbito sanitario o bajo supervisión sanitaria fueran realmente muertes naturales y no eutanasias involuntarias.

Ciertamente el abuso, abuso asesino, existe encastrado en la propia dinámica legal y cultural eutanásicas. El artículo de María

Martínez López citado en otro lugar («Bélgica exporta su modelo de muerte»), constataba hace ya muchos años que este proceso no estaba circunscrito a la situación holandesa:

«En casos de enfermedad grave o de discapacidad, se plantea la eutanasia sin que el paciente la pida. Se asume que cualquier persona sensata, en esa situación, desearía la muerte. Según un estudio publicado en 2010 en el *Canadian Medical Association Journal*, un 32% de las eutanasias analizadas en Bélgica se ejecutaron sin petición de los pacientes, que eran en su mayoría ancianos de más de 80 años ingresados en un hospital»[51]

En el proceso canadiense la brecha compasiva por la que se decide por otros y por la que asoma al fin la franca imposición ya se expresaba desde el principio: ante una propuesta de ley para legalizar eutanasia y suicidio asistido, «antes incluso de haberse aprobado, la Comisión de Derechos Humanos y el Colegio de Médicos ya están planteando que se amplíe a menores y personas incapaces de dar su consentimiento. Por otro lado, el Tribunal Supremo ha admitido a trámite un recurso que le obligará a replantear la prohibición de estas prácticas a nivel nacional»[52].

La reivindicación y práctica de la eutanasia neonatal

San Juan Pablo II decía, en el año 2002, que los discapacitados mentales eran «testigos particulares de la ternura de Dios» —algo incomprensible para el materialismo y el ateísmo práctico imperantes en el mundo rico—. Y advertía en la misma intervención:

«Queda mucho por hacer para que se respete realmente la dignidad de cada ser humano y para que no atente jamás

---

[51] A.c., p.20
[52] Ibid, p.21

contra el don de la vida, especialmente cuando se trata de niños afectados por la discapacidad»[53]

Dado que el mensaje no se dirigía en exclusiva a regiones del mundo donde ciertamente no se hace desde instancias públicas nada o casi nada en favor de esta dignidad y esta vida de los niños discapacitados, sino que su mensaje iba asimismo intencionadamente dirigido a las sociedades ricas occidentalistas, nos topamos de nuevo con los antagonismos internos de tales sociedades: subvenciones o mecenazgos al movimiento asociativo, así como legislación en defensa del desarrollo de parte de esos niños, no de todos, claro está... junto a la normalización cultural y la reglamentación legal del aborto eugenésico. Como ya hemos indicado en esta reflexión esto último supone una verdadera búsqueda, localización, de personas con deficiencias para su eliminación a petición de otros. Dado que hay un vínculo esencial entre el aborto eugenésico y la eutanasia neonatal, vamos a seguir este rastro.

La cultura que hace posible esto ha seguido a la letra las indicaciones que Singer hace respecto a diversas categorías de personas: que no lo son, que no son personas, que no se estaría matando a una persona cuando se mata al ser vivo genéticamente humano que está en el seno de una mujer...

Ocurre, con el aborto eugenésico, que muchas de las enfermedades o carencias por las que se decide la eliminación de ese ser sólo son perceptibles con claridad, o cierta claridad, en fases avanzadas de gestación. Y las legislaciones que autorizan tales procedimientos tienen en cuenta esta circunstancia. La mayoría de abortos legales cometidos en el mundo lo son al inicio del embarazo; es fácil, por tanto, obviar que se trata de un ser humano, que por ser un ser humano es una persona humana —pues, ¿qué otra cosa podría ser?—. Es sencillo porque sensorialmente no se percibe a un ser humano en el resultado de tales abortos: en caso

---

[53] San Juan Pablo II, *A la comunidad «Fe y Luz»* (26-9-2002)

de que se le mostrara a la gestante —cosa que no se suele hacer—, sólo vería un recipiente con líquido sanguinolento y alguna mancha oscura... Pero, en un número considerable de abortos eugenésicos no se da esta circunstancia, sino que, también sensorialmente, lo que se percibe es el cadáver de un bebé. Un bebé que, con la misma edad que otros —cinco meses de gestación, o seis, o siete... o incluso ocho...— podría estar en una incubadora. Quizá en otra planta del mismo edificio en el que ha sido asesinado...

Esto convierte el tema en tabú para la cultura abortista que sitúa a toda costa la totalidad del asunto en un acto de autodeterminación de la mujer sobre su propio cuerpo y los procesos que en él se desarrollen y que no afectaría a un tercero humano. La evidencia de los cadáveres desmiente tal encuadramiento total y, entonces, lo que se hace es lo que siempre se ha hecho con un cadáver delator: ocultarlo.

De hecho, es tan desagradable e impresentable la escena que los adalides del abortismo demoburgués niegan con vehemencia e indignación que esto suceda: sólo sería parte de las mentiras de un Trump y similares. Que la extrema derecha, que el trumpismo use para sus fines e injertado en sus previos ideológicos, morales y espirituales un hecho, o que incluso lo deforme en varios sentidos, no implica de modo sistemático que este hecho no exista. Los nazis acusaban a Stalin... y esto no justifica ni convierte en inocente a Stalin. Del mismo modo que la acusación de los primeros, que era sustancialmente cierta —fosas de Katyn, gulag, v.gr.—, no los exonera de sus propios crímenes y aberraciones.

... El hecho existe. Cuerpos muertos de niños viables, por edad y por el carácter de sus dolencias. Lo describen quienes lo practican al amparo de la ley, y no sólo contra seres humanos con discapacidades o enfermedades, sino contra niños sanos bajo el supuesto de posible peligro para la salud psíquica de la madre[54].

---

[54] Cf al respecto grabaciones periodísticas de este tenor en el libro citado *De Francisco, el aborto y la derecha*, pp 65-68. Sobre el asunto de los documentos fotográficos que testimonian esta práctica en

Cuando en 1996 la Santa Sede se enfrentó al presidente estadounidense Clinton porque éste usó del veto presidencial para blindar una ley que permitía esos abortos absolutamente tardíos, algo que Roma calificaba como de «acto increíblemente brutal», diversos partidarios del aborto legal defendieron a Clinton... sin ocultar el cómo es tal procedimiento conocido como aborto por parto parcial. No son las palabras, contradictorias, de un Trump:

«Habitualmente es tema silenciado en la cultura abortista. Descalificada a priori cualquier denuncia al respecto, suele ser un tema tabú entre ellos. Sin embargo, sorpresivamente, de tanto en cuando se pueden encontrar referencias a estas prácticas de parte de adscritos a esta cultura. Lo cual es absolutamente desconcertante pues la prédica habitual y la normalización del fenómeno siguen exigiendo silencio ante hechos o imágenes de esos hechos que son percibidos sensorialmente como infanticidios. Pero en este mundo, como decía Don Quijote a su fiel escudero, "cosas veredes"... Así, en la actual página digital de *El País* correspondiente al 20 de octubre de 1996, es decir, de un periódico que siempre ha apostado con ardor por el aborto y se ha indignado siempre contra los opositores al mismo, encontramos un artículo de Peru Egurbide que versa sobre las recriminaciones del Vaticano a Bill Clinton por ese veto presidencial a que nos hemos referido. El articulista, sorprendentemente, no tiene reparo en describir la técnica de aborto en parto parcial, con lo cual nos ofrece la expresiva recreación de un brutal infanticidio, legal e impune. Dice Egurbide sobre el aborto en parto parcial "que es la técnica utilizada para interrumpir embarazos avanzados. Esta técnica consiste en hacer girar el feto dentro del útero y provocar su nacimiento por los pies, sin dilatación. Dicha circunstancia bloquea la cabeza, que debe

---

ámbito legal, cf p.62, y sobre supervivientes de estos abortos tardíos, infanticidios según el testimonio de nuestros sentidos, cf pp 62-63.

ser aspirada, lo que provoca la destrucción del feto"… Así, tal cual»[55]

Cuando los adalides de los «nuevos derechos» se indignan contra Trump porque éste usa en su propaganda el asunto del aborto y habla de legales infanticidios de nueve meses, se comportan exactamente como sus reaccionarios opositores: si lo dice el enemigo, es mentira sí o sí, y hay que mantener la postura contraria. En este caso la opción es decir que el otro miente. Y punto… Hombre… la diferencia entre lo que dice Trump y ciertos hechos legalizados en no pocos lugares radica en que el propagandista los presenta como si fuera la norma general en los abortos legales, en que estos específicos asesinatos no suelen esperar a los nueve meses de gestación, sino un poquito antes, y en que la víctima ciertamente no suele estar fuera del todo: la cabeza aún está dentro del cuerpo de la mujer… Esta afirmación: «no suele», significa que, además, sí ha habido y hay abortos tardíos por parto parcial que debido a algún error técnico han sido *completados* fuera de útero en totalidad, tras parto total. Lo atestiguan algunos participantes, auxiliares generalmente, arrepentidos o arrepentidas, que incluso han protagonizado en el mismo escenario del crimen salvamentos de algunos de los escasos supervivientes de aborto que existen. La normalización del aborto, la exclusividad en diversas clínicas, la rutina, el taylorismo de la práctica, han suscitado el que algunos médicos, tras errar con un aborto tardío decidieran *completarlo* después; existe incluso la sombra de una posible querella judicial por haber salvado una vida errónea.

Respecto a lo que pensamos del antiabortismo ultraconservador ya hemos hablado antes con suficiente claridad; y respecto a lo que pensamos sobre todo aborto procurado, también. Lo que aquí queremos hacer notar es el vínculo entre la legal cultura abortista eugenésica y la realidad silenciada de eutanasias neonatales impunes en el seno de las democracias burguesas de capitalismo

---

[55] Ibid, p.64

desarrollado. Ciertamente son pocos casos, pues el *problema* casi se ha solucionado mediante el aborto selectivo eugenésico. El número 6 del capítulo V de *Samaritanus bonus* vincula los dos fenómenos en clave de denuncia. Como hemos visto con anterioridad, existe una relación intrínseca entre la eugenesia y la cultura de la muerte, con concreciones históricas diversas. En el caso del mundo posmoderno, «el uso del diagnóstico prenatal con una finalidad selectiva es contrario a la dignidad de la persona y gravemente ilícito porque es expresión de una mentalidad eugenésica». La «finalidad selectiva» significa un señalamiento de muerte. El documento eclesial continua su enseñanza aludiendo no ya al aborto, sino a una auténtica eutanasia neonatal mediante la deliberada omisión de cuidados vitales:

> «En otros casos, después del nacimiento, la misma cultura lleva a suspender, o no iniciar, los cuidados al niño apenas nacido, por la presencia o incluso sólo por la posibilidad de que desarrolle en el futuro una discapacidad»

Samaritanus bonus sitúa el drama de la eutanasia neonatal dentro de las valoraciones globales referidas a cualquier eutanasia al afirmar que «un principio fundamental de la asistencia pediátrica es que el niño en la fase final de la vida tiene el derecho al respeto y al cuidado de su persona, evitando tanto el ensañamiento terapéutico y la obstinación irrazonable como toda anticipación intencional de su muerte». Esta declaración, el ver al recién nacido como persona, no está de más. Por supuesto, esta categoría, la de persona, se intenta arrebatar a los no nacidos en esta cultura desde hace ya mucho, y, hoy por hoy, casi todos convienen en que el recién nacido sí es persona… pero ese «casi todos» es asimismo real. Como veremos inmediatamente, hay gurús de esta cultura que sí cuestionan esta verdad, y, sobre todo, una vez asumida con naturalidad cultural y legislado positivamente el aborto tardío por motivos eugenésicos tras búsqueda o manifestación de alguna discapacidad, por una pretendida defensa de la vida de la madre[56], o porque una valoración médica dice que el niño no va a poder vivir al salir del seno materno o va a durar con vida escaso tiempo… una vez asumido esto, las fronteras entre el dar muerte a estas personas inmediatamente antes o inmediatamente después del parto, se desdibujan. La diferencia, es decir, cabeza dentro o cabeza fuera, en bebés vivos y viables el tiempo que sea, aunque sean minutos, es inexistente. Y así lo han visto algunos de los progresistas propagandistas de la eutanasia neonatal.

Este caos de valoraciones, este desdibujamiento de la personalidad, se traduce en contradicciones sorprendentes… Enfermeras de prematuros que denuncian el que a niños desahuciados se les use como cobayas para que las nuevas aprendan a pinchar y poner vías… Por el contrario, en un hospital de Santiago de Compostela, médicos y padres se empeñan en ver la verdad, y se da por fin de alta en diciembre de 2024 a un bebé tras pasar cuatro meses en incubadora: un prematuro de menos de seis meses de gestación que nació con 393 gramos de peso, es decir, prácticamente inviable para seguir con vida… O, como muestra de los enredos existenciales que al respecto produce esta cultura, la entrevista realizada en el programa televisivo *Salvados*, emitida el 30 de mayo de 2021, en la que la Dra. Arévalo, del hospital Vall d'Hebron en Cataluña, practicante habitual de abortos, nos ilustraba sobre alguno de estos eventos que viven al filo de la navaja entre el aborto y la eutanasia neonatal: narraba el caso de un niño no nacido, en edad de vivir tras un parto, pero destinado a morir en breve a causa de un problema serio. Lo primero y dado que por el tiempo de gestación hablamos de un bebé percibido sin dudas como tal, nada de atender el parto y de acompañar hasta la muerte natural, eliminando sus sufrimientos, cumpliendo una función estrictamente médica como lo es el atender integralmente a quien

---

[56] Mentira en casi el cien por cien de los casos aducidos, pues el concepto —defender «la vida»— se inserta en un genérico defender «la salud» de la gestante, que, a su vez, se concreta de modo casi total en un defender su «salud psíquica».

no puede curar. No. Al bebé se le mata, aunque usando en la entrevista de un eufemismo: literalmente, «hago el procedimiento para que no nazca vivo». Cuando quienes denunciamos el aborto procurado usamos del término «bebé» o «niño», los defensores de esta supuesta conquista social hallada por el mundo rico y opresor que le apuntala como tal, se nos echan encima. Se sea fascista o antifascista, como Gandhi, o como quien esto escribe, se nos echan encima. Pero en la misma entrevista, esta doctora, hablando de este drama desde el punto de vista de los padres, usaba — para asistir psicológicamente a los progenitores— de términos tendencialmente personalizadores del ser al que había dado muerte: concepto de «duelo prenatal», uso de una «caja de recuerdos»… Por supuesto, el uso de estos términos objetivamente señaladores de una relación personal, si se aplican en contexto abortista, puede circunscribirse al circuito cerrado de las emociones de los padres: que «su» proyecto se ha ido al garete; y en este «su» sólo estarían ella, también él aunque no siempre, pero de ningún modo otro él o ella, es decir, un tercero humano. Ahora bien, si se aplican tales términos en contexto eutanásico, sí se admite la presencia de un tercero humano, al que se da muerte, o bien porque su vida no es digna para ser vivida o bien porque es un terminal prematuro al que se adelanta el momento de la muerte.

La ocultación de la eutanasia neonatal, si embargo, es general, es decir, los casos de eutanasias impuestas por terceros a personas neonatas que van a morir o a personas neonatas discapacitas o enfermas que no están en proceso de morir, están generalmente fuera del debate público. Pero, como decíamos más arriba, algunos de los reivindicadores, justificadores y profundizadores de los llamados «nuevos derechos» no tienen empacho en llamar a las cosas por su nombre: que «infanticidio» temprano y «aborto» son lo mismo. El problema es que su calificación no lo es en clave de denuncia, sino de reivindicación.

La retahíla de pensadores y otros actores culturales que en el contexto de las democracias burguesas han defendido la legitimidad de la eutanasia neonatal es ya conocida. Los artículos y libros al respecto, de las diversas tendencias, los suelen nombrar, muchas veces en grupo. Algunas de sus expresiones siguen siendo escandalosas incluso para muchos de los que acogen como logro humano la legalización de la eutanasia y el suicidio asistido, pero en este caso la benevolencia para con ellos es también evidente. Hay que tener en cuenta que las pretensiones de estos reivindicadores de infanticidios, a pesar de la brutalidad de algunos de los escenarios propuestos, quedan engullidas en el marco de la primera fase propagandística: la eutanasia compasiva, el evitar sufrimientos a un bebé o a un niño. Desde ahí, como en los otros casos, se amplía el concepto de vida sufriente intolerable a quien padezca alguna discapacidad, alguna enfermedad, o pueda padecerlas. Y desde ahí, asimismo y como en el caso general de la eutanasia, asoman como factor determinante en la decisión criterios economicistas, o, sencillamente, el poder decisorio de familiares que no quieren cargar con una situación percibida como onerosa para ellos.

La eugenesia eutanásica aparece aquí con todo su vigor. La idea de selección natural, el *dejar hacer* a la naturaleza, es decir, el matar por omisión, también. Y por supuesto, los reivindicadores culturales que llegan a expresar esas brutalidades aludidas, lo hacen desde los presupuestos existenciales negadores de trascendencia que comparten como premisa vital millones y millones de personas insertas en estas democracias liberales de capitalismo desarrollado. Es decir, la franqueza hiriente de los reivindicadores, es sólo expresión desinhibida de ciertos principios universalizados en este contexto.

Famosa fue en su día la declaración del Nobel James Watson, aquel «se debería tomar en consideración la idea de privar de su personalidad jurídica al recién nacido hasta tres días después de nacer. Los padres que sospechan anormalidades fetales pueden abortar legalmente, pero la mayor parte de los defectos de nacimiento no son descubiertos hasta el momento mismo del nacimiento»... A Watson se le privó del Nobel posteriormente por sus declaraciones racistas vejatorias contra la comunidad negra, y así, esta reivindicación de la legalización del infanticidio eugenésico fue metida en el mismo saco y rechazada con alivio. Watson, a pesar de ser ciudadano de la «mayor democracia del mundo» y de asentir a esa pertenencia sin cuestionarla como haría un fascista explícito, a pesar de hacer gala de ateísmo, lo cual le hubiera capacitado para ser otro guía y «pastor de la nada» grato a los corazones de muchos de sus contemporáneos, quedaba descartado como referente para los adalides de los «nuevos derechos».

Pero… el problema —o más bien, la aclaración de lo que se dirime realmente en este drama—, es que la misma pretensión expresada por James Watson ha sido expuesta a lo largo de los años por personas que no dan la facha de un yanqui enemigo de «los negros», sino, al contrario, por otros que son absolutamente ajenos a ese repugnante racismo y que, además, son referencias culturales de la posmodernidad.

Podríamos citar en primer lugar y precisamente, a Francis Crick, el científico británico que recibió el Nobel junto a Watson y por el mismo motivo, el desciframiento de la estructura del ADN. Cientifista y ateo, credenciales buenas y fiables para gran parte del mundo; y reivindicador de medidas eugenésicas letales calcadas al modelo espartano o nazi… «Los niños no deben tener la categoría de personas completas hasta los tres años. Entonces un tribunal competente compuesto por tres médicos dictaminará si es apto para seguir con vida»… Crick, que puso sus conocimientos científicos durante la guerra al servicio de la lucha contra los nazis, estaba embarcado en la corriente cultural demoburguesa que ha normalizado el aborto eugenésico. Su conclusión, como la de otros, tiene lógica interna. Una lógica que la cultura contemporánea posmoderna del mundo rico se apresura a negar con vehemencia. Una lógica que otros van a reivindicar también, porque se corresponde con su visión previa de qué sea una persona. Efectivamente, páginas atrás ya hemos hecho referencia a estas premisas antropológicas: en qué radica la dignidad de la persona, y la propia noción de persona. Ahora vemos estas premisas aplicadas a niños recién nacidos o poco más.

Respecto a la dignidad —infinita según la Iglesia, condicionada por circunstancias psicofísicas sobrevenidas según esta cultura—, la sombra inconfesada de la eugenesia asoma en el caso de los neonatos en continuidad con un mayoritario asentimiento respecto a los no natos. A veces, el discurso baila de modo difuso entre un legítimo rechazo al ensañamiento terapéutico y una reivindicación de darwinismo social. Así, Boadella, en el libro entrevista de Carla Fibla (p.131) expresaba su parecer legitimador de cierta eutanasia neonatal por omisión en estos términos:

«Aparece un recién nacido que es sólo un trozo de carne y se le empieza a aplicar toda la ciencia para ver si puede hacer dos movimientos. Está montado así. Es evidente que, de vez en cuando, hay un 1 por 10000 con un éxito en este aspecto. Antes, cuando un niño nacía y no lo hacía con unas mínimas condiciones, la naturaleza hacía su trabajo y lo eliminaba cuando todavía no había conciencia por parte de aquel ser ni gran cariño o unión con los seres que le rodeaban, pero ahora lo vemos con los amigos y familiares que, cuando aparece un desastre de éstos, un pobre ser que está prácticamente a una centésima parte de lo que es la vida todos los quirófanos y la ciencia parecen tener una especie de placer morboso en sacar partido de esta situación, a ver si consiguen que haga un guiño con el ojo»

No es sólo, como advertíamos, una referencia a encarnizamientos terapéuticos ilegítimos y dañinos, sino unas referencias sobre la vida que contradicen la dignidad humana y que puede justificar homicidios por acción directa o por omisión de auxilio y de cuidados vitales: ese denominar a un grave discapacitado «trozo de carne», así como el definir el valor de su vida en función del grado o presencia de autoconciencia, del reconocimiento afectivo que otros puedan expresar sobre él, o de la capacidad de reacción constatable que tenga… lleva lejos. Lleva tan lejos como que otros de entre estos gurús, usando de estos mismos baremos vitales, zanjan la cuestión de la dignidad o el valor de la persona proclamando el hallazgo definitivo de que tales seres no son personas.

Otra vez Singer... El valor simbólico de su aportación es grande, porque, como indicábamos más arriba, este hombre no representa culturalmente ninguna alternativa fundamentalista o fascistizante a la cultura dominante en el mundo rico, sino que es expresión de ella; tampoco representa ninguna salida de tono al interior de esta cultura, como Watson y su supremacismo blanco, sino, al contrario, su ayuntamiento conceptual de elementos como el ateísmo por evidente, una concepción materialista del ecologismo, su denuncia —no ciertamente disidente— de determinadas injusticias mundiales, su apoyo a los llamados «nuevos derechos» como el aborto o las redefiniciones de ingeniería respecto a la antropología sexual... lo convierten en autoridad ética hacia muchos de los contemporáneos radicados en el occidentalismo.

Peter Singer aboga por una causa que denomina antiespecismo. Ciertamente, el hombre ha abusado y abusa de las criaturas. La causa de esto, según Singer, es el puesto que el propio ser humano se ha otorgado a sí mismo en el concierto de los seres sentientes: el de tirano y opresor que niega una igualdad fundamental. Remedando al antirracismo, Singer propone la igualdad entre estos seres. Por esta vía —la negación de frontera alguna de índole esencial entre hombre y animales—, Singer justifica la eutanasia compasiva, la eutanasia eugenésica y la eutanasia neonatal.

La primera tiene su lógica: si un animal enfermo sufre puede ser legítimo sacrificarlo, luego a los humanos también. La eutanasia eugenésica en humanos obedecería asimismo a principios comunes a los animales: selección, constatación de que hay circunstancias que impiden el desarrollo vital, que conducen en la naturaleza a la muerte o a un perjuicio hacia la comunidad y su supervivencia. Singer predica que, en casos de neonatos con taras, sería legítima su eliminación, del mismo modo que piensa que lo es en nonatos con esas taras. Este hombre ha hablado sin pudor de, por ejemplo, el dar muerte indolora a nacidos con síndrome de Down. Pero Singer llega más lejos.

Por un lado, parecería que este pensador se está refiriendo sólo a seres humanos defectuosos según sus baremos materialistas. Como su colega, el filósofo John Lachs, también partidario de la eutanasia y concretamente de la eutanasia neonatal, quien decía que había niños con sensibilidad e inteligencia inferiores a los de una paloma o un gorrión, del mismo modo Singer afirmaba que hay niños deficientes cuya «autodeterminación» y «senciencia» son inferiores a los de un cerdo o un perro. Estas justificaciones objetivistas de la eutanasia, obviamente, no sólo serían entonces aplicables a neonatos sino a cualquier ser humano, sea de la edad que sea, cuya conciencia de sí, capacidad intelectual y sensibilidad estuvieran gravemente mermados o fueran inexistentes. Nazismo a la vista.

Decíamos que Singer, y otros con él, va más lejos. Efectivamente, su justificación básica no radica en la presencia de taras, sino, como indicábamos en otro lugar, en su negación de que los seres humanos que carecen de conciencia de sí y de conciencia proyectiva en el tiempo sean personas. Admite que son humanos; no cae en la contradicción de negar su humanidad, pues se le podría responder por ejemplo que, entonces, las crías de animales a los que dice querer proteger, no serían tales animales pues sus capacidades de autosupervivencia no están presentes en determinadas edades. Singer dice que hay humanos que no son personas. Esos bebés con síndrome de Down no serían personas… y ningún bebé sería persona. De modo consecuente, Singer reivindica la legitimidad del «infanticidio», usando el término tal cual, sin eufemismos:

> «En la era moderna de las leyes liberales sobre el aborto, la mayoría de los que no se oponen a la interrupción del embarazo han trazado una frontera clara en el nacimiento. Si, como he argüido, esta demarcación no ha de suponer un cambio súbito en el estatuto del feto, entonces parece que sólo hay dos posibilidades: oponerse al aborto o permitir el infanticidio. Ya he dado razones por las que el

feto no es el tipo de criatura cuya vida ha de ser protegida de la forma en que una persona debe serlo. Aunque el feto puede, tras un cierto momento, ser capaz de sentir dolor, no hay fundamento para pensar que es racional o autoconsciente, y menos aún capaz de verse como existente en diferentes momentos y lugares. Pero lo mismo cabe decir del bebé recién nacido. Los bebés humanos no nacen con conciencia de sí o con la capacidad de entender que existen a lo largo del tiempo. No son personas. Por tanto, parecería que sus vidas no son merecedoras de mayor protección que la vida de un feto»[57]

Esto no es una excepcionalidad en la obra de Singer. Lleva años dando la tabarra con las consecuencias morales de su previa concepción de la persona… que es la suya, salida de su ombligo, predicada con su propia autoridad, a la que él mismo concede tal grado de absolutez y se ha entregado de tal modo a su propio hallazgo que no duda en legitimar moralmente todas las aberraciones que se derivan de tal presupuesto. Ya en 1985 publicaba junto a Helga Kuhse un trabajo titulado *Should He Baby Live?*, «¿Debe vivir el bebé?» (Oxford University Press), en el que todavía se ceñía a un espíritu eugenésico posmoderno, es decir, en el que se justificaba el infanticidio temprano por los mismos motivos que los abortos eugenésicos. Estrictamente hablando, defendía una eutanasia neonatal. En 1997 publicaba *Repensar la vida y la muerte* (Paidós, Barcelona) donde, en sus páginas 206-213, justificaba el infanticidio básicamente por lo mismo. Los repasos sobre los nacidos con enfermedades que no han sido diagnosticadas antes del nacimiento para la eventual eliminación del feto, son estremecedores; habla y habla de niños con hemofilia, con espina bífida, con síndrome de Down y otros problemas, para argüir que dada la legitimidad de abortarlos no encuentra objeción profunda a matarlos posparto:

---

[57] Peter SINGER, *Una vida ética. Escritos* (Taurus, Madrid 2002) 265

«Pasar por toda la gestación y parto únicamente para dar a luz un niño que uno decide no ha de vivir sería una experiencia difícil, tal vez devastadora. Por esta razón, muchas mujeres preferirían el diagnóstico prenatal y aborto antes que alumbramiento con la posibilidad del infanticidio, pero si este último no es peor que el aborto, parecería ser una opción que a la propia mujer se le debería permitir tomar»[58]

El vínculo entre aborto eugenésico y eutanasia neonatal no sólo es cosa de este pensador, a día de hoy reconocido y aclamado como gurú cultural. Son varios los filósofos de este lado del mundo, el rico y opresor, los que han visto continuidad entre la lógica abortista y estos infanticidios y, por tanto y dado su asentimiento incondicional a la legitimidad del aborto procurado, han defendido a su vez la moralidad y necesidad de legalización de estas eutanasias neonatales. Michael Tooley, un filósofo estadounidense, publicaba en el lejano 1972 un artículo titulado «Aborto e infanticidio»[59] en el que defendía esta continuidad legitimadora. En 1998, en una obra colectiva, salía a la luz otro artículo suyo con este clarificador título: «En defensa del aborto y el infanticidio»[60]. El filósofo John Harris, también estadounidense, justificaba esta continuidad negando, como Singer, el estatuto de personas a estas personas: para él, tanto el óvulo fecundado como el recién nacido eran seres que estaban en situación (?) de «pre-personeidad»…

Más cerca de nuestro tiempo, con el aborto procurado bien asentado cultural y legalmente en nuestro mundo posmoderno —y en alguno otro, v.gr. China, atendiendo a marcos referenciales un

---

[58] P. Singer, o.c., p.228

[59] En las pp 52-53 del artículo, en *Filosofía y Asuntos Públicos* 2:1 (otoño 1972) 37-65

[60] Michael Tooley, «En defensa del aborto y el infanticidio», en L.P. Pojman y F.J. Beckwith (eds.), *The abortion controversy: 25 years after Roe v. Wade: A read* (Ed. Wadsworth Pub Co, Belmont 1998) 209-233

tanto diferentes— dos filósofos publican un artículo[61]en 2013, en una revista internacional de ética médica con matriz en la Universidad de Ontago, Nueva Zelanda. En dicho escrito se defendía tanto la continuidad ontológica entre feto y recién nacido como su condición de no-personas y la consecuente disponibilidad de la vida de esos seres. Los autores, de la facultad de filosofía de la Universidad de Milán y de la de Melbourne, usaban para defender la licitud del infanticidio, de la eutanasia neonatal, del eufemismo «aborto posparto». El artículo causó mucho revuelo, muchas contestaciones, matizaciones, condenas... y apoyos. Entre ellos el de Julian Savulescu, por entonces director del Centro de Prácticas Éticas de la Universidad de Oxford. Este hombre usó de un clásico, el mismo que se usa para meter en el mismo saco, el de los reaccionarios y los fascistas —que existe como tal— a todo aquel que cuestione el aborto procurado. En este caso, para defender a estos dos autores y su propuesta de declarar lícito el infanticidio del mismo modo que se ha hecho con el aborto. Decía el señor Savulescu que los críticos son «fanáticos que se oponen a los auténticos valores de una sociedad liberal».

Los presupuestos de estos actores culturales, es decir, el justificar dar muerte a una persona porque previamente se le ha quitado el calificativo de persona, obviamente y como decíamos más arriba, pueden llegar lejos. De hecho, tanto Singer como Tooley constituyen un impulso para avanzar al respecto: siguiendo su lógica, es decir, la licitud de tratar de la misma manera a un feto que a un recién nacido, y dado que consideran legítima la actual cultura abortista, que no se ciñe sólo a los contextos eugenésicos, sino que contempla como lícito el abortar por razones sociales, familiares, psíquicas o por deseo y resolución de la mujer implicada... se puede extender esta casuística a los recién nacidos[62].

---

[61] Alberto GUBILINI y Francesca MINERVA, «Aborto posparto: ¿por qué debería vivir el bebé?»: *Journal of Medical Ethics* vol.39, n.5 (mayo 2013) 261-263

[62] En las elucubraciones de Singer hay no poca ambigüedad al respecto. Sus reparos a una suerte de infanticidio libre, en continuidad con el

Ya no sería una eutanasia neonatal eugenésica basada en el falso presupuesto de que tal vida no tiene valor y que, incluso, se trataría de un acto de compasión hacia ese ser, sino una eutanasia decidida por otros, impuesta por otros, según los intereses y conveniencias de esos otros.

Se puede llegar más lejos. Todavía no ha sido explicitado por el profeta Singer, pero está contenido con claridad en sus presupuestos: su negación de condición de persona a seres humanos que no expresan conciencia de sí y de estar situados con tal conciencia en un flujo temporal en el que pueden afirmar y proyectar su yo, es una situación que no sólo se corresponde con los recién nacidos… Quizá por eso el señor Francis Crick quería alargar esa disponibilidad sobre la vida de los nacidos hasta los tres años de edad. Es decir, el que atendiendo a diversas circunstancias como la aparición de alguna enfermedad onerosa en el niño, o con la extensión de supuestos de Singer y Tooley, el que un cambio de

---

aborto libre, no lo son en sí, por la categoría ética del acto, sino por alguna de sus consecuencias en otros. Algunos de estos pensamientos fronterizos:

«En los casos de aborto asumimos que la gente más afectada —los futuros padres, o al menos la futura madre— quieren abortar. Así, el infanticidio se puede equiparar con el aborto sólo cuando aquellos más próximos al niño no quieren que viva. Puesto que un menor puede ser adoptado por otros en un modo en el que un feto pre-viable no puede serlo, tales casos serán raros. Matar a un niño cuyos padres no quieren que muera es, por supuesto, una cuestión completamente distinta» (P. SINGER, o.c., p.197)

«Ningún niño —discapacitado o no— tiene un derecho tan fuerte a la vida como el de seres capaces de identificarse a sí mismos como entidades distintas, existentes a lo largo del tiempo» (Ibid, p.221)

«La diferencia entre asesinar niños discapacitados y no discapacitados no descansa en ningún presunto derecho a la vida que los últimos tienen y los primeros no, sino en otras consideraciones sobre el asesinato (...) Una razón importante por la que normalmente es algo terrible matar a un niño es el efecto que el asesinato tendrá en sus padres» (Ibid, p.222)

circunstancias familiares, emocionales, económicas en los responsables legales del infante, podrían hacer lícito el que se le diera muerte…

Tampoco han explicitado a día de hoy el aplicar de modo general la noción de no-persona a quienes hubieran perdido tal condición (?) precisamente porque su circunstancia vital fuera la de quien ya no tiene conciencia de sí y etcétera. Decimos «de modo general» porque tal supuesto sí se contempla en viarias de las actuales legislaciones eutanásicas: en concreto, en pacientes de Allzheimer.

Hasta aquí las reivindicaciones teóricas de eutanasia neonatal, de infanticidios reglados. Pero el drama no se ha quedado en este ámbito: la eutanasia neonatal de personas que no están en estado terminal, sino que padecen discapacidades compatibles con la vida es una realidad. Legislada como tal o situada en un limbo jurídico que las hace impunes, esta eutanasia impuesta existe en el mundo de las democracias burguesas de capitalismo desarrollado, en la tierra de las libertades.

Atrás han quedado algunas de las famosas polémicas en torno a esta práctica que sirvieron para allanar el camino culturalmente hablando. La praxis ya existía en el ámbito occidental posterior a la segunda guerra mundial; por ejemplo, en los años sesenta entre bebés con focomelia, víctimas de la talidomida. En los años setenta se originó en Gran Bretaña un debate público entre cirujanos infantiles sobre los límites para tratar o abandonar a niños con espina bífida quística o con hidrocefalia avanzada. En el debate se habló de la legitimidad de aplicar eutanasia directa activa para los que la cirugía no pudiera corregir. Diversos intensivistas infantiles preconizaban la eutanasia para casos así. Se publicaban estudios comparativos sobre el porcentaje de muertes de neonatos en un hospital u otro, tanto para criticar la práctica como para defenderla. El debate, sin embargo, era un intento de refrendo legal de algo que ya se estaba haciendo —y se sigue haciendo— mediante eutanasia directa por omisión: dejar morir a esos niños privándolos de nutrición, hidratación, cuidados y medicamentos.

Efectivamente, en Inglaterra, Alemania, Estados Unidos… morían muchos niños con alguna anomalía a causa de la falta de calorías, del no tratamiento antibiótico de infecciones, de falta de cuidados higiénicos… Una delgada línea entre el suspender agresivos tratamientos inútiles, para evitar el ensañamiento terapéutico, y el negar tratamientos vitales atendiendo a la futura «calidad de vida» propiciaba y propicia el que esta última opción se colara disfrazada. De tanto en cuando algún escándalo resucitaba el debate en la opinión pública, poniendo de manifiesto hacia dónde va esta civilización en este sentido. El famoso juicio de Leicester (1981), contra el doctor Arthur, por haber sedado y deshidratado a un bebé con síndrome de Down a petición de sus padres —murió 69 horas después de nacer— reveló, una vez más, esta mentalidad fruto de una previa concepción vital: los defensores del médico, prestigiosos colegas con responsabilidades, hablaban del valor moral de Leonard Arthur, quien con su acción había acabado con una «vida inútil», «frustrante», «causante de sufrimiento». El también famoso caso del John Hopkins Hospital (1982), en el que otro bebé con síndrome de Down que necesitaba una intervención quirúrgica sencilla para corregir una anomalía intestinal y que fue dejado morir por deseo de sus padres, originó una investigación retrospectiva que acreditaba que la práctica, es decir, la eutanasia eugenésica, estaba presente desde hacía mucho en el mundo hospitalario contemporáneo. En 1994, un estudio del servicio de salud pública en Reino Unido habla de los grandes costes que supone salvar la vida de bebés con daños psíquicos y su posterior atención especializada a lo largo de sus vidas, y, consecuentemente, propone un protocolo para que esos niños no vivan. Etc, etc.

En el proceso cultural que subyace a estos debates y decisiones, emerge por fin de modo legal una eutanasia infantil que, confesadamente, no es una respuesta a casos ambiguos en que no se pudiera dirimir con claridad si lo que se hace es evitar el encarnizamiento terapéutico y acompañar médicamente el tránsito de una persona, o matarla atendiendo a diversas motivaciones objetivas y regladas por una tabla de valoración vital.

La eutanasia neonatal de discapacitados y enfermos es legal en Holanda, Bélgica… La introducción de la misma en las legislaciones ha seguido el mismo camino que la eutanasia para adultos: primero, algún caso de dolor muy severo sin esperanza de vida. La sedación profunda, el coma inducido, podría haber sido la respuesta: un acompañar esas muertes seguras viviendo el previo sagrado de la indisponibilidad de esas vidas humanas, eliminando sus dolores sin escrúpulos por el acortamiento de vida que suponga el tratamiento, atendiendo psicológica y espiritualmente a los padres de esto bebés… Todo esto se ha barrido como si de un mito dañino se tratara. Como si fuera una auténtica vulneración de derechos humanos. Después de los casos que originan la legalización, la casuística se incrementa: eutanasia legítima a los que vayan a morir, incluso años después y aunque no tengan dolores; eutanasia para graves discapacitados recién nacidos, aunque su discapacidad sea compatible con la vida… catalogada como una «vida indigna de ser vivida» según el baremo vital que permite estas eutanasias.

Efecto pendiente: ¿consustancial o controlable?

Un «anuncio sobrenatural» es —debe ser— el motor de cualquier otra dimensión en la que se manifieste una disidencia cristiana respecto a la cultura eutanásica y las legislaciones consecuentes. Un motor que significa que lo crucial en este anuncio es, antes que la polémica, el testimonio, y que los medios para la inevitable polémica y sus combates están asimismo transidos, medidos, por el amor. Es decir, el odio, el insulto, dirigidos contra los adalides de la cultura eutanásica, invalidan los combates. La hipocresía que representa a día de hoy una gran parte de los sectores político-morales y clericales que claman contra la eutanasia, invalidan la denuncia. Porque está atravesada de desamor: primero hacia los empobrecidos de la tierra, inexistentes en los discursos o descalificados como agresores, víctimas de todas las facetas de la cultura de la muerte; después hacia los rivales en esta lid horizontalista en que se debate la derecha frente a la izquierda —ambas concebidas grosso modo—, y en la que ninguna de ellas cree en la no violencia y el deseo de bien hacia sus contendientes.

Más adelante vamos a intentar explicitar en qué puede consistir la primacía de este anuncio sobrenatural, es decir, el testimonio, pero previamente vamos a abordar algunas de las batallas consecuentes... la denuncia de los casos concretos, el mostrar la verdad del llamado «efecto pendiente» (o «plano inclinado», «pendiente resbaladiza o deslizante», «rotura de dique», etc), las necesarias luchas jurídico-políticas en que se manifiesta la tensión entre lo moral y lo socialmente vinculante-legal, la también necesaria aclaración permanente de cuál es la posición de la Iglesia docente respecto a la custodia de la vida humana... Una necesidad permanente porque tanto al interior de la Iglesia como de parte de quienes se declaran hostiles a ella, se practica una manipulación de sus enseñanzas, hasta la náusea: unos, adscritos al ente contra natura conocido como *derecha católica*, que reduce y deforma la fe constriñéndola a los confines metafísicos de una ideología mundana, mediante el método que ya describimos páginas atrás, es decir, la selección de doctrinas, la des-sobrenaturalización de las escogidas, el silenciamiento de otras enseñanzas y la ceguera de no querer ver los vínculos orgánicos que unen a todas entre sí, una unidad que produce el efecto inmediato y visible de expresar un cuadro de expectativas, de esperanzas, de consignas, de postulados y de acciones situados en las antípodas de esa *derecha católica*; otros, entusiastas de la cultura dominante en el mundo rico a día de hoy —pues el mañana se prevé fascista—, mediante el silenciamiento, el previo desprecio que conduce a la ignorancia de lo que realmente predica la Iglesia magisterial, la burla, la falsificación y la mentira descarada. Gran daño espiritual, existencial, se hacen a sí mismos unos y otros.

Así pues y despejado el contexto, conviene decir algo sobre estas batallas consecuentes, y, como indica el título de este epígrafe, comenzamos por el asunto del «efecto pendiente» que se percibe tanto en las manifestaciones de la cultura eutanásica como en las reformas legales y en las aplicaciones legales de las leyes de eutanasia.

Este efecto, por supuesto, es negado por los partidarios de la eutanasia legal. Como un a priori, un lema ideológico, dicen que es sencillamente mentira, y que los instrumentos garantistas funcionan y son nítidos. Los aumentos progresivos de casos efectivos de eutanasia y suicidio asistido constatados en los lugares en que la práctica tiene amparo legal y en los que se empieza por unos cientos y se sigue con miles anuales, además de los encubiertos consentidos, se deberían al desvanecimiento progresivo de tabúes y la integración de la práctica en la llamada «normalidad social». La ampliación de supuestos legales sería fruto, no de ningún abuso, sino del reconocimiento progresivo de derechos. Y las denuncias sobre eutanasias impuestas a quien no la ha pedido y a quien no la pediría, se resuelven arguyendo, en el caso de los primeros (bebés con problemas, ancianos con demencia o deterioros cognitivos, enfermos inconscientes o semiconscientes, etc), que, por supuesto y en pura lógica, si pudieran la pedirían; en el caso de los segundos, el argumento es decir que tales casos no existen.

Quienes afirmamos la existencia de este efecto pendiente somos acusados de propalar una falacia. Tenemos, pues, que dar razón de nuestra denuncia. Cuando a algunos partidarios de la eutanasia legal no fanatizados se les muestran los casos de imposición, responden que eso es debido a fallos corregibles dentro del clima garantista que envuelve a estas iniciativas legales. Podemos entrar entonces en un debate sin fin si los impugnadores nos centramos sólo en los efectos de este efecto pendiente, valga la redundancia, es decir, en lo que percibimos como abuso, instrumentalización de las personas, y en la afirmación de la casi imposibilidad o extrema dificultad para combatir esto. Debate sin fin porque, en el caso de que los que niegan el efecto pendiente admitieran la existencia de estas situaciones, siempre podrían argüir con el reforzamiento del garantismo.

Nuestra impugnación es previa: como dijimos en otro lugar de esta reflexión, el efecto pendiente no se puede controlar porque su presencia obedece al desarrollo necesario de las premisas que originan los primeros movimientos culturales y las aproximaciones legales legitimadores de la eutanasia. Es decir, que lo que se manifiesta como eutanasias impuestas a quienes no la han pedido, es algo que ya estaba inscrito en el dinamismo. Esta impugnación, sin embargo, va más allá: no vemos la ilegitimidad de la eutanasia legal sólo en la presencia de un fruto necesario y abusivo que habría que combatir, y al combatirlo tuviéramos que desmontar todo el engranaje legal, precisamente porque el abuso sería necesario a él. Esto ocurre, pero hay que ir más al fondo.

Este escenario existe: lo que se percibe cuantitativa y cualitativamente como «efecto pendiente» no es el resultado de abusos repetidos o más o menos generalizados, sino algo consustancial, un desarrollo intrínseco de los presupuestos que han hecho posible la legalización de las eutanasias con coberturas supuestamente garantistas. Sin embargo, el ir más al fondo nos conduce, como estamos intentando hacer en este estudio, a declarar la ilegitimidad y el carácter auto-dañino de la práctica aun cuando ésta obedezca a la iniciativa supuestamente libre del suicida o del que pide le quiten la vida.

Sin olvidar esta premisa entonces podemos abordar la realidad de este «efecto pendiente» en que vinculamos los abusos totalitarios ejercidos contra otros, con una ilegitimidad primigenia que oscurece la vocación última del hombre y afianza a la sociedad en sus injusticias. El abordar los abusos no debe hacer olvidar la primacía del anuncio total de un evangelio de la vida, sino que modelados por éste, como fin y como medio, somos impulsados a estas denuncias concretas y a la afirmación, frente a todas las negaciones, de la existencia ineludible de este efecto por el que quien cree estar amparando un derecho, obvio para él, se embarca, con conciencia o sin ella, en la colaboración del asesinato de personas.

Efectivamente, en los primeros pasos de las reclamaciones culturales y en los primeros bosquejos legales, los dos axiomas en que se basa esta cultura eutanásica —es decir, el que hay vidas que no merece la pena vivir y el que la decisión última sobre el querer vivir o no en cualquier circunstancia objetiva depende de modo absoluto de cada cual— se han expresado proyectados sobre un restrictivo cuadro concreto mostrado como evidente: enfermedad incurable y terminal, y petición expresa del paciente. Sin embargo, pronto se van difuminando estos dos supuestos: la petición de suicidio asistido ya no se corresponde sólo con una situación terminal y dolorosa, sino con su previsión; con una discapacidad, no sólo físicamente grave, sino con cualquier discapacidad en la que se viva frustración vital; después, con discapacidades psíquicas... suicidio envuelto de legitimidad cultural y progresivamente legal, al fin por trauma psíquico, por previsión de evolución de una enfermedad, letal o no... Con concreciones que desvelan frustraciones vitales..., v.gr, por insatisfacción tras una operación de cambio de sexo...

El otro polo fundamental, la petición libre del paciente, o el consentimiento expreso, también se difumina. Ya hemos tratado esto inmediatamente antes: la constatación de sistemáticas eutanasias no consentidas[63].

---

[63] En una publicación especializada de Canadá, el Canadian Medical Association Journal, aparecieron el 15 de junio de 2010 dos artículos basados en sendas encuestas: «Muertes asistidas por médicos bajo la ley de eutanasia en Bélgica: una encuesta poblacional» (CMAJ 182 [9] 895-901) y «El papel de las enfermeras en las muertes asistidas por médicos en Bélgica» (CMAJ 182 [9] 905-910). El primero de los artículos era el más relevante. Trataba de muertes con solicitud expresa o sin ella. A la encuesta respondieron algo más de la mitad de los requeridos, lo que muestra una abstención de más del 40% que puede significar muchas cosas, inocentes, indiferentes o inquietantes. En las respuestas se admitían como normales, y legales, esas muertes sin consentimiento, hasta en un 32% de los casos, casi todas respecto a ancianos mayores de 80 años. Las motivaciones principales para esta

Los largos debates públicos previos a las legalizaciones ya estaban inmersos en este clima evolutivo que años más tarde traería estas imposiciones, vehementemente negadas como posibilidad en aquellas fases de las disputas, por la generalidad de los actores culturales defensores del «nuevo derecho». La evolución ya estaba inscrita en la confusión conceptual exhibida a la hora de enjuiciar determinados actos y a la hora de definir qué es lo que se estaba proponiendo realmente. Esta confusión de conceptos fue como un abrir un poco una puerta para facilitar el que se fuera abriendo cada vez más. En aquellas calendas, una de las confusiones fundamentales que impulsarían internamente el efecto pendiente fue el término «eutanasia pasiva». En él se querían englobar actos y actitudes que son radicalmente diferentes, aunque en casos sea difícil discernir. Se preguntaba a los médicos sobre el apagar una máquina que prolongaba artificialmente determinadas funciones en personas que no tenían salida alguna y estaban en proceso de degradación irremisible en dirección a la muerte. O de desenchufar tales máquinas a personas con muerte cerebral. Es decir, se preguntaba qué hacer para evitar el llamado ensañamiento terapéutico… y con las respuestas afirmativas de la mayoría de encuestados se propagaba la noticia de que la clase médica estaba a favor de la eutanasia pasiva; luego se legislaba bajo la ambigüedad de tal término y se equiparaba en la práctica la ortotanasia con la eutanasia por omisión de soportes vitales como la hidratación y la alimentación en personas cuyos organismos eran aún aptos para

---

práctica eran la carga familiar y la concepción de que permitir la prolongación de la vida de estas personas era perjudicial para ellas. El artículo expresaba cierta ambigüedad en las respuestas de algunos de los encuestados, en la que la línea que separa un acortamiento de la vida no buscada como tal pero consecuencia de los tratamientos paliativos, de la ejecución de una auténtica eutanasia parecía diluirse. No obstante, muchas de las respuestas indicaban con claridad que en muchos casos sí se había tratado de quitar la vida intencionadamente. No acompañar médicamente, sino señorear sobre la vida de los otros.

recibir tales soportes. La llamada ortotanasia es un acompañamiento personal —familia, amistades, sanitarios, personas representativas de autoridad espiritual— con medidas paliativas para facilitar el tránsito y el reconocimiento de que sin nada efectivo que hacer, hay que dejar que la naturaleza siga su curso.

La confusión propiciada por estos equívocos se ha ido expresando en la ambigüedad terminológica y conceptual de los llamados «testamentos vitales», cuyos contenidos llegan a ser antitéticos. El famoso mandato «no reanimar», también es ambiguo en este clima cultural y legal. Ambigüedad, calculada o no, en ciertos aparatos legislativos en los que se legisla a la vez y en el mismo cuerpo legal los «cuidados paliativos» —que en ocasiones acortan indirectamente la vida aunque no provocan directamente la muerte— junto a la «asistencia para una muerte digna». Lo cual provoca situaciones externamente casi calcadas entre sí, en las que un médico ha intentado aliviar mientras otro ha querido suprimir una vida, incluso usando la añagaza de jugar progresivamente con las dosis de medicamentos.

Otra confusión —derivada de esa previa confusión en torno a la llamada eutanasia pasiva— es el hablar de nutrición y de hidratación bajo el concepto de «terapias», disfrazando lo que son: el cubrir una necesidad básica y cotidiana tanto para sanos como para enfermos.

Una confusión fundamental que ha servido de impulso interno tiene que ver con el contexto político-moral en que se ha solido escenificar el debate: una oposición copada por el conservadurismo autoidentificado como movimiento en favor de la vida humana. Ya hemos dedicado más atrás un capítulo entero para tratar de esto. Ahora sólo recordarlo con un ejemplo: en el año 2009 se retiró la alimentación en Italia a Elena Englaro, quien llevaba muchos años en coma. Pero esta mujer estaba en condiciones orgánicas de recibir dicha alimentación; es decir, se procuró su muerte por privación de un elemento vital. En aquel entonces el gobierno de Berlusconi intervino para intentar evitarlo… Equiparar lo que representaba la *cultura Berlusconi* con la dignidad de la vida humana y con la custodia de la propia vida humana y de la integridad corporal, es una especie de chiste macabro. Y estos *chistes*, por reacción, han sido un verdadero motor legitimador de la cultura eutanásica y su despliegue: cada propuesta amplificadora ha sido contestada por los reaccionarios, y esto ha dado alas a los promotores, poniendo de relieve las evidentes hipocresías objetivas de los otros.

Cierto que esta confusión conceptual en torno a la eutanasia pasiva es fruto, en ocasiones, de la realidad problemática de situaciones fronterizas que escapan a un juicio claro o medianamente claro, pero la evolución de los acontecimientos, tanto respecto a las percepciones y afirmaciones culturales como a los procesos legislativos, nos hacen contemplar aquellas ambigüedades, que persisten como tales en varios ordenamientos, como pasos pedagógicos. Pasos que condujeron a la aceptación evidente de la eutanasia activa y que han traído la asunción legal de eutanasias no consentidas.

La otra gran confusión que asimismo se ha manifestado como pedagógica y propulsora interna del efecto pendiente, es el concepto «compasión» y su vínculo con el ambivalente término «ángeles de la muerte».

Compasión, *gnadentod*, ¿una «muerte compasiva» como la preconizada por el nazismo respecto a ciudadanos arios con discapacidades mentales, psicomotrices, muy severas, y a quienes estaban en situación terminal con dolores?...

Hace unos años, en una novela *bestseller* titulada precisamente *Compasión* y que giraba en torno al drama de una enferma terminal que pide a su marido que la mate, se ofrecía a los lectores (pupilos culturales) esta reflexión:

«Es extraño oír hablar de un hombre que quería tanto a su mujer y que fuera capaz de hacer eso. Nos hace sentir a todos un poco culpables, porque probablemente no llegaríamos a ese extremo. Admitir que Jamie tuvo el coraje de hacer una cosa así nos obliga a admitir que nosotros no lo haríamos. Que nosotros no tenemos la misma fuerza o la misma profundidad de sentimientos hacia nuestros maridos, mujeres y amantes»[64]

Hasta aquí, todo evidente para la cultura posmoderna. Oigamos además el testimonio de un médico pionero:

«Nunca he partido ni considerado otra cosa que la de acortar en seres dignos de compasión una existencia llena de tormentos (…) la eutanasia parece horrible, inhumana, pero los seres humanos que no pueden cuidarse por sí mismos, y cuya vida es un sufrimiento continuo, pueden y deben ser ayudados. Esta consideración no es inhumana. Nunca he pensado que sea contraria a la ética médica. Las dificultades que se pudieran producir en su ejecución y los incidentes desagradables no afectan a su principio»

Estas palabras expresan asimismo una convicción generalizada en la actual cultura eutanásica… El problema es que son palabras de «Karl Brandt, plenipotenciario de Hitler para asuntos de Salud Pública, Jefe absoluto de la Sanidad», tal como es presentado por la vieja revista nazi que muy orgullosamente recogía estas palabras[65]. Ya lo dijimos más atrás: si bien es diferente una medida impositiva y universal dictada por un Estado, de una imposición de la que los potenciales impositores autorizados pueden hacer uso o no respecto a terceros, para éstos, en la medida en que hayan sido elegidos por los otros, no hay diferencia: se les da muerte.

El efecto pendiente inscrito en el propio dinamismo que origina las legalizaciones también se ha manifestado mediante la confusión de situaciones englobadas bajo el genérico «compasión». Los alumnos de esta cultura han recibido casi del mismo modo la

---

[64] Jodi Picoult, *Compasión* (Planeta, Barcelona 2006) 536
[65] Cit en Ramón Bau, «Proceso a una nueva moral sanitaria»: *CEDADE* 69 (Abril 1976) 23

noticia de que alguien, antes de la cobertura legal, había dado muerte a un ser querido, a petición de éste, y la noticia de que alguien había hecho lo mismo sin petición ninguna, sino bajo la presunción de que esta petición no formulada era implícita a la situación objetiva. De ahí se ha dado el salto —también antes de las regulaciones legales—, de no saber realmente qué opinar sobre el fenómeno de los llamados «ángeles de la muerte» en ámbitos sanitarios y asistenciales.

Respecto al drama de las muertes de seres queridos bajo petición de éstos, pensamos que una cosa es la mitigación radical o anulación de cualquier responsabilidad penal merced a la habitual presencia de fuerzas interiores que coartan la libertad y que pueden ser no sólo atenuantes sino eximentes, y otra el que estos casos previos a las legalizaciones, casos muy llamativos por su carácter trágico, se hayan usado como soportes propagandísticos: emocionalmente intensos, multiplicado su efecto si los protagonistas pertenecen al mundo de la cultura o la ciencia, o a la clase médica... tienen la virtud de simplificar en un acto de compasión y de solidaridad con el sufrimiento ajeno algo tan complejo y de tantas ramificaciones, escenarios diferentes y consecuencias como es la eutanasia. Cada uno de estos casos reabría los debates públicos de un modo apasionado. Y cada uno de estos casos, desde su específica tragedia y su específico misterio, llevaba inserto de modo no confesado en el momento por los propagandistas, la futura muerte no consentida de ancianos cuya existencia es percibida como una carga familiar o de bebés con síndrome de Down que no habían sido localizados antes del parto para su eliminación.

Este lema transversal —la «compasión»—, como decíamos, origina en los lugares en fase de pre-legalización confusiones respecto a los ángeles de la muerte... En julio de 1997 se produce un escándalo en Gran Bretaña cuando dos médicos, con la intención de sacudir lo que consideraban un tabú perjudicial, asumen y declaran públicamente que la práctica de la eutanasia era ya generalizada en enfermos terminales. Menos de dos años

217

después, en el mismo país, en mayo de 1999, un jurado popular absuelve al Dr. Moore, un médico que confiesa haber practicado la eutanasia a más de 300 personas.

El caos valorativo de estas situaciones ha sido habitual en la reciente historia del mundo occidentalista de capitalismo desarrollado… Aquellas exhumaciones en los años ochenta de los cadáveres de los muchos ancianos asesinados con sobredosis o por asfixia por cuatro enfermeras en el hospital Lainz de Viena. Un caso en el que la línea que separaría las *muertes compasivas* de lo que sería una criminal eliminación de molestias parecía diluirse, y así se reflejaba en los debates públicos originados por el caso. El caso de una enfermera alemana condenada a cadena perpetua en junio de 2006 por matar a nueve ancianas, suscitaba la misma confusión: según declaración de la propia imputada, mató a cuatro de ellas para que no sufrieran más, a otra porque la anciana se lo pidió… y a las otras cuatro… porque le molestaban.

A veces los casos parecen claros, en un sentido o en otro. En octubre de 1997, por ejemplo, fueron detenidas en Dinamarca dos personas acusadas de practicar la eutanasia con 22 residentes de un geriátrico. Se trataba de una enfermera, que había cometido los asesinatos, y de un médico, quien, en connivencia con ella, había desviado el dinero de las pensiones de las víctimas. En 2010, en Cataluña, en el juicio a un trabajador de un geriátrico de Olot acusado de la muerte de al menos tres personas, primó sin embargo el discurso que posteriormente ha fundamentado la legalización de la eutanasia. Efectivamente, el acusado usó el término y el concepto de «eutanasia», y habló de «amor» y de «compasión»…

Carla Fibla, en su libro entrevista sobre la eutanasia, planteó en su día a Terenci Moix la siguiente pregunta:

«¿Cree usted que, como en el caso del enfermero Eddie Saldívar (California), que aplicó la eutanasia a cincuenta enfermos por decisión propia, es suficiente el hecho de que tuvieran la apariencia de estar preparados para morir, como él declaró al ser acusado?»

Y el escritor, adscrito con pasión al occidentalismo posmoderno, le respondió, antes de hacer algunos matices (personas muy queridas, riesgo de disponer de la vida de otras personas, dudas): «Sé cómo habría actuado yo: igual» (p.256).

Así pues, antes de las legalizaciones se ha manifestado el carácter pedagógico de la propia práctica y su potencial de progresión. Todo estaba contenido en los mismos principios legitimadores. Páginas atrás ya se ha percibido esta progresión cuando hemos tratado de la cultura profunda subyacente al suicidio como derecho, o a las calificaciones sobre la dignidad de la vida y sus fundamentos. Cada paso se ha presentado como matiz inserto en una concatenación lógica que iba desplegando lo que estaba ya en potencia en fases anteriores. Tras alguna agitación social, alguna alarma, todo se ha ido digiriendo sin más problema: las asociaciones que décadas atrás sólo hablaban de enfermos terminales con dolores y negaban explícitamente la legitimidad de la eutanasia de discapacitados porque también negaban la licitud del suicidio, muy poco después se convierten en adalides de estas causas que, por fin, se reflejan en los ordenamientos legales. Lo que parecía impensable se normaliza… la ventaba de Overton…

La acusación de falacia hacia quienes sí hablamos de efecto pendiente, también se ha de demostrar: que hay incremento de «razones objetivas» en la aplicación de la eutanasia, es algo comprobable mediante una comparación de legislaciones y sus reformas a lo largo de este tiempo; que hay incremento progresivo de personas con sensación subjetiva de sinsentido vital que señalan como base de tal sinsentido determinadas circunstancias vitales, también es cierto. No en vano el suicidio se convierte en un problema social que estérilmente se quiere combatir mediante el silencio o mediante la propagación de una única idea: que hay que atender más a la salud mental. Respecto a esto último, que tiene su fundamento serio, decir que los medios reales ofrecidos no se corresponden ni de lejos con las necesidades; que tras los flases ocasionales de la propaganda, se vuelve al silencio; y lo fundamental: que incluso tras las anomalías psicológicas existen causas profundas de orden metafísico, existencial, espiritual, que no se quieren abordar. Vidas y sociedades reducidas a un devenir absurdo, que viene de nada y conduce a nada, convierten en absurdas e insoportables las vidas concretas de muchos. Si a eso se suman, de modo constitutivo, injusticias sociales endémicas y proclamas culturales desesperadas o *divertentes* (pan y circo), tenemos los ingredientes para que la cultura suicida se extienda y, por otro lado, una sección de la misma encuentre hueco legal en las legislaciones eutanásicas.

Estas constataciones —progresividad legislativa en despliegue constante y extensión de la legitimación de cierta cultura suicida— no son un problema para los que acusan de falacia a los denunciadores de una «pendiente resbaladiza». Sencillamente porque, para los primeros, esto no es más que unas explicitaciones y extensiones de derechos inalienables.

El efecto pendiente, expresado y concretado en abusos contra otros, estaba ahí desde el inicio, y es ineludible. ¿Por qué?: porque la disponibilidad sobre la vida humana es un principio que no tiene más límites que de orden circunstancial, mudable. Es un principio que normaliza cultura y socialmente determinados atentados contra la vida: no sólo el aborto procurado, sino el hambre letal, las enfermedades letales curables y no atendidas, son algo con lo que se vive sin más problema desde determinados lugares del mundo: las áreas ricas y culturalmente imperialistas, que precisan de esa hambre, de una positiva explotación a muerte y de unas positivas discriminaciones también letales, para que su estructuralmente ineludible fiesta derrochadora continúe.

El principio de incondicionalidad del respeto a la vida humana está roto en la generalidad de ámbitos del mundo, es decir, sujeto ese respeto a circunstancias que lo pueden relativizar o abolir. Un ejemplo persistente son las campañas bélicas que desde el fin de la IIGM hasta hoy han protagonizado las democracias burguesas y que han acabado con la vida y la integridad corporal de millones de civiles no combatientes. Todo dependería del contexto, la legitimidad de las acciones dependería del contexto: un señor como Abascal puede considerar inadmisible —y lo es—, que una antigua acción armada de ETA haya acabado con la vida de unos niños... este mismo señor considera admisible que el democrático gobierno israelí mate violentamente a miles de niños. Esta ruptura del principio de incondicionalidad afecta tanto a espacios culturales de derecha como de izquierda: todo depende de...

La eutanasia es sólo una explicitación más de esta ruptura. En tanto es así, es no sólo una faceta más sino un paso. Pero tanto faceta como paso que dé lugar en su día a nuevas explicitaciones, obedecen a un principio presente desde el comienzo de este movimiento cultural y legislativo: que la vida es un bien sólo en determinadas circunstancias, que tales circunstancias son definidas de modo autónomo por el hombre ya que no habría instancia a quien preguntar. Un principio universalizado en el mundo caído. Evidentemente los promotores protestan contra la idea de incondicionalidad arguyendo los casos en que precisamente las circunstancias hacen la vida insoportable. Pero estos escenarios, en los que alguien legítimamente desearía morir cuanto antes, en el fondo, no rompen el principio de incondicionalidad. Hay circunstancias que se pueden modificar, que pueden ser mitigadas en su virulencia; hay circunstancias que son de orden subjetivo, psíquicas, emocionales, que se deben tratar; hay necesidad de acompañamiento, de amor, ¡de justicia social!, para abordar estos dramas. Pero todos estos esfuerzos significan un a priori: que no somos dueños de la vida, sino custodios. El otro principio parte de otro a priori: somos dueños, somos señores del quicio que separa la vida y la muerte, tenemos autoridad para baremar. Y, claro, el desarrollo de tal axioma desborda desde el principio los confines del propagandismo emocional centrado en los casos de terminales con sufrimientos. El axioma mismo, aunque no formulado, está detrás de todas las violaciones de la vida humana; porque, como hemos visto al analizar las derivas objetivistas, el principio no sólo se refiere a la disponibilidad sobre la propia vida, sino que impulsa a juzgar sobre la vida de otros, sobre su valor. Y en la valoración entra asimismo la cruda afirmación de que tal vida sea una carga familiar, una carga social, o un peligro para la propia estabilidad social de la comunidad política que en la práctica juzga sobre el destino vital de otros.

La vida humana, entonces, está sometida en su custodia a acuerdos, consensos, es decir, a un equilibrio de poderes, intereses, ideas, presiones, pasiones. No hay un previo intocable, como desarrollábamos en otro capítulo, en el drama de la eutanasia interactúan entonces criterios subjetivistas totales sobre el valor de la propia vida, con tablas valorativas objetivistas que propician la imposición. Y no sólo la imposición expresa que conduce a la escena de un anciano enfermo y desorientado sobre el que su familia y un comité médico deciden ponerle una inyección, o el de uno sin familia, quizá vagabundo, sobre el que decide lo mismo el comité médico en solitario… sino imposición interna: la coacción familiar para que el afectado que mantiene la conciencia acepte su destino, o un interiorizado sentido del «deber» hacia la familia…Eso es lo más profundo: una fuerza impersonal y osmótica arrolladora, un ideologismo socializado que penetra en los individuos… el anciano que asume que es «una carga inútil», el discapacitado que acepta que su vida «no tiene valor»…

En este sentido el mundo siempre ha sido complejo. Se habla al respecto de estas iniciativas, de «libertad», de una libertad sin otras limitaciones que las imprescindibles para proteger los derechos de los demás. Se niega, consecuentemente, la existencia de coacciones físicas, de imposiciones, de no consentimientos violados. Ya lo hemos dicho: o bien se supone el consentimiento si el afectado, por edad o por condiciones mentales, pudiera expresarse, o bien se niega la existencia de la eutanasia coactiva. Sobre la coacción interna, se niega asimismo su existencia. O no se habla del caso. Y sobre las violaciones de los derechos ajenos que no se expresan mediante agresiones y coacciones constatables físicamente ni registradas como insulto o difamación, se suele pasar de puntillas por ellas. O se someten a criba. O no se sabe qué hacer. Pero existen: la pornografía, el juego, el culto al cuerpo, el racismo sutil e ideologizado sin expresiones vejatorias explícitas... son ejemplos de cómo, a la vez que se vulnera la verdad —¡que sí existe!—, se vulnera la libertad de otros. A nadie se obliga de modo evidente, pero se producen adicciones masivas que acaban con la libertad, se difunden complejos que deterioran la libertad y determinan el odio a sí mismos, se interiorizan complejos de inferioridad... Uno de los frutos del principio primigenio legitimador de la eutanasia posmoderna, es decir, la disponibilidad sobre la vida, es la coacción interna, que socava la libertad y puede convertir a los hombres en víctimas de otros con su propia aquiescencia.

Este principio también contiene en germen otros daños que se van manifestando en el efecto pendiente. Parecen colaterales, pero no lo son: se manifiesten con más o menos claridad, están inscritos en el propio principio. Son elementos tales como la introducción de un factor de desconfianza respecto a la relación con la familia y con determinados profesionales de la medicina; los abusos por interés económico, generalmente en sentido negativo: por evitar gastos, tanto familiares cono sociales; la falsificación de la noción de compasión, conversa en manifestación de egoísmo: no compasión hacia el enfermo o discapacitado, sino *compasión* hacia el grupo de personas que tienen el deber o la responsabilidad de cuidar de ellos. Así se manifestaban con franqueza aquellos médicos encuestados a los que aludíamos antes: decisiones eutanásicas para evitar la «carga familiar»; o como indicamos en otros lugares, a causa de la previa tasación de costes sociales.

La dimensión sociopolítica

Una primera constatación respecto a esta ineludible dimensión de la vida humana es la relación dialéctica que tiene con la cultura, es decir, con la atmósfera de valores en que se respira y se interpreta el devenir, con la capacidad crítica y creativa en relación a los mismos, con los significados profundos que se da a usos y costumbres, etc, etc.

O bien se cae en un positivismo extremo y se intenta así eludir el debate espiritual, moral que suscitan las legislaciones de fondo, o se reconocen los vínculos intrínsecos de las mismas con valores culturales que a su vez remiten a previos metafísicos, existenciales, trascendentes. Las legislaciones de fondo, por su propia naturaleza y por las referencias aducidas por ellas mismas, no se pueden encapsular haciéndolas ajenas a la cultura, intentando abortar su carácter pedagógico. Por eso, en un debate interminable que durará hasta el fin de los tiempos, la humanidad, que es constitutivamente social y política, se tiene que confrontar a la hora de organizarse y establecer reglas con unas definiciones previas: cuáles de ellas deben ser obligatorias, vinculantes, cuáles tienen que prohibir determinados actos, qué se debe tolerar, qué se debe fomentar y proteger, qué debe establecerse como positivamente plural. Un reto que una y otra vez la humanidad intenta eludir contemplando sus ordenamientos como definitivos. Obviamente también una y otra vez esta humanidad se ve sorprendida por la disidencia, la rebelión, el cuestionamiento, la aparición de nuevos contextos y nuevos retos, el anquilosamiento del aparato, su degradación... Porque no hay pura indeterminación, sino que los previos metafísicos operan y emergen provocando conflictos con los órdenes o las concreciones legales que obedecen a otros principios.

En el caso que nos ocupa nos topamos con una legislación que, pese a sus protestas, no es fruto de una búsqueda de supuesta neutralidad ni de respeto al pluralismo, sino que es consecuencia, fruto, de una opción metafísica anterior y fundante: abandonada por la cultura posmoderna la búsqueda de un logos al misterio del sufrimiento y de la muerte, abandonado, pues, el propio misterio de la existencia, esto mismo se manifiesta como una declaración dogmática de principios que se expresa, entre otros, con la supuesta evidencia de que la vida humana es un elemento disponible bajo diversas circunstancias, entre las cuales están también los propios impulsos subjetivos. Sin otra instancia reconocida o intuida y respetada, que juzgue sobre la vida humana, el ser humano, supuesto señor de sí mismo, legisla en consecuencia. Legaliza la eutanasia, por ejemplo.

Tal reconocimiento legal es fruto de una atmósfera cultural, y desde el momento en que esta concreción se ha pretendido legalizar y, sobre todo, desde el instante de su legalización efectiva, se pone en marcha el juego de la dialéctica, en que la ley se hace pedagogo social y en que la cultura de origen, al verse reforzada por ese reconocimiento, continúa el desarrollo de los principios: en este caso, la autonomía total del hombre sobre sí mismo, la consecuente disponibilidad sobre la propia vida, la calificación solemne de que cualquier referencia a Dios, a algún sentido sobre el sufrimiento humano, son mitos dañinos... La dialéctica ley-cultura propicia este cuadro que hemos tratado anteriormente: la asunción de que hay vidas sin valor, y los resultados consecuentes, tanto respecto a la extensión y legitimación del suicidio, como a la realidad amparada por ley de eutanasias impuestas porque objetivamente serían lo mejor para el sujeto y para la comunidad.

Decíamos páginas atrás que la confrontación profunda está servida en la medida en que la oposición a la eutanasia sea expresión de un previo respeto incondicional a la vida humana que impulsa tanto a esta batalla concreta como a manifestarse delante de cualquier escenario en que a sabiendas se ataca la vida... la tortura cometida en ámbitos ilegales o en ámbitos oficiales tanto militares como policiales; la pena de muerte legal y las ejecuciones extrajudiciales; el aborto procurado; las bombas venidas de manos ilegales o lanzadas por aviones legales; la configuración de una economía que mata... el etcétera es inauditamente interminable: ilicitud pues, por mucha pompa legal de que se cubran tales actos y actitudes.

Esta declaración de ilicitud está fundamentada en que esta oposición a la práctica proviene asimismo de previos metafísicos. Unos previos que creemos deben fecundar, sin avasallamientos y violaciones de conciencia, a los propios ordenamientos sociales.

El escándalo que provoca esta última afirmación es inconsistente e hipócrita. Nadie puede escapar de ciertos previos que les indican bondad o maldad de actos sociales. Y de entre éstos, asimismo nadie escapa del juicio que hace de los mismos, desde sus previos metafísicos, para declarar la licitud de incluirlos en los cuerpos legales, es decir para declarar la obligatoriedad o prohibición de tales actos, o la indiferencia legal respecto a los mismos. En los debates contemporáneos a esta cultura posmoderna imperante entre los ricos del mundo, también se manifiesta el poder de esta estructuración última e ineludible de la persona humana que le hace valorar entre el bien y el mal. Se puede errar en la calificación y creer bueno lo que es malo, o viceversa; o tratar de algo lo suficientemente *débil* en sus inmediatas consecuencias sociales, que pueda y deba tolerarse el que quienes piensen que ese algo es bueno o quienes piensen lo contrario actúen socialmente en consecuencia. Pero hay nociones, retos presentes, que no pueden escapar a la calificación y a la pretensión consiguiente de que el tal elemento sea autorizado y promovido o desautorizado y prohibido. Elementos que no pueden dejarse al albur de cada cual. En ellos no cabe el relativismo moral, como por ejemplo pretendía la prensa esclavista norteamericana antes de la guerra civil: si usted no está de acuerdo con la esclavitud, no tenga esclavos. A día de hoy, a quien se opone al aborto aduciendo que se mata a un tercero, se le hace caso omiso a los motivos de su protesta, se da tan por supuesto que el argumento es falso que ni se le contesta, se le endilga un discurso sobre la autonomía del cuerpo de la mujer —la niegue o la afirme el que protesta—… y se remata con el talismán relativista: si no está de acuerdo, y es mujer, claro está, no aborte usted; y si es hombre, cierre el pico. En este caso esta macedonia argumental no se basa en el portazo último, ese «que cada uno haga lo que quiera», sino en previos: no hay tercero humano, el cuerpo es de la mujer, lo que ocurra en él debe quedar bajo su control.

Estas afirmaciones solemnes están manifestando por boca de los propios adalides de la disolución posmoderna cómo no se puede escapar de esas ultimidades del alma humana, cómo los previos metafísicos que hablan de licitud o ilicitud deben determinar para una serie de acciones sociales —no todas— la legalidad o ilegalidad de las mismas.

Es decir, hay instancias morales, juicios morales, que en la organización social no pueden reducirse al ámbito privado, personal. Los hay que sí y los hay que no. Declarar algo como de cumplimiento legal no obligatorio, es decir, elegible por cada cual, debe exigir una previa aclaración: que tal indeterminación legal no sea perjudicial socialmente hablando. Quizá indirectamente sí, a causa de la extensión de actitudes que al fin perjudiquen directamente a otros o enrarezcan las relaciones comunitarias, pero en todo caso, tales elementos no deben ser vinculantes legalmente en un solo sentido. Porque violaría las conciencias.

Hay otros que, sin embargo, son percibidos como inmediatamente lesionadores de derechos de otros o de su dignidad: en esos debates, los contendientes argumentan desde esos previos morales; sus opositores, en cada caso y mutuamente, suelen hacer trampa y arguyen con el argumento relativista: si a usted le parecen mal las corridas de toros, no vaya; si a usted le parece mal el alquiler de úteros no los alquile; si lo mismo le pasa con la prostitución o la pornografía, no sea cliente; si le parecen inadmisibles los espectáculos basados en ciertas discapacidades, no vaya a ellos… lo mismo que decía aquella prensa esclavista o la actual cultura abortista. Claro, ni aquellos esclavistas ni el actual abortismo creen en tal relatividad; es una forma de zafarse de la molestia de los contradictores. Efectivamente los esclavistas partían de un previo, declarado incluso legalmente en aquella famosa Declaración de la Corte Suprema de los EE.UU. conocida como Dred Scott: que los negros no eran personas. El abortismo hace lo mismo: los no nacidos no son personas.

Como decimos, hay debates sobre el orden jurídico cuyos fundamentos son morales. Todos los seguidores de la pretensión ven sin problema la correlación entre esos juicios morales y un carácter jurídico de orden vinculante. Se desautoriza, por ejemplo, la poligamia, o la prostitución, o el alquiler de úteros más allá de los casos de forzamiento de la mujer: aunque una mujer asintiera libremente a algunas de esas opciones, la desautorización persistiría a causa de un juicio previo que se cree de valor universal; a saber, que lesiona la dignidad de la mujer, conversa en objeto mercantil o sujeta a un sistema de relaciones familiares en que se potencia la idea de que es una propiedad del varón, etc. Los que desautorizamos las corridas de toros —otro ejemplo que suscita pasiones confrontadas—, no podemos admitir la respuesta relativista: creemos que es una práctica que debe ser abolida porque se hace espectáculo con el ingrediente necesario del sufrimiento gratuito del animal y no creemos que eso sea admisible...

Respecto a la eutanasia acontece lo mismo. Cuando los defensores intentan eludir la confrontación suelen usar de varios recursos, todos ilegítimos. Primero, la falacia de clasificar como reaccionario y ultraderechista, de modo sistemático, a cualquier cuestionador, para no tener que analizar argumentario alguno; segundo, el recurso relativista: le parece mal, no lo haga entonces y deje en paz a los que lo hacen; y tercero, emparentado con éste, el argumento de la «demanda social», el predicar que si la sociedad va por un lado y el legislador por otro, este último ha de adaptarse siempre a las demandas de la primera[66]. Y ya está. Obviamente, quienes usan de esto son únicamente quienes previamente están de acuerdo, a nivel de principios, con la dicha demanda social. Es decir, lo determinante para defender esa demanda no es que exista como

---

[66] El 28 de septiembre de 2004, por ejemplo, en una entrevista emitida por Radio5 Todo Noticias, de RNE, una diputada de Izquierda Verde reivindicaba la legalización de la eutanasia diciendo que se hace «política de avestruz» porque en la práctica ya se hacen eutanasias activas... que son problemas «que se van solucionando» y, por tanto (¡!), hay que legislar. Argumentaba asimismo diciendo que se hacen fuera de la seguridad social, de la sanidad pública, y que eso dejaba a las familias y los médicos en una situación de indefensión. Evidentemente esta señora usaba de este argumento propagandístico, en sí inconsistente y sin valor probatorio alguno, porque desde sus previas visiones de ética social y de ética personal le parecía legítima la opción eutanásica.

tal, sino que se corresponda moralmente con lo que uno cree que debe ser parte del orden jurídico con carácter legal; en casos elegible o no por cada cual, pero legal.; en otros casos, incluso con obligatoriedad universal de cumplimiento.

Ninguno de los que, por ejemplo, pensamos que la pena capital es ilícita y debe estar abolida, puede tranquilizarse con la idea de mantener la libertad de expresión para declarar su ilicitud mientras sigue presente en la ley; o tranquilizarse porque no fuera obligatoria su imposición y unos jueces la impusieran mientras que otros no; ni plegarse a una demanda social que la quiera perpetuar o restablecer. Otro ejemplo: quienes pensamos que la OTAN es una organización criminal por sus acciones y el carácter de su armamento, no pensamos que se haya resuelto satisfactoriamente su estatuto legal porque en España, por ejemplo, un referéndum dijo que sí a la pertenencia. Y así con multitud de instituciones legales: un régimen de apartheid, tortura legal y reglamentada, expulsiones étnicas, de gitanos, v.gr... y tantas y tantas cosas amparadas por la famosa «demanda social».

Lo quieran o no, usen de ello de modo maquiavélico o no, todos convienen en esto: hay determinadas cosas que deben ser autorizadas o prohibidas socialmente por su previa índole moral. Por tanto, el decir que la oposición a la eutanasia es ilegítima porque pretende que una opción moral sea obligatoria para todos tiene que aclarar primero si tal opción moral pertenece al rango de las que deben ser una de las expresiones de pluralidad moral que el orden legal deba respetar en concurso social con otras de diverso talante, o, por el contrario, si pertenece al rango de las que deben ser vinculantes jurídicamente. Sin esta aclaración, la objeción y la denuncia parten de una falacia.

La objeción cristiana, la que quiere expresar esta reflexión, se sitúa en este ámbito en el que a la declaración de ilicitud le sigue la pretensión de que en el orden social esta práctica no sea contemplada. El escándalo que suscita la postura, como decíamos antes, es una sobreactuación teatralizada. No existe neutralidad al respecto: los grandes fomentadores y realizadores de la legalización son adeptos de la religión de la nada. Desde ahí, desde ese previo metafísico, se apoya oficialmente una postura, y se financia: campañas propagandísticas, películas subvencionadas, elogio público de libros, novelas, etc…

Del mismo modo, quienes pensamos que esta práctica no debe ser reconocida como algo legal, partimos de unos previos determinantes. La denuncia de que tales previos son de orden religioso y por tanto no pueden obligar a todos, también parte de equívocos. Aclarar esto, tras el triunfo de una suerte de connatural laicismo en grandes áreas del mundo rico, es cosa casi imposible. Pero esto mismo es un acicate para testimoniar.

En primer lugar no creemos que haya una confrontación excluyente y en sí, entre una motivación religiosa y una ética universal. Puede haberla, por sectarismos religiosos o laicistas, pero no es ineludible, como pretende el laicismo. La postura vital y magisterial de la Iglesia es que su propia motivación religiosa para cuestiones sociales universales no sólo no se opone a una ética asimismo universal, sino que la supone y la eleva. Por supuesto, en cuanto a la interiorización de la motivación sobrenatural, su labor es testimonial, no coactiva. Y aunque ahora esto sea duro de oír, tal escenario es aplicable al mundo de la política. Un Gandhi, o un San Oscar Romero, por ejemplo, testimonian que esto es factible en el más profundo respeto de las conciencias.

La Iglesia, ante la eutanasia, tiene entonces dos labores trabadas entre sí en lo profundo y armonizadas en su expresión externa. No son labores del clero, sino de todos los hijos de la Iglesia. La afirmación, evidentemente discutida, de que su propuesta reconoce una ética universal, impulsa a luchar por un tipo de sociedad en que los valores personalistas, por eso abiertos a la trascendencia, vertebren y fecunden los ordenamientos. Se triunfe o no, con toda la relatividad y caducidad que incluso un supuesto triunfo social comporta en la historia, el impulso para luchar permanece. No sólo se refiere esta lucha a la denuncia, a señalar lo que daña a la dignidad del ser humano. Este aspecto es crucial, pero está integrado en una propuesta positiva. Es decir, cuando en la declaración *Iura et bona* de la Congregación para la Doctrina de la Fe se advierte respecto a la eutanasia de que su prohibición deber ser de carácter vinculante en el orden jurídico[67], o cuando en *Samaritanus bonus* se afirma que hay elementos indisponibles como la libertad y la vida y esto con consecuencias legales, poniendo el ejemplo recurrente del que se vende como esclavo y relacionando esto en el fondo con el que pide que le suiciden… tales negaciones comportan la afirmación previa y positiva de que la vida humana tiene una dignidad infinita que hay que custodiar y desarrollar. Es decir, que los propios ordenamientos deben ser expresión de un previo personalista que esté en relación con la atmósfera cultural. La denuncia de la eutanasia no tiene sentido entonces más que si está inserta en esa gran pretensión de afirmación de la persona que transforma las relaciones sociopolíticas y socioeconómicas. Una revolución, pues, en que se pone en juego lo que hoy impera estructural, jurídica, culturalmente. El «no matarás» exige amor, justicia social, no violencia, austeridad alegre y compartida, cooperativismo, opción manifiesta por los débiles, audacia, insensateces incluso según las estrecheces del mundo…

El carácter vinculante que proclama la Iglesia respecto a este drama y a tantos dramas dañinos y letales, significa que creemos que la organización social no tiene potestad para baremar el valor de las vidas, para regular el suicidio, sino para defenderlas y amparar su desarrollo sin tutelas infantilizantes. Esta organización social debe ser expresión, lo más adecuada posible, de aquellos derechos naturales de los que hablaba San Juan XXIII en *Pacem in Terris* y de los que decía que «están inseparablemente unidos en la persona que los posee con otros tantos deberes; al derecho de todo hombre a la existencia corresponde el deber de conservar la vida».

En segundo lugar, la Iglesia, que cree profundamente que su enseñanza religiosa de cuestiones sociales expresa una ética universal, también cree, frente al laicismo, en lo fructuoso y legítimo de la proclamación social, pública, de estas enseñanzas. Es decir, en

---

[67] En el cap.II de la declaración (5-5-1980)

crear en la sociedad una atmósfera cultural impregnada de referencias religiosas. Si muchos creen en Dios —y sobre todo, creen a Dios—, es obvio que su condición ineludible de personas, de seres relacionales y sociales, lo testimonie. Y esto, si es veraz, no conlleva coacción alguna, sino manifestación libre de la propia identidad que confluye con otros para que esa atmósfera cultural sea personalista, es decir, expresión de una concepción integral de la persona humana. Con todas las relatividades, errores, insuficiencias, oscuridades inherentes a la historia humana, una historia incompleta, débil, tentada… pero desde la afirmación de esa previa dignidad infinita de cada persona, su constitutiva apertura a la trascendencia, su libertad de conciencia para ofrecer a los otros unos modelos sociales y políticos que no nieguen esa dignidad, esa apertura y esa libertad. Y esto, en un clima en el que también libremente se pueda dar razón pública de los porqués de esta pretensión: sea una razón explícitamente religiosa o no.

Que esto choca con otra pretensión, la excluyente del laicismo, es evidente. En este debate concreto —pero vinculado con todos los demás debates—, un Mendiluce o un Puente Ojea se expresaban en términos de prohibición de una expresión social y pública de la religión que tenga como misión el que la sociedad se articule desde unos valores: «esta sociedad no está debidamente secularizada y no ha dado paso al laicismo, que elimina y borra totalmente el problema religioso como problema de vida colectiva». Para ellos, la religión debe quedarse en casa, o tener una expresión pública sólo relativa al culto, al arte. Lo otro, el que alguien, reconociendo esa «autonomía del orden temporal» de que habla la Iglesia, confluya en ella desde su identidad propia total, es decir, desde su condición religiosa… y que, además, use en el debate público de modo explícito de las enseñanzas sociales de esta Iglesia, en las que se hace referencia de Dios, de Jesucristo… para ellos, esto es un acto de coacción inadmisible, aunque el que así lo hiciera se dejara matar.

Como decíamos en otro capítulo esta pretensión prohibitiva sí que es verdadera coacción, animada por el mismo impulso psicológico con que se coacciona desde el fundamentalismo religioso. Efectivamente, este laicismo pretende que todos, socialmente, se atengan a otros valores absolutos de modo obligatorio. La retahíla de tales valores ya ha aparecido antes aquí: no hay alma; Dios no existe; no hay «más allá»; es una necedad creer en tales mentiras; no sólo necedad, sino mito dañino; cualquier investigación sobre algún sentido del sufrimiento, sobre su origen o sobre alguna *función* saludable del mismo, es una negación de la evidencia de su absurdo y una manifestación cruel de sadismo y de masoquismo; los opositores a la eutanasia, sin distinción, pretenden prohibir como obligación religiosa de todos...

La enseñanza pública de la Iglesia respecto al drama de la eutanasia o de cualquier otro reto social, tiene entonces dos vertientes vinculadas entre sí de modo orgánico, pero diferentes. Hay una enseñanza religiosa dirigida a sus fieles y a quien quiera escuchar, pues esta enseñanza no es secreta. Y esta enseñanza, en cuanto tiene dimensión social, remata en la proclamación también pública de que hay que luchar por un modelo personalista, y que este modelo personalista es cosa de todos, desde sus respectivas confesiones religiosas y sus visiones humanistas. La negación de la legitimidad de la eutanasia no es mensaje dirigido sólo a los fieles entonces, sino que se remite a una ética universal que podría —sólo podría— ser reconocida por gentes no fundamentalistas de otras religiones y por agnósticos no agresivos. Difícil por la cantidad de flecos, elaboraciones históricas, influjos... pero posible. Por eso es así la proclamación de la Iglesia: prohibición y oferta de otras alternativas, porque tal cosa sería no sólo mala en sí, sino nociva socialmente. Para los creyentes católicos, un aserto universal que está en armonía con la fe.

El asunto, por supuesto, es delicado en relación a la salvaguarda de las conciencias. Por ejemplo, uno de los vericuetos por los que se coló la legitimación y legalización de la eutanasia es el debate sobre la licitud o ilicitud del rechazo del tratamiento médico. Debate que expresa varios ámbitos: como opción moral personal, o respecto al orden jurídico. El rechazo de una terapia proporcionada es diferente al rechazo de una terapia desproporcionada, que no es suicidio. La Iglesia considera ilícita la primera opción, pero circunscribe su acción, es decir, su advertencia de ilicitud y su oferta de ayuda espiritual, al plano de su misión específicamente religiosa y de trato personal en el tú a tú. El respeto a las decisiones del paciente, aunque albergue un ánimo suicida, debe estar protegido jurídicamente. Las excepciones tienen que ver precisamente con situaciones en las que la decisión del paciente sí conlleva inmediatas consecuencias sociales para otros de orden dañino: en los casos en que hay peligro para la salud pública (v.gr., enfermedades gravemente contagiosas); y también se exceptúa la decisión del paciente en términos positivos de intervención sanitaria en casos de urgencia o de no conciencia. Porque no sólo se puede razonablemente presuponer que el paciente quiere ser ayudado con un tratamiento médico, sino porque afecta al orden social: que este orden garantice de modo evidente la protección de sus miembros, que los responsables inmediatos de la atención sanitaria se manifiesten como miembros de una agrupación humana de personas, es decir, que expresen la solidaridad que debe ser inherente a tales agrupaciones.

Sin embargo, parece evidente que en el plano jurídico un paciente, fuera de estas circunstancias y debidamente informado pueda decir el clásico «no me opero». La licitud de esto en el plano del ordenamiento social, en este plano insistimos, se manifiesta con bastante claridad si explicitamos la concreción que conllevaría una negación jurídica de esa decisión: detención policial o similar en el hospital, inmovilización y sedación a la fuerza, previas amenazas de tipo legal (multa, etc).

La defensa de la autonomía del paciente, legítima para el orden social, se ha usado sin embargo como uno de los arietes culturales para derribar las oposiciones a la legalización de la eutanasia. No obstante, la Iglesia respeta ese ordenamiento y circunscribe su acción en este caso al trato con la conciencia de cada cual. Y esta situación inevitablemente ambigua en el eón presente, es decir, el respeto a las conciencias junto a la proclamación de que hay verdades que deben ser vinculantes jurídicamente, le puede servir a la propia Iglesia para afinar los términos de su pretensión de que la eutanasia sea algo legalmente no contemplado en los ordenamientos sociales. Esto conduce al cómo valorar las reclamaciones de conciencia de quienes han hecho lo que no se debería hacer y debería estar prohibido socialmente hacer: lo subjetivo con conciencia propia de legitimidad, enfrentado a lo que otros (v.gr., la autoridad de la Iglesia) declaran ilícito objetivamente y dañino subjetivamente, no sólo para el que no cree en esa declaración objetiva, sino para todos los otros sujetos.

Hay que decir que, en sí, una no legalización, la prohibición expresa de la eutanasia, no tiene por qué comportar necesariamente vía represiva para todos los concurrentes a tal acto de homicidio o de asistencia al suicidio. Como en el caso de las drogas en algunos ordenamientos, en que es compatible la penalización del tráfico con la no penalización de la tenencia y consumo en atención a la situación subjetiva de una parte de los implicados, aquí puede suceder lo mismo. Por lo menos es una vía que sería deseable fuera acogida por los cristianos en la medida en que es una manera de luchar contra la eutanasia que se manifiesta más acorde con el respeto a la dignidad de las personas y el amor debido hacia las mismas. La Iglesia docente se hace cargo de la existencia de estas situaciones en que la buena voluntad se enreda en lo que no es moralmente legítimo. Y el señalamiento mismo de que estas situaciones existen, no sólo sirve para animar los espíritus hacia la comprensión y el desterramiento de los juicios condenatorios, sino que debería impulsar la pretensión de que los propios ordenamientos legales contemplaran estas situaciones, que mitigan o extinguen las responsabilidades.

En el Catecismo de la Iglesia católica se afirma que «el error de juicio en el que se puede haber caído de buena fe no cambia la naturaleza de este acto homicida, que se ha de rechazar y excluir siempre»[68]. Este aserto, el «de buena fe», se debe valorar a la hora de enjuiciar responsabilidades con visibilidad social, so pena de caer en un objetivismo moralista fariseo y ajeno al amor. Endurecedor de los corazones.

En la barahúnda moral en que las sociedades posmodernas del mundo rico se han embarcado, no son pocas estas situaciones. Todo lo relacionado con la concepción de la vida humana, en que incluso la mayoría de las que abortan creen sinceramente que no se daña a ningún tercero, o en que quien alquila un vientre para una gestación aduce el amor al ser gestado pero no ve ninguna vejación objetiva hacia la dignidad de la mujer; o más afianzado aún, todo lo que tiene que ver con nuestra relación con los bienes de la tierra y su representación, el dinero... en que la mayoría no tiene conciencia alguna de nociones como la codicia o el robo a los pobres de la tierra... Actuar de «buena fe» lo que no es bueno. En muchos de los casos de eutanasia, realizadas al amparo de la ley o solicitadas (o también realizadas) antes de las legalizaciones, se manifiesta este complejo panorama del alma humana.

La moral objetiva (la verdad), que frente al ideologismo moralista tiene relación intrínseca con la libertadora gracia de Dios, señala que el transgresor con buena intención queda dañado de varios modos, y daña a otros directa o indirectamente. El daño no tiene por qué manifestarse sensiblemente, pero en tal persona se instaura o se confirma una noción por la que las cosas se pueden hacer o no según la propia utilidad o carácter satisfactorio. En este sentido, se instaura o se confirma la tendencia hacia una negación de cualquier autoridad espiritual normativa. En muchos, muchísimos casos, tendencia que se consolida en negación absoluta de tal autoridad e incluso en ataques conscientes o burlas hacia la misma noción de su existencia.

Respecto a la dimensión sociopolítica de este drama aún nos quedan un par de cosas por puntualizar en relación al papel

---

[68] *CIC*, n.2277

público de los cristianos como hijos de la Iglesia y viadores en el mundo presente. En primer lugar hay que confrontarse con los truenos indignados de parte del laicismo cuando la Iglesia lanza públicamente mensajes espirituales que tienen repercusión social o que son llamadas para que la tengan en la medida en que esos mensajes sean acogidos por muchos creyentes, por creyentes de otras confesiones y por no creyentes que confluyen con determinadas propuestas que son a la vez morales y sociales. El trueno tiene un doble motivo: primero por el atrevimiento de decir algo, lo que sea, físicamente audible fuera de los templos o de los medios de comunicación de suscripción cerrada, lo cual, para el laicismo, ya es una violación de las conciencias; y segundo, porque en ese algo se perciba la más mínima pretensión de influir, juzgar, indicar, advertir, animar o confirmar sobre lo que tiene que ver con la vida social de todos. Como si el dar razón de los motivos por los que se proclama algo que se cree principio universal constituyera en sí una imposición que obligara a todos a adscribirse a tales motivos y no simplemente el no ocultar la propia identidad; como si el laicismo, cuando reclama algo como universal, no mostrara las fuentes de pensamiento, de autoridad, en que se basa su afirmación. Nadie puede ocultar sus marcos referenciales. Cuando así lo hace, o bien está sometido a coacción para hacerlo, o bien pretende engañar, o piensa en una maquiavélica estrategia de penetración filosófica indetectable... La pretensión laicista de que la religión no intervenga en asuntos sociales de índole universal, sencillamente demuestra que el laicismo tiene un marco referencial universalista; desde él, por su carácter fundamentalista, se ha declarado dogmáticamente la nocividad de que una persona, cuando opina en lo que concierne a la sociedad, afirme que su opinión es debida a su fe o confirmada por su fe, o matizada y transformada por su fe. El carácter fundamentalista, no obstante, no se revela sólo por tal declaración de nocividad, sino porque desde esa acusación muchos pretenden una prohibición expresa para que en las intervenciones públicas, en los debates, no puedan esgrimirse argumentos religiosos o de tinte religioso.

Las legislaciones demoburguesas, a día de hoy, no autorizan jurídicamente esas prohibiciones anheladas por tantos y exigidas con franqueza en sus apelaciones ético-sociales. Les queda la campaña cultural permanente, que tiene frutos constatables por ellos. Al interior de la campaña cultural, se usa de la burla, la indignación, la descalificación, en ámbitos específicamente culturales (literatura, cine, performances, etc), en los ámbitos periodísticos de toda índole, y en las declaraciones políticas.

Frente a todo esto, la Iglesia no sólo debe afirmar su deber de iluminar desde sí, desde su identidad, en aquello concerniente a la sociedad y en lo que puede confluir éticamente con muchos indicando cuáles sean las vías jurídicas legítimas que expresen y favorezcan la justicia, el amor, la dignidad. No sólo esto, sino que públicamente también, o en la clandestinidad cuando hay persecución, la Iglesia tiene legitimidad y obligación de transmitir su mensaje sobrenatural al respecto: que la libertad está vinculada al bien, a Dios; que el sufrimiento, que hay que combatir por amor, tiene valor salvífico; que la dignidad humana es incondicional; que la vocación a la caridad, es decir, a recibir y transmitir el Amor de Dios, es universal; que esta caridad suscita una «imaginación creadora», en cualquiera, para afrontar y aliviar el sufrimiento de los hermanos; que todos somos eso, hermanos; que la intercesión, la oblación, son asimismo llamadas universales... y que de modo abierto —o clandestino si hay persecución—,va a ofrecer a los hombres su testimonio del Señor Resucitado, sus sacramentos, sus consuelos espirituales, su presencia a través de los hijos que sean fieles a este amor. Y esto va a seguir siendo así, le guste al laicismo o no. O le guste al fundamentalismo religioso o no; pues éste, de origen mundano como el otro, pretende una regulación jurídica de cultos y de moral preceptuados por ley y en los que no cabe la caridad ni la imaginación de la caridad, sino la *tradición* y el «buen orden», la identidad nacional, la seguridad... o lo que sea menos el Amor de Dios y la operación incontrolable de su Espíritu.

Por lo demás, esta obligación y esta legitimidad de la Iglesia, en referencia a toda su misión y específicamente a esta salvaguarda de la vida humana y su dignidad, tiene en sí un cierto grado de independencia respecto a las condiciones que el mundo quiera imponer. Tanto condiciones lisonjeras como persecutorias. Esto significa, en referencia a nuestra reflexión, que la proclamación cristiana y las acciones inequívocamente amorosas que deberían ser consecuentes, podrán ser aplastadas, imposibilitadas a la fuerza, pero, si son reales, no pueden someterse al rechazo o aprobación ni de minorías ni de mayorías sociales.

Y tampoco someterse a la lógica de los resultados, o supuestos resultados. En este sentido, el de la salvaguarda de la vida humana en un contexto *inútil* según valoraciones del «mundo», es decir, cuando esa salvaguarda «no va a servir para nada», cuando el salvado va a morir sí o sí, cuando el salvado no va a tener sus capacidades intactas… ahí se pone en juego también la convicción de que la vida vale por sí misma. No a toda costa, como afirma la acusación proveniente de la cultura eutanásica, sino por sí misma. Bueno es recordar en referencia a esto a la sierva de Dios Stanislawa Leszczynska, la partera de Auschwitz: clandestinamente asistió a unos 3000 partos en el campo de concentración y exterminio. Ayudó a las madres y a esos niños, jugándose ella misma la vida… De aquellos tres mil niños… sólo sobrevivieron treinta. Treinta. ¿Acción inútil o locura de amor? Para nosotros una mística, saludable, esperanzadora y brutal bofetada al utilitarismo. Una presencia de Dios.

El rechazo de la cultura eutanásica a todo esto es evidente. Tal cultura es sólo uno de los lenguajes del laicismo cultural y de algunas de sus posibles concreciones sociopolíticas. Y esa cultura de la eutanasia no quiere que nadie le tosa. En un libro titulado *Qué hacemos para conseguir que la lucha por una vida digna incluya la exigencia de una muerte digna*[69], escrito por un periodista-filósofo y tres médicos de la DMD (Derecho a Morir Dignamente), libro que tiene sus propias investigaciones estadísticas para afirmar que el garantismo, de Holanda o de Oregón, por ejemplo, es perfecto, se vierten

[69] Ediciones Akal, Madrid 2012

afirmaciones como ésta: «Las diferentes adjetivaciones del término eutanasia —directa, indirecta, activa, pasiva, voluntaria, involuntaria— deben desterrarse del debate porque oscurecen y entorpecen la claridad del mismo y frecuentemente se emplean para descalificar conductas admitidas moral y legalmente» (p.11). El fundamento de este no cuestionamiento es de carácter cuasi religioso, dogmático como advertíamos en otros lugares de esta reflexión: en la contraportada del libro se anima a mantener «vivo un debate que debemos afrontar sin miedo, sin prejuicios y sin servidumbres morales o religiosas». Obviamente, tales presupuestos exigen que las salidas de tono —como las que henos enumerado, citado y tratado ampliamente en este estudio— sean declaradas inexistentes, minimizadas y, en todo caso, desvinculadas absolutamente de cualquier relación que pudieran tener con los principios mismos que hacen posible la eutanasia legal.

En sempiterna disputa con tales pretensiones de inocencia, disputa con notas de carácter irremediable e irresoluble en el tiempo presente, los críticos afirmamos no sólo la relación de esas salidas de tono con los principios eutanásicos, sino que negamos su condición de salidas de tono, afirmamos su inevitabilidad y declaramos para escándalo de no pocos, la ilicitud y el carácter dañino de la eutanasia haya o no esas salidas de tono.

Por otro lado, la afirmación de que los chirridos que se van constatando responden a un desarrollo interno necesario, nos remite a algunas situaciones kafkianas que no obstante asomar con un carácter marcadamente absurdo son sin duda expresiones del desenvolvimiento del principio de disponibilidad de la vida humana. Dos ejemplos, sí, dignos de Kafka, nos bastan para ilustrar a qué tipo de senderos puede conducir tal principio supuestamente emancipador:

.- Un juicio en Orlando, en el Estado de Florida, USA, en mayo de 1999: una joven recibe un disparo de su madre. Ésta, anciana y discapacitada, se había enterado de que la joven y su novio planeaban ingresarla en una residencia geriátrica. La chica quedó tetrapléjica a consecuencia del disparo. Pidió le aplicaran la eutanasia, no legal en ese Estado, pero un juez amparó su petición ordenando al hospital en que estaba ingresada que desenchufara el respirador y otros aparatos de soporte vital. La chica murió… La madre de la joven, que había sido acusada de lesiones graves y de intento de asesinato, es entonces acusada de asesinato por el fiscal.

.- Año 2022, Tarragona: Marín Eugene Sabau, llamado por la prensa «el pistolero de Tarragona», era un vigilante que en diciembre de 2021 irrumpió en su empresa disparando contra sus compañeros, y contra la policía cuando ésta acudió al lugar. Varios resultaron heridos, y él quedó parapléjico por varios disparos de los Mossos d'Esquadra. Pide se le aplique la eutanasia, se le concede… y entonces los abogados de los heridos se interponen para que no se le aplique o para que se haga después del juicio… «¿Qué pasa con el resarcimiento de las víctimas?», «sin juicio, aún se agrava más el sufrimiento de las personas afectadas, se ven impotentes», «la decisión de la Audiencia es errónea. No ha tenido en cuenta el sufrimiento de las víctimas ni su dignidad»…

CAP. 6.- LOS ESCENARIOS DE UN ANUNCIO SOBRENATURAL

Iglesia, *Mater et Magistra*

Es ésta una batalla sostenida por la Iglesia docente, un anuncio que brota de sus propias fuentes espirituales y que es tan incomprensible para el dogmatismo posmoderno, que la cultura a día de hoy dominante en gran parte de los países ricos occidentalistas se indigna y se ve obligada a situar la postura de la Iglesia católica en la corriente del actual reaccionarismo que pretende resituar a las democracias burguesas en torno a ciertos valores venidos de los viejos consensos tradicionalistas[70].

Una mirada, incluso superficial, al conjunto de las enseñanzas de esta Iglesia y la consiguiente percepción de los vínculos orgánicos que tienen entre sí tales enseñanzas, alejaría a cualquiera de esta descalificación. No porque la Iglesia, entonces, fuera cómplice de los desvaríos ideológicos surgidos de la posmodernidad, sino porque, sencillamente su propuesta se sitúa en otro lugar. Otro lugar que no está desconectado de las aportaciones y. sobre todo, de los retos que cualquier época ofrece. Pero otro lugar. Con el riesgo de incomprensión o de insulto o

---

[70] Otro ejemplo reciente a la hora de escribir esta reflexión es la cumbre de la llamada «Red Europea de Valores» celebrada en el Senado español en diciembre de 2024 bajo la presidencia de honor de Jaime Mayor Oreja. Allí, como corresponde a la facción, se expresaba una vez más ese potaje ideológico en que una derecha agresiva en referencia a los migrantes, las familias que ocupan pisos vacíos, los inmersos en las guerras sociales en barrios degradados... contra cualquiera que ose cuestionar el modelo estamental-economicista de la sociedad, que ose querer defender a los animales de brutalidades gratuitas (y etc; todos conocemos el lote que conlleva esa ideología)... esa derecha se autocalificaba como «defensora de la vida» a causa de su reprobación del aborto y la eutanasia.

persecución que conlleva el sostener tal o cual postura ajena al devenir marcado por el poder.

La enseñanza de la Iglesia respecto a la eutanasia presenta diversas vertientes. Como insistimos en esta reflexión, una de ellas, ineludible, es el comprender tal enseñanza condenatoria de la práctica en el marco de unas propuestas positivas en favor de toda vida humana y que, por eso mismo, identifican la postura de la Iglesia como algo absolutamente ajeno a esa corriente ultraconservadora que se quiere presentar en el mundo de los ricos como alternativa a la cultura imperante. Digo «algo absolutamente ajeno» sin exagerar. Que tal corriente use a la religión, a la propia Iglesia, con la aquiescencia de muchos de sus miembros, pastores y fieles, no mitiga la afirmación tajante, la incompatibilidad entre ambas concepciones, por mucho que la historia de siempre, la pasada y la presente, muestre cómo la fe puede ser conversa en ideología. En ideología aberrante; y criminal; y seductora de masas.

Otra dimensión de esta enseñanza en relación con la eutanasia es su rotundidad. El afianzamiento de la enseñanza a lo largo del tiempo, con matices nuevos y declaraciones persistentes, siempre ha expresado tal rotundidad. No sólo respecto a la vieja eutanasia coactiva eugenésica propia de los nazis[71], condena que, en principio y estéticamente, compartían los promotores de la eutanasia voluntaria y supuestamente voluntaria, así como los actuales adalides de la eutanasia posmoderna. La Iglesia, sin embargo y tras la experiencia nazi, se ha confrontado con una cultura eutanásica venida de otros principios…

Las declaraciones y discursos de Pío XII; la Constitución *Gaudium et spes*, del Concilio Vaticano II, que en su número 27 habla del respeto a la vida humana e incluye a la eutanasia en un amplio catálogo tristemente bien conocido y extendido de atentados a la misma; la declaración *Iura et bona*, de 5 de mayo de 1980, emitida por la antigua Congregación para la Doctrina de la Fe; los numerosos documentos de la Pontificia Comisión o Pontificio

---

[71] Condenada en *Nota del Santo Oficio* de 22-2-1941

Consejo para Agentes Sanitarios sobre Pastoral de la Salud en los que se ha tratado, junto a todo lo demás, de este grave reto contemporáneo[72]; los números 501 y 502 del Catecismo de la Iglesia Católica; la solemne condena expresada en el n.65 de la encíclica *Evangelium vitae*; las intervenciones y documentos publicados por todas las conferencias episcopales, sobre todo en los momentos álgidos de las iniciativas culturales y legales en favor de la eutanasia; las numerosas declaraciones puntuales de Papas, obispos y otros miembros de la Iglesia en torno a aspectos concretos de este drama[73] o en el deber de puntualizar y aclarar la postura católica ante nuevos desafíos expresados en las sucesivas reformas legales ampliadoras de supuestos; las ya citadas Samaritanus bonus (2020)

---

[72] Por ejemplo, *Religiosos en el mundo del sufrimiento y la salud* y *Los laicos en el mundo del sufrimiento y la salud* (1987), *Carta de los Agentes Sanitarios* (1995), *Nueva Carta de los Agentes Sanitarios* (2017)

[73] V.gr., la intervención de San Juan Pablo II (20-3-2004) en un congreso de la Federación Internacional de las Asociaciones de Médicos Católicos que trataba sobre los enfermos en estado vegetativo:

«Siento el deber de afirmar con vigor que el valor intrínseco y la personal dignidad de todo ser humano no cambian, independientemente de cuáles sean las circunstancias de su vida (...) Un hombre, aunque esté gravemente enfermo o limitado de sus funciones más elevadas, es y será siempre un hombre, nunca se convertirá en un "vegetal" o en un "animal" (...) Nuestros hermanos y hermanas que se encuentran en la condición clínica de "estado vegetativo" conservan toda su dignidad humana. La mirada amorosa de Dios sigue posándose sobre ellos, reconociéndolos como hijos suyos, particularmente necesitados de asistencia (...) El enfermo, en estado vegetativo, en espera de recuperarse o del final natural, tiene por tanto derecho a una asistencia sanitaria básica (alimentación, hidratación, higiene, calefacción, etc), y a la prevención de complicaciones ligadas a su estado» y Dignitas infinita (2024); las declaraciones conjuntas interreligiosas[74]…

Decíamos que a la persistencia se une la rotundidad, una rotundidad que se ha expresado en dos sentidos. Por un lado, la llamada a no cooperar con la eutanasia. La Iglesia incita a una objeción de conciencia que por su propia naturaleza, por el género de principios que invoca no puede quedar reducida a un no implicarse, exigir respeto y protección legal para ese alejamiento, y dejar las cosas tal cual están. La objeción de conciencia, dependiendo de para que asuntos, podría situarse en ese marco de relatividad en que a cada uno le correspondería el papel que se ha asignado a sí mismo; pero esta objeción, en relación a ciertas situaciones del mundo, adopta la facha de desobediencia civil incluso cuando es aceptada jurídicamente: el objetor, entonces, no se encapsula en su situación, sino que se convierte en un propagador de iniciativas alternativas y en denunciador del status quo. En *Samaritanus bonus* se trata, por ejemplo, el grave asunto (grave para nosotros, creyentes católicos) de la administración de sacramentos en tales contextos eutanásicos. Y se pide ayuntar la caridad, el amor, con la verdad, de tal modo que la cosa puede concluir en un modo de no cooperación expresado por la no administración de esos sacramentos y por el que el sacerdote no esté presente en el momento en que se aplica una eutanasia voluntariamente solicitada. Efectivamente, en el número 11 del capítulo V de esta Carta se habla de no condenar, sino acompañar espiritualmente con presencia física; de posponer la administración

---

[74] Como, por ejemplo, la «Declaración conjunta de las Religiones Monoteístas Abrahámicas sobre las cuestiones del final de la vida», realizada en el Vaticano el 28 de octubre de 2019 y citada en la nota 25 de *Samaritanus bonus*. O las iniciativas similares promovidas por los obispos de diversos lugares, tales como la «Declaración Interreligiosa sobre la dignidad de la vida humana» firmada por representantes islámicos, ortodoxos, evangélicos, reformados y católicos en la sede de la Conferencia Episcopal Española el 15 de febrero de 2023, y presentada a los tres poderes del Estado español.

de sacramentos (penitencia, unción, viático), no como castigo sino en espera y esperanza, sin negar el acompañamiento... y se especifica que esto, el acompañar de un sacerdote, no debe llegar al momento de la realización de la eutanasia.

La otra rotundidad está en el carácter de las propias declaraciones reprobatorias, es decir, en el alcance y significado de las mismas expresado por la propia Iglesia. El culmen está en ese número 65 a que antes hemos aludido de la encíclica *Evangelium vitae* publicada por San Juan Pablo II en 1995. Tras resumir la postura de la Iglesia en referencia al mundo sobrenatural, la vocación de todo hombre, y en referencia a la justicia social y la voluntad de Dios en los ordenamientos humanos para que sean humanos, el Papa declaraba:

> «Hechas estas distinciones, de acuerdo con el Magisterio de mis Predecesores y en comunión con los Obispos de la Iglesia católica, confirmo que la eutanasia es una grave violación de la Ley de Dios, en cuanto eliminación deliberada y moralmente inaceptable de una persona humana. Esta doctrina se fundamenta en la ley natural y en la Palabra de Dios escrita; es transmitida por la Tradición de la Iglesia y enseñada por el Magisterio ordinario y universal»

Esta declaración del Papa está expresada a modo de continuación y en relación con la efectuada en el número 57 de esta misma carta encíclica, donde se explicita con qué autoridad se emite: «con la autoridad conferida por Cristo a Pedro y a sus Sucesores, en comunión con los Obispos de la Iglesia católica»... Por eso en la nota 38 del capítulo V de la carta *Samaritanus bonus*, publicada 25 años después, la Iglesia no duda en afirmar en referencia a aquella declaración de San Juan Pablo II que esta «es una doctrina propuesta de modo definitivo en la cual la Iglesia compromete su infalibilidad». En *Dignitas infinita* n.52 se recoge una intervención de Francisco realizada en Audiencia general de 9 de febrero de 2022, en la que se expresa la convicción de que esta postura de la Iglesia confluye con una ética universal. Ambas tienen el mismo origen: Dios. Así dice Francisco y repite la declaración sobre la dignidad infinita de la persona humana:

«La vida es un derecho, no la muerte, que debe ser acogida, no suministrada. Y este principio ético concierne a todos, no sólo a los cristianos o a los creyentes»

Respeto sagrado a los suicidas

Los partidarios de la eutanasia que parten de la previa afirmación de que el ser humano es dueño omnímodo de su propia vida y que, por tanto, el suicidio debe ser contemplado no sólo como un derecho sino como la expresión excelsa de lo que sería el reconocimiento pleno de los derechos humanos, usan en el debate un argumento habitual para intentar descalificar a priori a quien consideran el mayor enemigo de sus postulados, a la Iglesia católica. A saber: que esta institución, la Iglesia, a más de negar tal derecho invocando mitos irracionales se comporta con los suicidas de un modo especialmente doloroso y despreciativo.

Esta acusación, que tiene evidencias históricas y que, sin embargo, a día de hoy es sencillamente mentira, se sigue sosteniendo sin problema… Un Belloch, socialista que se oponía en su día a la legalización de la eutanasia activa, aclaraba, no obstante y aludiendo a la religión, que eso de «que los suicidas se vayan al infierno, no me lo creo»… Nosotros tampoco, como principio; un Mendiluce también aludía a esto, además de a los entierros: «no creo que se deba penalizar el suicidio porque bastante drama conlleva cometerlo para que además te condenen al infierno, a no enterrarte como es debido»; un Moix, proverbial en su aversión a lo religioso, anunciaba: «a partir del momento en que el suicidio es un tabú, un pecado, no se te entierra en tierra sagrada… aunque yo, como podrás comprender, no tengo ningún interés en ocupar la misma tierra que el papa Wojtyla»; un Cebrián, igualmente movido existencialmente por odio a la religión cristiana, y con una ignorancia no sabemos si cierta o fingida, se indignaba contra la

Iglesia: «si los suicidas no merecen ser enterrados en cristiano, ¿de qué estamos hablando?»...

La Iglesia siempre ha considerado el suicidio algo ilícito en sí. Como le sucedió a San Agustín, y así lo refleja en *La Ciudad de Dios*, la propia Iglesia ha tenido problemas para encajar en esa ilicitud algunos casos de suicidio material en los que algunas personas se habían quitado la vida para evitar una violación, por ejemplo, o para evitar una segura delación, etc... De un modo algo tosco en sus concreciones, en la Iglesia, sin embargo, se manifestó desde el principio un adelantamiento respecto a ciertas luces que la psicología posterior ha ido poniendo de manifiesto en relación a los actos interiormente libres de la persona humana. Las viejas distinciones entre pecado material y pecado formal, la necesidad de consentimiento interior como condición del pecado, es decir, de libertad externa e interna para que el mal cometido sea imputable espiritualmente... son nociones que siempre han estado presentes desde el principio: con más, menos, o ninguna repercusión en la vida social de las cristiandades sociológicas en relación a actos concretos con visibilidad y repercusiones sociales, y con la misma ambigüedad respecto a las actuaciones, consejos, advertencias, iluminaciones, en el tú a tú de parte de los guías espirituales.

El escándalo primero que vocean los profetas posmodernos del suicidio, antes que ciertas expresiones sociales lamentables y hoy rechazadas formalmente por la propia Iglesia, es precisamente la misma declaración de ilicitud moral del suicidio. Los denunciadores, nacidos en el seno del occidentalismo, es decir, bajo el eco de las referencias culturales de otro modelo mundano previo, la cristiandad occidental, centran su ataque reactivo-cultural en lo que diga la Iglesia, y obvian que el suicidio ha sido un asunto que manifiesta profunda división en la humanidad misma, en todas sus culturas. Los que atacan al cristianismo por esto, por declarar ilícito el suicidio, buscan ejemplos contradictores en otras culturas para así manifestar no sólo lo irracional, sino lo «inhumano» de la postura de la Iglesia. La criba de los buscadores de referencias culturales que conviertan en normal o lícito el suicidio, está guiada por sus prejuicios. Si van al mundo clásico occidental escogen a Séneca, quien ve el suicidio como manifestación de señorío... pero se mutila la postura de Platón o de Cicerón, quienes rechazan el suicidio como acto de cobardía y sólo lo admiten motivado por una petición de los dioses según el griego, o por el «honor» según el romano... unos conceptos muy poco posmodernos. A Aristóteles, que en sus cuadrículas racionales lo reduce a ser un atentado contra la Ciudad, ni lo nombran por molesto y contradictor de la licitud. Si van a otras culturas, idealizadas por la modernidad y desde la New Age que convive con la posmodernidad, vueltas a idealizar... nos presentan las declaraciones de admiración y de loa ante actos de suicidio, declaraciones que van más allá de la mera licitud... Y obvian que esas motivaciones (el honor familiar, la derrota en empresas de diversa índole pero todas signadas por un espíritu guerrero, militarista...), no sólo son ajenas a su público occidentalista, sino que eran y son asunto de clases sociales que no tienen nada que ver con el grueso social de aquellas culturas, con los campesinos, con los oprimidos por los estamentos que cultivaban primorosamente tales conceptos del honor. Cuando los profetas posmodernos se topan por ejemplo con culturas africanas, muchas, que históricamente y según sus referencias espirituales, han condenado los actos suicidas, optan por callar. Criba interesada, pues, para sólo ridiculizar a la Iglesia.

La realidad cultural e histórica es más compleja: los actos lamentables a que dio lugar en muchos lugares y situaciones la postura doctrinal de la Iglesia, son compartidos por gran parte de la humanidad. Es una carencia, manifestada también en la mayoría de los lugares en que el suicidio era visto como algo encomiable, pues el acto estaba reservado para una casta, para una serie de personas y prohibido y condenado en otras: los estoicos seguidores de Séneca en su supuesto acto de señorío humano sobre sí, consideraban inadmisible moral y socialmente que un esclavo siguiera tal senda. Tal suicidio era sencillamente contemplado como un robar a un propietario y por tanto, legítimo el emplear la amenaza, la coacción y el castigo para impedirlo. Y así en la mayoría de las culturas que lo han contemplado como posibilidad: sí, pero si eres mujer, no; sí, pero si eres vasallo o esclavo, no; sí, pero si lo haces por un motivo que no sea el honor, mereces desprecio público y que tu familia sea sancionada socialmente... Por no hablar de la carencia profunda de las culturas en que el suicidio no ha sido visto como posibilidad lícita, sino como obligación...

En el caso de la Iglesia y sus consecuencias en la sociedad cristiandista (y ambas realidades no son idénticas aunque sí se interpenetran), vemos, por ejemplo, cómo la reflexión espiritual que considera ilícito tal acto se expresa en la declaración del mismo como «crimen» en el Concilio de Arlés (a. 452); en el Concilio de Braga (563) se establece que no se dé a los suicidas sepultura en tierra sagrada ni se hagan exequias por ellos; en el Concilio de Auxerre (578) ya se habla de la confiscación de bienes de los suicidas... Lo siguiente, según este camino trazado, era lo previsible: la ideología cristiandista como elemento cohesionador de la sociedad y desde sus propios elementos mundanos, no sobrenaturales, conduce a esas sociedades a actos como es el ensañarse con el cadáver del suicida (ahorcarlo y dejarlo expuesto, quemarlo, etc)... o peor, condenar a muerte al suicida frustrado.

El esquema por el que la fe, en este caso, quedaba cercada y prácticamente atrapada por la ideología era sencillo: atendía a unas nociones espirituales previas acertadas, como lo son el declarar que Dios es dueño de la vida y que el hombre es sólo receptor y administrador bajo su gracia, por lo que el suicidio sería un pecado; a estas nociones se añadían otras que tenían que ver con la salvación por el arrepentimiento, estado en el que están inmersos todos los hombres. Estas nociones, que custodia la Iglesia como verdad perenne, se usaron para elaborar un silogismo cerrado con el que, de modo ilegítimo, se ha pretendido *controlar* unas situaciones vitales a las que sólo Dios tiene acceso. El silogismo, el esquema, como decíamos, es sencillo: suicidarse es un pecado, el propio acto impide el arrepentimiento, luego los suicidas están condenados... El esquema continuaba: si han muerto en pecado público y manifiesto, no deberían ser objeto de oración de intercesión, y sus cuerpos no deberían reposar en un lugar que presupone esa oración de intercesión.

Esta doctrina cojeaba, teológica y espiritualmente, por todos lados. El axioma *de internis neque Ecclesia iudicat*, que seguía en pie, incitaba objetivamente a no juzgar de modo definitivo y nítido una situación humana, la que fuere, que sólo Dios podía conocer en verdad. Por muchas apariencias de claridad que se manifestara en ella. El viejo dilema de las connotaciones morales de las acciones cometidas por personas con problemas de salud mental ya existía… pero no se supo aplicar a la generalidad de los casos de suicidio.

Fueron pocos quienes a lo largo del tiempo tuvieran en cuenta tales factores, es decir, el no saber qué acontecía en el corazón del suicida respecto a Dios —y en el corazón de Dios respecto al suicida—, y el no saber asimismo qué grado de libertad, de consentimiento, tenía esa persona en el momento de tal tesitura. Y lo que primó de parte de la disciplina de la Iglesia, fundida en la práctica con la disciplina social en un clima en que Iglesia y sociedad civil pretendían ser lo mismo, fue el establecer unas medidas de exclusión de los suicidas con pretensión pedagógica. No, por cierto, muy diferentes en su expresión social de rechazo de las que se han manifestado históricamente en una multitud de sociedades ajenas a este papel de la Iglesia sea por contexto diferente, sea por desprecio al mismo en la era del resquebrajamiento de la cristiandad sociológica.

La pedagogía eclesial se basada prácticamente sólo en el temor al infierno… y en el temor a las consecuencias sociales que conllevaría para la familia que aquí quedaba el tomar la resolución suicida. En esto se resumía todo al fin: en amargar la vida de otros, convencidos de que su pariente estaba en el infierno, y acosados ellos mismos por la infamia social. El fruto: la crueldad, el desamor, las manifestaciones populares de odio al suicida… y el sufrimiento secreto de quienes amaban y seguían amando a la persona suicidada y que sin embargo pensaban que su oración por ella sería inútil…

Antes de que la Iglesia —y el resto del mundo— acogiera nuevas luces sobre las dimensiones psicológicas del ser humano, y antes de que acogiera asimismo más luces sobre los efectos reales de la voluntad salvífica universal de Dios y la mediación sacerdotal al respecto de parte de la propia Iglesia... antes de esto ya se manifestaron en la vieja cristiandad sociológica semillas y manifestaciones de lo que luego se formularía doctrinalmente con la autorización de exequias por los suicidas y una ayuda espiritual a las familias, amigos y fieles que conlleva esperanza sobrenatural y el compromiso amoroso de la oración de intercesión.

Hay varios casos conocidos a causa de la notoriedad de los protagonistas, pero sin duda su propia existencia y la transmisión de los mismos como noticia no censurada, transmisión efectuada precisamente en los mismos tiempos en que seguían en vigor las normas de la Iglesia sobre el no enterramiento en sagrado de los suicidas... nos permiten pensar que hubo muchos más casos. Está la anécdota de Santa Teresa de Jesús, preguntada por el Señor el porqué de su pasividad orante ante la muerte por suicidio de un conocido que se había arrojado al Tormes... y cómo Jesús le incitó a rezar por él y le aclaró nuestra ignorancia de las cosas sobrenaturales cuando pretendemos controlarlas: «Teresa, ¿acaso no sabes que entre el puente y el río estaba Yo?». Está la historia, calcada de ésta, de las palabras que dirigió el santo cura de Ars a una viuda angustiada por el suicidio de su marido; cómo le dijo directamente: «está salvado», y ante la estupefacción de la mujer, sometida conceptualmente al silogismo cerrado imperante, cómo el sacerdote le añadió: «no llore, entre el puente y el río estaba la misericordia de Dios». Y le explicitó algún secreto del alma de su esposo, un incrédulo que había rezado alguna vez y cómo la Virgen había intercedido por él operando el arrepentimiento. Un arrepentimiento que nadie, sometido al espacio y al tiempo, podría describir en su operación.

Lo que en el cura de Ars era una suerte de revelación, habitual en él, en otros era una intuición espiritual acertada. La oración de intercesión, la intercesión misma de la Virgen y los santos, presupone el amor de Dios a todos y su omnipotencia misericordiosa. Un Charles Péguy, muerto en 1914, es decir, tres años antes de que el Código de Derecho Canónico de 1917 ratificara la negación de exequias a los suicidas, había escrito una oración a la Virgen en que le confiaba el destino de un amigo suicidado. No encontró ningún obstáculo espiritual, interno o externo, para rezar así:

«Venimos a suplicaros por ese pobre muchacho
que murió como un iluso en el curso de este año,
casi en la semana y en el día
en que tu Hijo nació en la paja y el afrecho.
¡Oh Virgen!, no era el peor del rebaño.
No tenía sino un defecto en su juvenil coraza.
Pero la muerte que nos sigue la pista y las huellas
pasó por ese hueco que se hizo en la piel.
Helo allí ahora en el interior de vuestra regencia.
Vos sois la reina y madre y sabréis mostrarlo.
Era un ser puro. Vos le haréis entrar
en vuestro patrocinio y en vuestra indulgencia.
¡Madre! Helo allí, pues, era nuestra raza,
y veinte años después de nosotros, nuestro incremento.
¡Reina! Recibidle en vuestra enmienda.
Donde la muerte ha pasado, pasará también la gracia»

Además de esta dimensión sobrenatural sobre los destinos últimos, también se manifestaron antes de las reformas canónicas y de los desenvolvimientos doctrinales en la Iglesia, recepciones de luces sobre la propia condición existencial de los suicidas y su evidente —en casi todos los casos— falta de libertad. Algo que implica el situar el propio acto de suicidio en unos parámetros diferentes a los de la responsabilidad espiritual de un acto humano. Está el caso, famoso, del suicidio del escritor Mariano de Larra, quien se disparó un tiro en la cabeza en 1837. Estamos en la España del siglo XIX. Un párroco madrileño tiene una conversación aclaratoria con el vicario general de la archidiócesis de Toledo (Madrid aún no era una diócesis), en la que éste le pregunta al sacerdote si a «los locos» se les puede enterrar en sagrado. El cura le dice que sí, y entonces el vicario le dice que los suicidas están locos y que, por tanto, a Larra se le podía enterrar en sagrado.

El argumento, externamente tosco por falta de profundización concreta o para simplificar, expresaba sin embargo cosas de muy alto y hondo alcance en referencia a este drama.

En la declaración *Iura et bona* emitida por la Congregación para la doctrina de la fe el 5 de mayo de 1980 acerca de la eutanasia, se compaginaba la afirmación de la ilicitud objetiva de solicitar la aplicación de la eutanasia o la asistencia al suicidio, con la evidencia de los casos en que la persona carece de libertad interior y no tiene responsabilidad, o tal libertad, mermada, oscurecida, hace disminuir su responsabilidad. En esa declaración, sin embargo, se aludía a estas situaciones con una expresión reductiva: que «a veces» (cf I,3) hay presencia de «factores psicológicos que pueden atenuar o incluso quitar la responsabilidad». Diversas enseñanzas pontificias han abundado sobre este hecho: algo moralmente malo y dañino en personas inimputables espiritualmente o con una atenuación seria de su responsabilidad. El asunto fue tratado por San Juan Pablo II, por ejemplo, en la encíclica *Veritatis splendor* publicada el 6 de agosto de 1993. Respecto a lo que nos ocupa en concreto ahora, el suicidio, San Juan Pablo II se expresó en la encíclica *Evangelium vitae* (25-3-1995) con unos matices nuevos que intentaban completar el cuadro. En el n.66 de su carta no sólo aducía «factores psicológicos» tal como decía la declaración *Iura et bona*, sino que añadía otras dimensiones humanas. En concreto hablaba de «condicionamientos psicológicos, culturales y sociales» como factores que pueden llevar a cometer el suicidio «atenuando o anulando la responsabilidad subjetiva». Otro matiz importante es que el Papa, que en ese documento enseña en profundidad sobre la ilicitud del suicidio, no usa la expresión reductiva «a veces»; sólo indica que esos factores condicionantes, evidentemente presentes en las acciones suicidas de la mayoría, anulan o disminuyen su responsabilidad.

Ya hemos hecho alusión a este fenómeno humano, tanto individual como social, que recoge no sólo la moral sino el derecho.

255

Por supuesto hay formulaciones morales sometidas al rigorismo objetivista que se burlan de esto, como hay concreciones jurídicas que también lo hacen; pero es un hecho que en estos dos ámbitos también se ha acogido e integrado esta situación: lo espiritualmente concebido como pecado grave junto a la declaración de ausencia de culpa, o lo jurídicamente catalogado como delito grave cometido por personas a las que se declara inimputables penalmente.

En el caso del suicidio es perfectamente concebible el dejar en paz penalmente hablando al suicida frustrado en atención a una desdicha que como tal no debe ser castigada de ningún modo, y compatibilizar esta situación con la negación legal del suicidio como derecho social.

Las luces que unos y otros han querido recibir en referencia a ciertas condiciones interiores del ser humano ya se manifestaban, aunque con debilidad y ambigüedad, en el Código de Derecho Canónico de 1917, que sin embargo seguía negando sepultura eclesiástica a los suicidas. Efectivamente el canon 1240 de aquel Código negaba esa sepultura y el canon 1241 negaba también la celebración de la Misa Exequial; pero el Código establecía que esta medida se debería aplicar a *qui se ipsi occiderint deliberato consilio*, es decir a aquellos que cometiesen el suicidio de un modo deliberado. Los interpretadores, entonces, no sólo tradujeron ese *deliberato consilio* en el sentido de distinguir a estos suicidas de quienes se hubieran dado muerte por accidente o por miedo insuperable debido a presión externa sino en el sentido de distinguirlos de quien lo cometiera de un modo no «consciente y voluntario».

Esta débil brecha doctrinal que sin embargo fue soporte para que diversos suicidas sí fueran acogidos en suelo sagrado y se celebraran misas por ellos, culmina en la deliberada ausencia de alusiones al suicidio en las prescripciones que al respecto aparecen en el Código de Derecho Canónico promulgado por San Juan Pablo II en 1983.

Efectivamente, este Código, en su canon 1184 también trata del grave asunto de los casos de negación de las exequias eclesiásticas. El aspecto de castigo realmente desaparece, pues la

Iglesia anuncia que no habrá, generalmente hablando, exequias, precisamente para quienes no las querrían: se hace mención de quienes de modo consciente se han declarado herejes, cismáticos o apóstatas, es decir, de quienes han querido romper con la Iglesia católica; también se menciona a quienes de modo deliberado desprecian el significado de estas exequias y por motivos de discordancia con la fe cristiana quieren que su cadáver sea tratado de otro modo; y a los que llevan un modo de vida abierta, pública y explícitamente enfrentado al cristianismo.

Aun así, se establecen en las notas del canon excepciones. En primer lugar, el someter al juicio y autoridad del obispo cada caso particular; el obispo es libre de permitir las exequias, incluso la misa por el difunto, si se han solicitado y atendiendo a diversas circunstancias: que el escándalo contra la fe sea atenuado o eliminado por la actuación de los pastores en las exequias al mostrar el verdadero sentido de éstas; en atención a la petición de los familiares cuando ésta tiene verdadera motivación religiosa... Como vemos, la noción de castigo ejemplarizante ha desaparecido: lo que se quiere es que la expresión de comunión eclesial sea veraz y no un teatro, y por eso se atiende a la petición religiosa de los familiares. Asimismo, se intenta atender espiritualmente a los fieles catequizándolos para la intercesión y en la humildad de dejar el juicio a Dios.

Para lo que estamos tratando aquí, lo notable —y así era perceptible por cualquiera pues la omisión era intencionada— fue la ausencia de esta categoría que sí figuraba en la legislación anterior: la de los suicidas. Es decir, lo que la Iglesia ya estaba realizando por motivos pastorales y por la evidencia de la situación interior de la mayoría de los suicidas, fue tomado en cuenta a la hora de reformar el Código. Los suicidas son enterrados en suelo sagrado, si así lo han o hubieran querido ellos o si sus familias lo quieren, y se celebran Misas exequiales por ellos. Los críticos, reivindicadores del supuesto señorío del hombre sobre su muerte, cuando acusan a la Iglesia de lo contrario, se muestran ignorantes de lo que habitualmente acontece, o mienten a sabiendas por motivos propagandísticos.

La Iglesia percibe que para los vivos la vieja pedagogía social no sólo era cruel y estéril sino contraproducente, pues el actuar por temor y no por amor no es bueno, y los juicios condenatorios y la aversión pública no pueden traer bondad espiritual. Y en este plano, el espiritual, la Iglesia percibe asimismo que aquello podría suponer tanto un abuso de juicio —juicio que sólo compete a Dios—, como una falta de esperanza en la acción de este mismo Dios. La respuesta ante el suicidio es dejar a Dios ser Dios y confiar y pedir su misericordia, tal como se trasluce en el n.2283 del Catecismo de la Iglesia Católica.

Esta respuesta no es un parche, un remendón, sino que es positiva y fértil: hace cambiar la mirada… Precisamente en 2020 fue publicado un libro que ya en su propio título hacía mención de todas estas luces que ha recibido la Iglesia, incluidas las enviadas a Santa Teresa y a San Juan María de Vianney. El libro en cuestión se titulaba *Entre el puente y el río. Una mirada de misericordia ante el suicidio*[75]. El autor, Javier Diaz Vega, sufrió la terrible experiencia del suicidio de su madre. Pese a los acusadores que, como hemos visto, siguen partiendo para su crítica de un falseamiento de la postura de la Iglesia ante los suicidas, el autor de este libro agradecía de modo explícito la acogida en la Iglesia. A su madre, a él, a su familia, de parte de miembros de la Iglesia fieles a las luces recibidas.

El Venerable José Rivera, a quien Dios hizo topar con hermanos que representaban una multitud de miserias humanas, de sufrimientos, de carencias de todo género… también se encontró con el drama del suicidio. En diciembre de 2015, un sacerdote que daba una conferencia sobre «Don José» (así era conocido y así se le sigue conociendo por muchos) titulada «La sorpresa —y la riqueza— de un diario personal»[76], citaba en la misma unos párrafos

---

[75] Editorial Nueva Eva, Madrid 2020
[76] Esta conferencia y otras intervenciones fueron publicadas en un libro: *Tu rostro buscaré* (Fundación José Rivera/Ed. Trébedes, Toledo 2016)

de unas cartas escritas por él y enviadas a la familia de una mujer suicidada:

«Comprenderás que yo me quedé un tanto sorprendido, pero no demasiado, puesto que ya había habido un intento anterior, y era lógico que repitiera. Desde el punto de vista espiritual, la cosa no tiene valor ninguno, puesto que es clarísimo que carecía totalmente de responsabilidad. Era una psicología rota, sin más. Desde el punto de vista total… es natural que lo sintáis de momento, pero la verdad es que yo tengo, por ella, claro, una especie de sensación de descanso positivo. Quiero decir que no sólo ha terminado esa vida rebosante de angustia, sino que como, pese a sus muchas acusaciones, lo ha aguantado muy bien, y ha estado a la vez llena de deseos sobrenaturales, es de creer que cuanto hubiera de purgatorio, ya lo tiene resuelto con su larguísima enfermedad (…) Para mí, a pesar de la forma externa, es una muerte tan "natural" como otra cualquiera. Lo mismo que a uno se le rinde el corazón, a ella se le rindió un día el ánimo, y se le rompió»

En otra, dirigida a los padres de esta mujer, les dice:
«Supongo la pena que habrán sentido, tanto más cuanto que no esperarían tan duro desenlace, ya que sus enfermedades eran de tipo psicológico. Sin embargo espero que habrán sabido ver las cosas en su totalidad. Y vistas así tienen mucho más de alegría que de tristeza. Yo pienso que conozco bastante bien a la hermana y puedo medir lo que hubo en su vida terrena de valor, de mérito ante Dios, de santificación y también de sufrimiento, debido sobre todo a esas enfermedades. Por todo ello estoy seguro de que muy ocultamente ha tenido que hacer ya aquí en el mundo, y mucho más hará ahora en el cielo, un bien inmenso a muchísima gente. Pues el elemento principal es la cruz recibida con caridad y estoy bien seguro de que ambas cosas las tuvo en grado muy intenso»

El Evangelio de un sentido vital

Este pequeño epígrafe querría ser una suerte de bisagra, una recapitulación de los elementos que muestran la falta de sentido vital en que nace la cultura eutanásica, para vincularlos con la necesidad de los hombres y mujeres de la posmodernidad hastiada y asustada por el fascismo que viene, de testimonios que expresen —sin toda la palabrería de este libro, por ejemplo— la veracidad total de que la existencia humana tiene un logos. Y que ese logos da razón misteriosa de los incomprensibles avatares que acechan a esta existencia.

En los preludios de esta cultura desarrollada por burgueses de regiones ricas del mundo, ya vemos que el fantasma del absurdo ocupa los corazones ante la evidencia del sufrimiento, el horror del sufrimiento de los inocentes, la inevitable decrepitud, la muerte… «no era el problema del hombre el sufrimiento en sí mismo, sino más bien el hecho de que el grito de la pregunta "¿qué sentido tiene el sufrimiento?" quedase sin respuesta… Lo absurdo del sufrimiento ha sido la maldición que hasta hoy se ha extendido por toda la humanidad» (Nietzsche); «un ser para la muerte», dice Heidegger; «el hombre es una pasión inútil», apostilla Sartre; «el mayor mal del hombre es haber nacido», sentencia desesperadamente Schopenhauer… Camus, en *La peste*, y ante el sufrimiento de los inocentes concluye en la inexistencia de Dios; y estupefacto ve que el dolor es universal, abundante, injusto, inútil… En *Los hermanos Karamazov*, Dostoievski recoge en toda su crudeza la objeción total que para muchos supondría el escándalo del sufrimiento de los niños… La *Gaudium et spes*, en su número 19, acoge la queja cuando habla del ateísmo «como violenta protesta contra la existencia del mal en el mundo»…

La mayoría de las gentes que viven en el mundo acosado por la cultura del sinsentido no conocen a estos filósofos, no filosofan sobre ello… pero viven masivamente este absurdo. Un absurdo que es una conclusión, necesaria según las premisas, pues el humus cultural es el hedonismo, el culto al dinero como medio de cultivo eternamente insatisfactorio para las exigencias de ese hedonismo; es el culto al cuerpo, que proviene de cebar la vanidad, instrumentalizar las relaciones, incrementar la propia vanidad hasta hacerse insoportable a sí mismo; es la invasión en todos los ámbitos, de modo no confesado puertas afuera, de un endiosamiento de la productividad y la eficacia inmediata; es el humus de un hipersensibilismo concebido como única fuente de acceso al conocimiento, obviamente a costa de la verdad… como se ha dicho «el hombre no aguanta mucha realidad», y el hombre posmoderno, para evitar esta tensión ha querido ajustar la realidad a su poco aguante.

Esta cultura es la que engendra el sentimiento de absurdo ante el dolor, ante la muerte, cuya ineludible presencia se torna indigerible. En las sociedades adineradas, y por tanto atemorizadas espiritualmente, no se sabe qué hacer con la muerte: tabú, desesperados divertimentos y frivolidades en su tratamiento para evadirse de su amenaza…

La muerte como tabú pues su existencia revela falta de sentido vital, es decir, cuando no se sabe qué hacer con la muerte tampoco se sabe qué es la vida. Muerte como tabú que condiciona el tratamiento de los moribundos: incita a huir, provoca silencios y malestares, no hay palabras creíbles ante su presencia… Cierto que el amor de parte de muchos de los sometidos al absurdo hace de contrapeso a estas carencias; pero como atmósfera esta ahí: un absurdo total. Anestesiado cuando el que muere no es conocido, cuando muere un anciano muy anciano y sin enterarse de que estaba muriendo. Anestesiado apenas por esa salida, bastante imbécil del «ahora vive en tu corazón»; anestesiado al fin por el transcurso del tiempo, el famoso «la vida sigue». Y sobre todo, absurdo anestesiado mediante el no pensar en ello.

Anunciar un evangelio del sentido vital es el corazón de la denuncia de la eutanasia. Y lo es en clave positiva y propositiva. No existe una sola vida sin sentido es el primer artículo de este evangelio. Por más anónima, o *inútil*, o desastrosa que sea. Esté en la fase en que esté.

Y este sentido vital asume el drama del dolor. Decíamos antes que, combatido por amor y por la propia necesidad del que sufre, el dolor también revela ese sentido total de la existencia (luego volveremos sobre esto). El dolor es un mal que sufre la humanidad de modo consciente y que, en un misterio del que un día se desvelará su secreto, participan todas las criaturas pasibles. Cuando hablamos del mal brota la tentación espiritualista (sólo entre gentes acomodadas), una tentación que testifica un desamor. Desde ahí se pretende excluir del «mal» al sufrimiento psico-moral que causa el dolor, la finitud que deshace las fuerzas y capacidades, la muerte… para centrarse de modo excluyente en el «mal moral», el pecado. Por supuesto, quien así razona, despreciando como si el dolor físico de los otros no tuviera entidad, entidad sobrenatural, siempre es un sujeto que tiene a su disposición toda clase de analgésicos y etc. No; aquí hablamos del sufrimiento en totalidad.

La cultura posmoderna, escandalizada por el dolor, practica otro reduccionismo crucial: abomina asimismo del sentido del pecado, al que no presta atención; y concibe tal sentido como enemigo de la libertad. Ocurre que el hombre, supuestamente liberado de mitos, ve que el sufrimiento, en todas sus gamas, perdura. Culparían a Dios si pudieran, pero no pueden porque lo han negado precisamente a causa del sufrimiento. Introducidos en un círculo vicioso, sin tener a nadie quien culpar en la generalidad de los sufrimientos y en el sufrimiento como tal, como realidad siempre presente, esta cultura engendra una desesperación ontológica que quiere resolver mediante atajos que silencien esta realidad.

La certeza que brota de la fe impele a predicar que es el absurdo el que no existe. Como dice *Samaritanus bonus* en su cap.II, «el dolor es existencialmente soportable sólo donde existe esperanza». No dice que sea físicamente o psicológicamente soportable, sino existencialmente, es decir, respecto a los quicios mismos de nuestra presencia aquí, respecto al por qué, al para qué de tal presencia. Así, el sufrimiento actúa como *puente* de un logos, de un sentido. Porque manifiesta incluso con brutalidad lo que somos y provoca el mirar más allá de la situación, a lo hondo y profundo, a lo alto. Porque «esto», nuestra vida, nuestra salud, nuestra integridad, con evidencia irrebatible, se acaba.

Este evangelio de un sentido vital anuncia que el que ha hallado, entonces encontrará más, mucho más; y que el que busca, hallará... Obviamente el que se niega a buscar porque ya se ha dado una respuesta negativa, una respuesta de la que sabe con certeza que sólo proviene de las cavilaciones de su ombligo, respuesta que con esa auto-certeza le habla de la inexistencia de esa hondura, de esa altura, de una perdurabilidad... entonces sí tiene motivo para la desesperación, o un motivo poderoso para distraerla mientras pueda mediante la apatía o la acción, mediante el estoicismo y la asunción de la nada o mediante una huida hacia adelante que obvia el mirar a los que van cayendo en nuestras cunetas.

Hablar de un sentido vita nos presenta a la ancianidad como un ámbito privilegiado para mostrar algunas certezas. Porque la ancianidad, en sí, integra las tres dimensiones del escándalo vital que da lugar a la cultura eutanásica: presencia del dolor, presencia de discapacidades graves y presencia de la cercanía de la muerte. Ya hemos hablado antes de los antagonismos íntimos de esta cultura desarrollada en regiones ricas del mundo, cómo se puede compaginar la llamada inclusión con el descarte. Ahora nos referimos a la visión en sí de la ancianidad: otro absurdo indigerible por esta cultura, que pretende hacer tragar con algunos procedimientos que, al fin, no pueden abolir la angustia existencial, tanto de muchas personas ancianas como de otros muchos en la medida en que presumen que van a llegar a la ancianidad.

Un procedimiento es la adulación, orquestada por medio de técnicas de marketing, en que se ensalza a determinados ancianos por su sabiduría, sus aportaciones cuantificables... intelectuales, científicos, algunos políticos, etc, como si esta fuera la realidad general de la ancianidad en estos países ricos. La realidad es que en la era del neomercado, si alguien se queda sin trabajo con sólo 50 años, generalmente no hay quien lo quiera.

El otro procedimiento es la distracción. No sólo no es malo, sino que es de justicia el que algunas administraciones y asociaciones se preocupen de que algunos ancianos hagan ejercicio, aprendan habilidades que no conocían, viajen… La historia, real y buena en sí, también se «vende». En primer lugar, porque los beneficiarios siempre son una minoría; en segundo lugar, porque muchas de estas iniciativas publicitadas no tienen continuidad. El problema es, no obstante, más hondo: una cultura de la distracción, que puede llegar a impedir el auténtico desarrollo personal, espiritual, y que encierra a los ancianos, como a otros grupos de población, en sí mismos. Los ancianos, por el contrario y hasta que les falte la posibilidad de expresarlo porque fallen las fuerzas o la lucidez, están llamados, como todos, a una edificación personal que integra tanto la dimensión espiritual como el soñar y trabajar por una revolución social en favor de todos los demás. Y si hay tiempo y ganas, en medio de estas lides universales, que baile el que quiera bailar y que se distraiga el que se quiera distraer. El amor a los otros y la búsqueda de Dios —que siempre se resuelve en un dejarse encontrar pro Él—, la misión a que todos son llamados, puede integrar incluso esa situación que hemos señalado: cuando no sea posible la expresión por falta de fuerzas y de capacidad mental. Porque el amor no tiene barrera.

Otro procedimiento para hacer tragar el absurdo no confesado de la ancianidad, es el aparcar, ocultar, silenciar a los ancianos. Las residencias son lugares necesarios para muchos, pues no todos han sido rechazados por sus familias o vistos como una molestia por ellas. Hay personas con necesidades especiales, personas sin familia, familias que por sus circunstancias vitales (entre las que hay que poner en lugar preferente el ser víctimas de injusticia social) no pueden atender a sus ancianos… Muchos casos diversos. Pero que las residencias estén generalmente fuera de la vista de los demás, bajo excusa de lugares sanos en el campo… que se escamoteen los medios y el personal, que sean víctimas primeras de ajustes económicos, que no haya un trasiego normalizado y constante de relaciones entre los demás y las personas ancianas que en su casa o en residencias viven sin familia, unas relaciones que se propician cuando tales lugares están integrados en un barrio y que pueden consistir en un sencillo «buenos días» y en unas rutinas que comparten con otros... Que estas personas ya no cuenten en los afanes de los rebeldes contra las injusticias... y muchas cosas más, esto significa la implantación de una cultura del aparcamiento de gentes ya descartadas y cuya próxima parada es una «nada» de la que los demás no quieten oír hablar.

El sinsentido vital tapa injusticias que produce él mismo. Y multiplica la idea de absurdo existencial, lo hace perdurable, lo entrega como herencia a otros... Como en aquella vieja leyenda china en que un hombre camina con su hijo mientras lleva en la espalda un cesto en el que transporta a su anciano padre hasta la montaña para dejarlo morir allí. El niño le pregunta a su padre si volverán a casa con el cesto, y el padre, sorprendido, le dice que por qué pregunta eso. Entonces el niño le responde: «así, cuando seas viejo, podré llevarte en él a la montaña».

San Juan Pablo II, que en sus enseñanzas prestó también atención especial al misterio de la ancianidad, él mismo fue en cierto modo víctima de esta cultura del absurdo cuando, gravemente deteriorado por la vejez, era objeto de valoraciones de sabor empresarial tales como «que se jubile o que lo jubilen»...

El evangelio del sentido vital, evangelio del logos, del Logos, incluye el anunciar ese misterio de la ancianidad. La vejez supone la destrucción progresiva del físico y de las capacidades de un hombre o una mujer. La persona que llega a no poder sostenerse a sí misma está siendo objeto de una gracia especial de Dios: la vivencia de la gratuidad, donde no hay *contraprestaciones*, donde se expresa con claridad que la iniciativa de la salvación viene de Dios. El hombre viejo muere, pero no sólo en sentido espiritual sino aun psicofísicamente para que emerja el hombre nuevo. La vejez, la impotencia progresiva, es purificante. Se pone de manifiesto —aun ocultamente por indisposición psicológica subjetiva o por ausencia de otros que lo puedan o lo sepan ver— lo que queda, lo que es el hombre: ni belleza física, ni salud terrenal, ni acceso a la inteligencia.

Todo eso es caduco. El Amor permanece, pues aunque tal persona apenas haya amado o no haya sido amada, siempre es amada por Dios.

Un día llega el momento crucial y supremo en la vida de este hombre o esta mujer: la muerte. Quizá llega sin conciencia siquiera del protagonista. Los demás suspiran aliviados al conocer la edad del difunto; o simplemente ignoran el acontecimiento, del que sí tienen noticia, porque no rompe con las expectativas mundanas: en efecto, qué puede esperar un viejo si no es morirse. Pero he ahí que en medio de esa indiferencia general estamos hablando de la manifestación histórica en esa persona de toda la grandeza de la redención. Todo el misterio se *concentra* en ese momento depreciado por los demás.

El viejo, quizá con demencia senil, ya no sirve. Se le olvida pronto, o al instante, o no se le olvida porque fue olvidado ya hace mucho o porque nunca fue conocido siquiera. Es olvidado pronto si ha muerto «de viejo» y si no es famoso por algo. No hay huella dramática en su muerte. A todos les parece natural, motivo por el que no nos damos por enterados de esas muertes… Pero Dios ha esperado con paciencia, ha ofrecido convertir en tesoro el dolor. Ha regalado el tesoro del desmontaje progresivo y evidente de las esperanzas mundanas expresado en ese desmoronamiento visible de la persona. Dios ha gritado su amor a esa persona, y ha roto su anonimato y su desvalorización saliéndole al encuentro… Todo pasa, sólo Dios queda, y todo lo que es de Dios: los hermanos enamorados para siempre, la creación transfigurada.

Del dolor y el amor

Una de las principales acusaciones que recibe cualquiera que en el seno de esta cultura ose insinuar siquiera que el sufrimiento tiene vínculo con un sentido vital, es la de masoquismo y sadismo. Esto, en sí, no se corresponde con la verdad. Por supuesto, hay interpretaciones tintadas de religiosidad, de espiritualidad, que sí deforman de modo profundo y dañino el sentido de la cruz que custodia y predica la Iglesia y cuantos han recibido luz y gracia para acoger de algún modo este misterio. Otras veces, la deformación religiosa está más en las expresiones usadas que en la visión en sí: términos ambiguos, asertos aislados, servidumbres conceptuales anacrónicas, el incidir en unos aspectos en detrimento de otros desbaratando realmente lo que se quería transmitir…

Nada de estas aclaraciones interesa a la cultura dominante, que ha fijado su posición en la acusación de sadomasoquismo. Por otro lado, de parte de esta cultura no deja de haber cierta hipocresía cuando sus agentes culturales de la burguesía más *liberada* siempre han sentido un regusto reivindicador de las aberraciones del marqués de Sade, como culmen de la transgresión, de la libertad frente a los prejuicios y bla, bla, bla. Pero bueno, eso es otra faceta de esta historia. El caso es que en esta recta final de esta reflexión sobre la eutanasia y sus implicaciones totales respecto a la visión del hombre, entramos en terreno que escandaliza de modo muy pronunciado a los siervos de la cultura posmoderna. Porque en cuanto a todo lo que hemos expuesto antes, les podría bastar con espetar un sencillo: «es mentira». Es decir, que las referencias a eutanasias impuestas, a resoluciones eugenésicas, a muertes de bebés, a coacciones, abandonos por motivación economicista, contradicciones respecto al suicidio, aversión y sectarismo antirreligioso, efectos deslizantes que justifican enormidades y conducen a enormidades, etc… serían simplemente mentiras propagandísticas y sobreactuaciones. Además de significar — zanjando la cuestión— un posicionamiento ultraderechista… por más que en este estudio se hayan rechazado de modo sistemático y argumentado, como profundamente aberrantes, los pronunciamientos anti-eutanasia de parte de tales facciones. Ahora, con lo que sigue, es decir, con el escudriñamiento de qué pueda suponer para el hombre y su destino la presencia misteriosa del sufrimiento, ya no se trataría de llamarnos mentirosos… sino fanáticos propagadores de mitos, además de buscar en esta tarea esos oscuros motivos psicológicos de orden sadomasoquista que constituyen el culmen de la acusación.

Decíamos que en la confrontación con el misterio del dolor hay, de parte de creyentes cristianos, ciertas deformaciones. Sí existen esteticismos con tintes masoquistas en ciertos autores que describen con una especie de fruición extraña los sufrimientos padecidos por tal o cual santo, o las penitencias que tales santos se infligían. Recuerdo, por ejemplo, la impresionante obra de investigación realizada por Johannes María Höcht y plasmada en dos volúmenes bajo el título *Los estigmatizados*[77]. Este libro, que estuvo en el despacho mismo de Goebbels, quien impidió su publicación, presenta un elenco extenso de personas, casi todas desconocidas en general, que vivieron el fenómeno de la estigmatización de modos muy diversos. El libro es valioso con una lectura crítica, y tiene datos y apreciaciones fructuosos… pero el tono general adolece de eso que Francisco ha calificado como de cuantificación dolorista. En algunos casos, el texto repele en este sentido; y, contra las intenciones del autor, oscurece más que aclara el sentido de la cruz.

El Papa previene de esta reducción del misterio del sufrimiento en su encíclica *Dilexit nos* (Nos amó) «sobre el amor humano y divino del Corazón de Jesucristo». Hablando de una carta que Santa teresa del Niño Jesús dirige a una religiosa, Francisco escribe:

> «A Sor María, que la elogiaba por su generoso amor a Dios dispuesto al martirio, ella le responde detenidamente en una carta que hoy es uno de los grandes hitos de la historia de la espiritualidad. Esta página debería ser leída mil veces por su hondura, claridad y belleza. Allí ayuda a la hermana "del Sagrado Corazón" a evitar concentrar esta devoción en un aspecto dolorista, ya que algunos entendían la reparación como una suerte de primacía de los sacrificios o de los cumplimientos moralistas. Ella, en cambio, resume

---

[77] Ediciones Fax, Madrid 1954

todo en la confianza como la mejor ofrenda, agradable al Corazón de Cristo (el Papa cita a continuación algunos párrafos de esta carta; entre ellos:) "si deseas sentir alegría o atractivo por el sufrimiento, es tu propio consuelo lo que buscas (…) La confianza y nada más que la confianza, puede conducirnos al amor"»[78]

En nota a pie de página (nota 134) Francisco aclaraba, no obstante, que «esto no significa que Santa Teresa del Niño Jesús no ofreciera sacrificios, dolores, angustias como un modo de asociarse al sufrimiento de Cristo, pero cuando quería ir al fondo se preocupaba por no dar a estos sufrimientos una importancia que no tienen». Es decir, no complacencia, ni cuantificación, sino confianza, lo que significa un amor previo, un deseo de amor. Lo demás viene por añadidura.

La acusación contra la fe cristiana tiene también soporte en algunas expresiones poco afortunadas en cuanto a la relación del misterio del sufrimiento con la cultura moderna y posmoderna propias del ámbito occidentalista. Expresiones ambiguas que, además, pueden referirse a conceptos diversos entre sí. Por ejemplo, cuando se enfatiza que esta civilización (la de los ricos contemporáneos) es enemiga del dolor, huye de él, etc. Es un discurso de denuncia conocido… y promulgado generalmente por personas que tienen analgésicos a mano y hospitales a la vuelta de la esquina. Personas que en sus previsiones vitales no entra el contemplar con absoluta impotencia el sufrimiento de sus hijos y la ausencia de cualquier remedio adecuado, o de cualquier remedio…

Según este discurso falso parecería que el dolor entonces no se debe combatir. Por beneficios espirituales, etc. Pero combatirlo es precisamente lo que han hecho secularmente santos y santas cuando han curado, consolado, acompañado, o directamente han sido instrumentos de Dios para sanaciones milagrosas. El tema es otro: el amor conlleva dolor; pues se ama, y

---

[78] FRANCISCO, *Dilexit nos* n.138 (24-10-2024)

entonces se sufre con los amados. Y eso lo sabe todo el que ama, y de un modo muy particular y misteriosamente específico, lo saben las madres.

En esa relación, cuyo motor no es el dolor, sino el amor, el propio dolor se convierte en ocasión de comulgar amorosamente con los otros sufrientes. Entonces, la acusación a esta civilización hedonista cobra otro sentido: por huir del dolor se aleja del amor, del riesgo de amar. Se prefiere no ver, evadirse. No tener hijos, porque eso conllevaría, a la par que alegría, dolor por y con ellos. No compartir realmente, pues la pasión por el alivio del dolor de los otros, que supone el amor hacia ellos, podría traer problemas, inseguridades, carencias, es decir, sufrimiento. No pensar siquiera que el dolor está ahí, porque eso obliga a *sufrir* la pérdida de pie, a ver de sopetón caducidades que no queremos aceptar por más evidentes que sean… y empuja a la búsqueda trascendente y profunda. Es decir, empuja a la disidencia, a ser, como decían aquellos primeros cristianos, «ateos de vuestros dioses». Una búsqueda y una disidencia que, según esta riquísima y avanzadísima civilización antropológicamente paupérrima e imbécil…, va contra la alegría.

El combatir el dolor se configura así como un enunciado que obedece a realidades diferentes. Los ricos de la posmodernidad se entregan al hedonismo, al bienestar físico de ellos, a la posesión contra los demás, y al prestigio social, que no sólo es vanidad sino expresión de poder y medio para incrementar el poder. El dolor se muestra entonces como enemigo de tales pretensiones, y ha de ser combatido por eso. El amor combate el dolor a causa de otros principios y horizontes: porque induce a sanar a los otros, aunque eso le cueste la vida al sanador o suponga sencillamente un motivar y desgastar la vida en tal empresa; induce a eliminar la miseria, y eso exige negaciones, abandono de posesiones y de afán por poseer, abajamientos para que otros crezcan; induce, en fin, no a la búsqueda de reconocimiento sino a la valoración mutua… Como vemos, algo que supera nuestras pobres fuerzas, que es contradicho por nuestros temores y debilidades y oscuridades… pero que es la verdad, una verdad que libera, una verdad que es donada gratuitamente sin cesar a fin de que podamos crecer en el amor, y, en la era presente, mientras aún caminamos aquí, crecer en el ser introducidos en el misterio salvífico del dolor.

Esta alusión a «la era presente» es asimismo crucial en la valoración cristiana del sufrimiento. En referencia a la vocación última del hombre, es decir, el Reino eterno de Dios, el dolor desaparece como un mal que ha sido vencido. Ciertamente, existe la posibilidad de un sufrimiento ultraterreno, pero tal sufrimiento siempre sería autoinfligido, nunca sobrevenido por vías impersonales, ni permitido por un bien mayor de parte de una instancia amorosa. Es decir, sería el salario de un odio total y sin resquicio, por el que una persona, frustrada como tal, destruido su ser relacional, se odia a sí mismo, odia a los demás, los daña por eso mismo, es dañado por esos otros entregados asimismo al odio, odia a Dios… fuente de todo bien, y rechaza con consciencia ese bien. Se desliga, por tanto, de cualquier acceso a la paz y la alegría. Hablamos del infierno, cuyo misterio nos dice que no es un castigo externo fruto de una sentencia judicial al modo como se acostumbra entre los hombres, sino un autocastigo fruto del rechazo de un perdón eterno, de un amor eterno. Perdón y amor irrevocables, no sujetos a sucesiones circunstanciales… rechazo irrevocable del que no se sale porque no se quiere. Un «no quiero ese amor» afirmado en la eternidad.

El dolor es un mal. Hasta el extremo de que en la Escritura, en los Evangelios, se vincula el sufrimiento, la enfermedad, con la acción de Satanás. No en clave retributiva, ni como castigo permitido por Dios o enviado por Él, como en el famoso principio profundamente deforme: «castigo de Dios», y la consecuente pregunta angustiada, el «qué he hecho yo para merecer esto»… No. La acción satánica que se manifiesta en la Escritura cuando habla de la humanidad doliente muestra dos dimensiones antitéticas que ilustran una batalla sobrenatural. Por un lado, el odio a la humanidad, a la creación, a Dios y su obra, y por consiguiente el deseo de dañar, de matar en vez de aliviar, sanar y dar vida Y esto, con una pretensión que toca las ultimidades del hombre: que se desespere, que se encierre en sí y sólo en sí, que blasfeme, que odie a los demás, tanto más cuanto más sanos estén... Por otro lado, la permisión de esta acción por parte de Dios no habla de castigo, sino de prueba, de purificación consciente o pasiva. Habla de confianza, de palabras enamoradas de alianza, irrevocables... Influjos satánicos en la enfermedad y los sufrimientos psico-físicos, en el sufrimiento espiritual, sufrimientos providencializados por Dios y conversos en gracia, para amar, confiar, expiar, mirar a lo Alto... Un cuento, según la cultura dominante entre los ricos posmodernos. Un *cuento* al que luego volveremos para intentar escudriñar algo de su misterio.

Por supuesto, el mundo se puede burlar de esto: se investigan las enfermedades y las dolencias accidentales o provocadas, y se descubren relaciones causales de orden físico, desequilibrios, leyes universales que aseguran la permanencia del todo, etc. Y con este hallazgo —que responde a una dimensión de la verdad del misterio humano— todos, sin embargo, quedan estupefactos ante el dolor incontenible de una madre ante el cadáver de su hijo. Y si alguno de ellos explicara a la madre, para que ajustara a razón el acontecimiento, las leyes de la física que han producido el cese de actividad vital de su hijo merced al impacto de lo que sea, o le explicara cómo funciona un virus o una bacteria y la función selectiva natural que puede justificar su presencia... lo único que harían sería redoblar el dolor y la angustia de esa madre. Es decir, su respuesta no sería una respuesta, ni indicio de respuesta, ni un silencio sagrado que remite a otros lugares.

Hay un algo inaprensible en la manifestación del dolor en el mundo. Que ciertamente nos remite a instancias celestes: para pedir ayuda contra los siervos angélicos del mal, para solicitar la protección de los ángeles. Porque, como decíamos, el dolor es algo contrario a la plenitud del ser humano. Tan es de aquí el dolor, del mundo de la carencia, que los artistas plásticos pueden reflejar de alguna manera el sufrimiento infernal, toscamente siempre, pero transmitiendo con imágenes sensibles algo de su realidad: odio,

odio mutuo, sufrimiento solitario, degradación, fealdad... Mientras que esos mismos artistas no pueden expresar la vida bienaventurada... Esas imágenes en las que las gentes glorificadas adoran extáticas y de rodillas y miran al Señor, a su Madre, no transmiten de ninguna manera el gozo celestial. Ni siquiera parecen reflejos estéticos de las alegrías de la vida de acá que pudieran evocar algo por analogía. Porque nos es inimaginable ese gozo, y cuando aquí hay alguna participación, sabemos que es una experiencia fugaz, pobre respecto a la realidad, e incapaz de eclipsar el permanente desafío y la permanente presencia del sufrimiento.

Así pues, el dolor sólo se puede confrontar en profundidad desde estas instancias sobrenaturales que el mundo rechaza. Pero al hombre no se le presenta otro camino para integrar, con temor y temblor, esta realidad de la historia. Y cuando este hombre no quiere ver, queda el desconcierto, el absurdo y el intento inútil de controlar la situación mediante manipulaciones sin fin, en los conceptos y en los hechos. Así, esas reivindicaciones de supuesto señorío que representaría el derecho al suicidio.

El siervo de Dios Tonino Bello fue hombre siempre cercano al sufrimiento de otros, sufrimiento que al fin cargó él mismo con la elocuencia de un cáncer terminal que no le impidió, en 1992, el presentarse en un escenario de guerra, en Bosnia, para predicar la paz y el cese de la violencia... Este obispo con conciencia de la gracia de estado episcopal y por tanto, con incontenibles maneras de profeta, hablaba del dolor así, indicando dónde está el lugar de la salud:

«Cuando se sufre es difícil hace de la necesidad virtud, si no viene una fuerza de lo alto. Como mucho uno puede resignarse estoicamente, con el sarcasmo en los labios, que a menudo es peor que la blasfemia»[79]

Esta fuerza de lo alto, ciertamente, no se puede conceptualizar de un modo que satisfaga a un espíritu racionalista,

---

[79] Don Tonino BELLO, *Acoger y dar vida* (Paulinas, Madrid 2012) 138

y menos a un alma burlona de la burguesía posmoderna. Los creyentes sufrimos ataques por esta supuesta falta de claridad. Pero para nosotros, la cruz de Cristo, locura para unos, necedad para otros, es luz. Y fuerza. Y esta convicción se adelanta a la hora de «dar razón de nuestra esperanza» cuando somos interpelados por el misterio del sufrimiento. En la manifestación misma de esta convicción hay un indicio de respuesta, que el mundo como tal no puede entender pero que es capaz de abrir brechas en las almas doloridas por donde penetra una esperanza tan *loca* como la cruz. Primero, pues, la convicción. Don Tonino nos habla otra vez, sin argumentos, desde el amor y en el anuncio de una verdad que nos desborda desde el principio y que valoriza a todo hombre y mujer en cualquier situación en que se halle:

«Pienso en todos los pobres de la tierra, en los excluidos que se arrastran junto a nuestras casas, en toda la humanidad doliente que pasa bajo nuestra mirada. Poned los nombres que queráis: Marisa, Antonieta, Luisa, Pedro… ¡Cuánta gente sufre! La plaza de Lourdes es el icono, diría que la concentración más grande, la densificación más emocionante del sufrimiento humano. Pero este sufrimiento lo vemos en nuestras casas, en nuestras parroquias, en nuestros barrios. Pues bien, a esta gente quisiera decirles que un día, cuando hayan terminado de recorrer el camino del Calvario y hayan experimentado como Cristo la agonía del patíbulo, se romperán de verdad de arriba abajo los velos que envuelven el templo de la historia. Si nosotros conseguimos hacerlo comprender, ellos dirán que su vida no ha sido inútil. No es inútil la vida de nuestros hermanos deshechos por el dolor, que se encuentran desde hace tiempo en una camilla: la vida de Ignacio, un amigo jovencísimo que rebosaba de vida y ahora está inmovilizado y solamente soplando puede quitarse de la cara las moscas… Ninguna vida es inútil, ningún sufrimiento es inútil. Esto nos dice la lógica de la cruz»[80]

La tentación de un control conceptual del hecho del dolor no es sólo cosa de descreídos que concluyen en el absurdo, la soledad del hombre, el sinsentido y el apañarnos como podamos transgrediendo lo que haya que transgredirse para presentarnos a nosotros mismos como señores… ridículos por la fugacidad y la inconsistencia. Furiosos, no admiten esa conclusión de que habla Don Tonino: los que sufren vivirán una gloria que no podemos concebir… «Opio para el pueblo», se dijo una vez; mito falsamente consolatorio se grita ahora… Pero quienes creen en esto en verdad, se movilizan en la entrega a los que sufren, y en la medida en que crean esta verdad, tal entrega puede ser absoluta, total, sin mirar atrás. Luego la convicción conduce a lugares bien firmes, ajenos al opio y la «mentira piadosa». Cuando la doctora Kübler-Ross repetía en sus conferencias la convicción del carácter no absurdo del sufrimiento, tenía detrás no sólo una ristra de palabras más o menos elocuentes, sino una vida entera movilizada de acá para allá, de familia en familia, de rostro en rostro, de lecho en lecho.

Decíamos no obstante, que esta tentación del control no sólo es cosa del mundo del ateísmo sino que acecha a los creyentes desde siempre: ya hemos hecho alusión a esto más arriba, a la *solución* retributiva… Un muy interesante estudio sobre el enigmático Libro bíblico de Job[81] nos ayuda a entender la iluminación progresiva que respecto a este misterio se plasma en la Revelación. El autor nos sitúa frente al misterio del sufrimiento, enmudecidos, pero en unos parámetros abiertos a la acción de Dios. «La angustia de Job no es la angustia neurótica que padece nuestro siglo»[82], dice. Este estar abiertos a la revelación de un logos, de un sentido, produce, en primer lugar, la superación —y el rechazo—

---

[80] Ibid., pp 154-155
[81] Se trata de *Job y la angustia*, de Francisco GÓMEZ DE VELASCO, editado por el Centro Bíblico Hispanoamericano (Madrid 1963)
[82] Ibid., p.53

de las tesis retributivas. El libro de Job deja abierto el problema, como corresponde a una revelación que en su dimensión escrita está sujeta a la progresión y a la iluminación mutua de los libros que componen el Libro Santo. Lo que asomaba en los Salmos, lo que aparecía pergeñado con sorprendente luminosidad en los cantos del Siervo Sufriente del Libro de Isaías, irrumpirá posteriormente en el acontecimiento Cristo: la vicariedad del sufrimiento, por Amor, sólo por amor. Y, en ella, el tambalear y derribar aquello que se mostraba como absoluto y no lo era, la mirada a lo esencial...

El libro de Job reclama este logos... «¡Oh si hubiera árbitro entre Dios y el hombre, como lo hay entre el hombre y su prójimo! Pues son pocos los años que me restan y es sin vuelta el camino por donde voy» ((Job 16, 21-22). Ante el aparente sinsentido del sufrimiento se reclama un «árbitro» entre Dios y el hombre, uno que dé *logos*, sentido, a una situación sin salida. Tal «árbitro» vendrá: el Mesías, Cristo, quien será Él mismo el Logos que exige el sufrimiento.

La figura-tipo de Job, en su actitud, no quita gravedad alguna al sufrimiento, a su hondura, su no estar encajado en un esquema de justicia. Como en el Salmo 22, como Cristo en la cruz salmodiando esas mismas palabras, Job bebe los extremos del sufrimiento: «confianza en Él sí que tiene (Job 23, 1-9; 13, 16-18), pero a pesar de ella siente su abandono, y además este abandono es incomprensible. A veces le siente enfrente de él como un enemigo»[83].

El Libro, desde esta incomprensión radical, expresa, no obstante, rocas miliares que luego serán reconocidas como tales desde la vivencia de la pasión y resurrección de Jesucristo. En primer lugar, la confianza en la Bondad y la Omnipotencia divinas. Con un lenguaje necesariamente limitado, el de las atribuciones divinas, se quiere afirmar que Él es quien rige la historia[84]. Y en su Bondad, tal providencia debe tener un sentido. De ahí que se

---

[83] Ibid., p.61
[84] Cf ibid., p.14

rechace tanto la desesperación como la resignación, calificados por el autor de ese estudio como de «estados de no-esperanza»[85]. En segundo lugar, con la limitación conceptual de una mentalidad clánica y terrenalista —que cifra la abundancia de bienes materiales como signo de benevolencia divina—, que se expresa en una solidaridad orgánica en premios y castigos, se simbolizan y prefiguran grandes verdades[86] que iluminan el sentido del sufrimiento: la comunión amorosa, la intercesión...

Así pues, desbancada la idea de retribución en referencia a la presencia del dolor en el mundo, los creyentes han de superar aun otra tentación: se pueden usar palabras que remiten al misterio y al amor sobrenatural, a la presencia benéfica de Dios, palabras ciertas, pero desde una exigencia cuasi racionalista por la que el otro, el que sufre, debería comprender. Sin embargo, el horror del sufrimiento inocente, induce, primero, al silencio. Y a la presencia discreta y elocuente que es el «sufrir con». Pues todas las palabras espirituales que se pueden y se deben expresar, tienen su tiempo; o se han lanzado ya a modo de siembra en el lugar y momento oportunos, en la confianza de que un día, cuando Dios quiera, germinarán. Porque hay situaciones en que ninguna palabra es adecuada y procedente: el sufrimiento de los niños, el sufrimiento extremo, el carácter aparentemente aleatorio de su presencia, la *inoportunidad* de esta presencia... Situaciones que obligan al silencio. Pero, para nosotros, un silencio sagrado en medio de la propia estupefacción y el dolor de no poder dar una respuesta consolatoria real.

También es un ejercicio de humildad el saber que ninguna palabra puede agotar el misterio del sufrimiento. Los intentos de control metiendo a Dios por medio para justificar el intento, se revelan fraudulentos... como ese dicho que afirma que Dios no permite, o envía, nada que no se pueda aguantar. Algo que no se corresponde con la experiencia humana, cuando hay situaciones en que la muerte o la locura por desbordamiento de dolor sufrido en

---

85 Ibid., p.42
86 Cf ibid.., p.15

carne propia o ajena, testimonian que las matemáticas y los silogismos están aquí de más.

Sin embargo, es este propio silencio sagrado el que, paradójicamente, induce a ver sentidos, percibir luces, acoger cosas incomprensibles. Hay una reflexión legítima que es como ese lanzar semillas de que hablábamos antes. Ya hemos desgranado en esta reflexión algunas de estas semillas. Un documento de San Juan Pablo II, sorprendentemente relegado entre los fieles católicos, la Carta Apostólica *Salvifici doloris*, «sobre el sentido cristiano del sufrimiento humano»[87], se nos ofrece como un compendio, verdadero signo de contradicción en el mundo, a propósito de esta realidad inseparable de la existencia terrena...

La Carta del Papa santo intenta desvelar una multitud de dimensiones: el sufrimiento y su sentido salvífico, perteneciente a la trascendencia del hombre; el sufrimiento como punto de encuentro entre la Iglesia y el hombre; el sufrimiento como suscitador de compasión, de respeto, de temor; la Escritura como Libro sobre el sufrimiento; la somatización del sufrimiento moral como expresión de la unidad de la persona; la identificación bíblica entre sufrimiento y mal; la psicología del sufrimiento como una experiencia del mal; el mal como carencia de bien; la dimensión interpersonal por el dolor, que hace semejantes entre sí a los hombres que sufren; la comunión y la solidaridad y no obstante, el carácter personal e irrepetible del sufrimiento; las épocas densas de sufrimiento... Y las preguntas trascendentales: el por qué, el para qué... El Papa trataba entonces del pecado y el sufrimiento como elemento de expiación, del sufrimiento de los inocentes que aboca a introducirse en el misterio inaprensible de los secretos de Dios. Y hablaba de un «Evangelio del sufrimiento»: la presencia de la Madre, la abnegación como seguimiento de Cristo, las persecuciones que anuncian la victoria en la debilidad, los grandes santos conversos

---

[87] «Dado en Roma, junto a San Pedro, en la memoria litúrgica de Nuestra Señora de Lourdes, el día 11 de febrero del año 1984, sexto de mi Pontificado»

desde su sufrimiento, el sufrimiento como mal transfigurado en base para el bien definitivo, la construcción del Reino de Dios; la percepción gradual de la respuesta al por qué, en la medida en que cada uno se hace partícipe de los sufrimientos de Cristo; la vocación universal a vivir estas realidades; el fruto de la paz interior e incluso de la alegría espiritual; la afirmación rotunda de que en este misterio no hay inutilidad, que lo que se vive como carga y como propia inutilidad es converso en útil, en salvación de los otros... Y así sigue y sigue, hablando del buen samaritano, de la penitencia, del desbordamiento por amor de los límites estrechos de la justicia... y de la muerte como disociación, de la victoria de Cristo sobre ella, de la perspectiva escatológica en que el sufrimiento es cancelado... Y del martirio, la participación en la redención, la recepción de la salvación, la fuerza de Dios, la perseverancia, la prueba... el amor universal, la resurrección... Es decir, habla de todo aquello que, a priori, es despreciado por esta cultura, una cultura que, salvo intuiciones de algunos de sus miembros y muy a pesar suyo pues el dogma del absurdo debe quedar incólume, no tiene nada que decir al respecto.

El dolor está ahí. A veces Dios se revela en él de un modo singular; pocas veces, de modo sensible con algún signo desconcertante que indica que hay que mirar en totalidad, más allá. Hay, por ejemplo, casos de inedia en personas gravemente impedidas y crucificadas hasta la estigmatización, que vinculan el sufrimiento con la presencia de Dios como el Logos total, para todos, para todo, para cualquier situación de carencia manifestada en la historia: el carácter sacrificial y eucarístico de las experiencias de Martha Robin o de Teresa Neuman hablan del «sólo Dios basta» de Santa Teresa. Efectivamente, en ellas y en su extrema debilidad y dependencia se hacía signo palpable aquello de «mi alimento es hacer la voluntad del Padre» y el «no sólo de pan vive el hombre»...

Los signos sensibles en algunas personas nos iluminan sobre la situación de todos los sufrientes. En la historia de los estigmatizados priman generalmente unas condiciones previas: mujeres, socialmente pobres, enfermas, impedidas... Es decir, situaciones que no han sido producidas por el fenómeno de la estigmatización, sino al contrario: ésta, la presencia de las señales de la pasión revela un sentido a ese sufrimiento previo, ese ser víctima de desprecio o relegación por su condición femenina, el ser pobre, es decir, abandonada y oprimida, el estar enfermas o discapacitadas y no poder cumplir las expectativas que el mundo espera de ellas...

Estos signos sensibles de la voz de Dios no se quedan encerrados en sí mismos, como si tuvieran que ver sólo con alguna salvación individual, y tampoco remiten a un más allá que induciría a desvalorizar el sufrimiento humano en la historia. La muestra de un sentido, de una no-inutilidad, implica al ser humano tal como es en totalidad. No en vano, Martha Robin o Teresa Neuman, o las demás, consumieron sus vidas y sus afanes en el servicio a los otros.

La presencia del dolor, paradójicamente, revela un amor constitutivo en el ser humano. Dice *Dignitatis infinita* en su n.51 que el sufrimiento «puede convertirse en una oportunidad para reforzar los lazos de pertenencia mutua y tener mayor conciencia de lo preciosa que es cada persona para el conjunto de la humanidad». El carácter misterioso del sufrimiento, en lugar de oscurecer, ilumina una noción previa que a su vez va a dar luz sobre esa propia presencia del dolor: la unidad del género humano, sus vínculos reales, no meramente intencionales. Vínculos previos a los debidos como consecuencia de nuestras acciones: en la estricta realidad hay un flujo de vínculos que expresan una comunión ontológica. Nociones como la reparación, la participación, el ofrecimiento, la oblación... carecen de sentido en las concepciones antropológicamente atomistas, en que el individuo no es trascendente, ni de sí, ni del mundo.

Esta comunión ontológica ilumina de alguna manera el propio sufrimiento de los inocentes. Efectivamente, tal comunión significa solidaridad ontológica entre las personas; una solidaridad inefable que nos habla de culpa de todos y de llamada al amor de todos; del carácter perturbador del pecado y sus ondas malignas, y del inaudito poder expiatorio del amor.

Así pues, y dado que la vocación última y única de todo ser humano es la misma, el amor, y dado que el sufrimiento aquí en la tierra es ineludible, que rompe nuestro supuesto señorío y revela nuestra debilidad, que siempre afecta a los amados, y a quienes deben ser amados, es decir, a todos, nos es lícito, pese a las protestas posmodernas, escudriñar el dolor humano para intentar saber qué hacer, qué querer, cómo aproximarse a lugar tan sagrado.

Hablamos de comunión en el ser, y de amor. La experiencia concreta del dolor en carne propia puede ser tan perturbadora que cualquiera se puede ver sometido a la impotencia de no poder discurrir siquiera qué es lo que pasa: las propias facultades psicológicas, sacudidas por aluviones de malestar intenso, de dolor, pueden eclipsarse; ni atención fijada, ni capacidad reflexiva, ni escucha, ni expresión libre, ni control alguno sobre el transcurso del tiempo, ni percepción de otras presencias… Y más. Sin embargo, hay actitudes, ofrecidas por gracia, que son previas, no sólo a las tempestades, sino a los discursos. En medio de la batalla no pueden expresarse; puede parecer incluso que se contradicen por medio de signos de aparente impaciencia agresiva, de desesperación sensible, de imposibilidad de articular una oración… pero están ahí; porque los dones de Dios son irrevocables. Hay, además, franjas de tiempo en que tal persona puede tener conciencia de tales dones, entre una y otra crisis. Hay, en fin, muchas personas que, bien por el tipo de dolencia, bien por la capacidad humana de aliviarla, bien por una gracia especial, pueden vivir con mucha expresividad la recepción de estos dones, y explicitar de modo evidente este vínculo entre el dolor y la vocación al amor de que aquí hablamos.

Es un deber entonces para con los hermanos —amigos y enemigos— el dar testimonio de este «Evangelio del sufrimiento».

La comunión y la vicariedad, es decir, el «sufrir con» y el «sufrir en lugar de», no son un mito, sino una expresión de amor. Siempre es amor, independientemente del origen del dolor que sufren los amados. Puede ser que tal origen esté en los propios desvaríos: todas las prefiguraciones de la Pasión, y la Pasión misma, tienen el trasfondo del pecado, pero rompen la idea de la retribución mediante la manifestación de un amor que desborda toda lógica y que entonces se expresa en el elocuente lenguaje del dolor asumido libremente en alivio y sanación de los amados. Moisés pide que el castigo por la infidelidad del pueblo caiga sobre él; el Siervo, en el Libro de Isaías, carga con todas las culpas hasta quedar Él mismo destrozado; los hermanos Macabeos piden a Dios que la cólera descargada contra todo el pueblo se detenga y caiga sólo sobre ellos…

San Juan Pablo II, en la ceremonia en que se declaraba la santidad de Edith Stein, Santa Teresa Benedicta de la Cruz, aludía a esta actitud sobrenatural:

«El misterio de la cruz fue envolviendo paulatinamente su vida entera, hasta impulsarla a la ofrenda suprema. Como esposa de la cruz, Sor Teresa Benedicta no escribió tan sólo hondas páginas acerca de la "ciencia de la cruz", sino que recorrió hasta el final el camino teniendo a la cruz como maestra. Muchos contemporáneos nuestros querrían acallar a la cruz, pero nada es más elocuente que la cruz obligada a callar. El verdadero mensaje del dolor es una lección de amor. El amor hace fecundo el dolor, y el dolor ahonda el amor»[88]

No hablaba en balde el Papa. Edith Stein amó, sólo amó. A todos, a sus hermanos hebreos, al pueblo alemán, a las víctimas de la guerra… A inocentes y culpables… a los responsables del genocidio. Y en su extrema debilidad y absoluta impotencia para aliviar de modo tangible tanto sufrimiento y tanta culpa, ofreció su dolor, su vida.

El dolor compartido no es sólo intencional, una buena actitud. Su posibilidad presupone la veracidad de una concepción espiritual del hombre, pero la intencionalidad misma ya está señalando esta veracidad. El amor está unido en esta tierra al dolor.

---

[88] SAN JUAN PABLO II, *Homilía en la canonización de Edith Stein* (11-10-1998)

Pues se sufre por los amados, por su sufrimiento. Y se quiere —enamorados— sufrir con ellos. Esta verdad es universalista: cuanto más se ama, a cuantos más se ama, cuando se ama a todos, el dolor por ellos y con ellos es signo mismo de ese amor. Verdad que han llegado a aprehender, con toda su limitación, muchas almas ateas. Como Camus en aquella obra suya en que uno resuelve dormir en el suelo porque su mejor amigo está en la cárcel y quiere sufrir con él lo que él sufre.

El problema es un problema de Realidad: si la intuición de Camus queda truncada en sí misma, si esa actitud, al fin, es sólo un deseo, o si no sólo es un signo de amor, sino que, por serlo, lo hace fructificar, lo comunica de verdad, lo incrementa en el universo, lo difunde por vías misteriosas. El enigma del dolor puede ser enfocado, entre otros aspectos, por éste: si el amor está unido al dolor, existe la operación *inversa*, y con ocasión del dolor, motivado por él, se puede encontrar y expresar el amor. Y el amor es como es: universal. Así, el que padece no sólo recibe el mensaje de lo que es pasajero y de lo que no lo es, no sólo es invitado a mirar a la persona humana más allá de sus cualidades terrenales… También es invitado a un acercamiento personal, insustituible, a todo aquel que sufre. Para amarlo, para comulgar con él y gritar a universo que sabe lo que los otros —sus hermanos, los hermanos de todos—, lo que estos otros sufren.

Por fe sabemos que esto es la cruz de Jesucristo. Y su fecundidad incomprensible.

Pascual Foresi, cofundador del movimiento de los focolares junto a Igino Goirdani y Chiara Lubich, verdadera alma de la fundación, escribía palabras profundas al respecto, palabras que rompen con toda idea de inutilidad, de absurdo… de desamor:

«El significado profundo del sufrimiento, de la enfermedad se comprende sólo a la luz del misterio de Jesús crucificado y abandonado. Este misterio no sólo es la síntesis de todo dolor físico y espiritual, sino que representa la cima de aquel dolor que toca al hombre en su ser más profundo. En Jesús crucificado, que grita su abandono es herido el corazón mismo de su divino ser-Persona: la relación con el Padre. Pero, precisamente en este misterio extremo de dolor y de abandono, Él transmuta ese total despojo de sí mismo en realización perfecta del ser-Persona; porque es entonces cuando Jesús es plenamente Amor, don de sí al Padre en el Espíritu. La resurrección de Jesús es el signo de la redención del dolor —y también de la enfermedad— en su aspecto más profundo: la enfermedad, que puede herir el corazón del ser-persona, se transforma —en Jesús crucificado y abandonado— en la posibilidad de realizar la persona en su dimensión más auténtica; es decir, se transforma en capacidad de darse a sí mismo por la redención de sus hermanos»[89]

Quien habla de «mitos» que intentan justificar y hacer tragadero el dolor, se equivoca. No es justificación ni resignación estoica. Sin fe no se concluye en la cruz de Jesucristo, pero cuando se da el paso de dogmatizar desde sí y se niegan esas premisas por las que se percibe el vínculo del amor y el dolor, no se proclama sólo la inexistencia de fe, sino que se afirma solemnemente que toda persona humana está irresoluble y realmente sola. Y esto no es verdad: venimos del Amor, somos amor. Y somos «uno»… por eso, la cualidad de «doliente», de «indigente», que afecta a todos sin excepción, testimonia en primer lugar el que cada uno es receptáculo de una misericordia universal, una misericordia que *constituye* a la persona, que habla de su real condición, no de sus capacidades ni de su valor en función de una salud en sí caduca, sino de su realidad: ser persona es ser un amado de Dios, una amada de Dios.

El sufrimiento, en la medida en que espanta equívocos al respecto, puede ser un medio para encontrar el sentido último de la existencia, el sentido último, por tanto, de las relaciones

---

[89] Pascual FORESI, *La existencia cristiana* (Ciudad Nueva, Madrid 1991) 74

humanas. Todo entonces se vuelca en unos hacia los otros… Asoma esa vicariedad de que hemos hablado, y el que sabe que ha recibido su cuerpo, no como «mío», sino merced a esta verdad primera: «lo que has recibido gratis, dalo gratis», quiere entregar la vida para que vivan otros, y ante el dolor es capaz de aceptar y aun de pedir su advenimiento impetrando a Dios que de este modo se alivien los dolores de los otros. Así Santa Catalina Emmerick.

Asoma asimismo la comunión… y un hombre como el papa Francisco, ingresado en un hospital puede dar gracias a Dios porque «le da la oportunidad de compartir en el cuerpo y en el espíritu la condición de tantos enfermos y personas que sufren»[90].

Y asoman testigos y testigos que dan fe de una victoria y unas operaciones incomprensibles para el mundo… El Cántico de las Criaturas, de Francesco, donde, sobre el dolor y la tribulación campean la paz y la consolación… y un hombre, según el mundo acabado, ciego, sufriente, puede encender el alma de millones de sus hermanos a través de las edades mediante un sencillo poema inflamado de amor.

Y los testigos hablan incluso de alegría. Décadas encorvado e impedido, con la cabeza casi desaparecida tras la deformación de la columna, hacen aún más misteriosa e incomprensible la alegría sensible de un San Alfonso María de Ligorio.

Dios testifica a través de alguno de estos testigos en que consiste la fecundidad y la verdadera utilidad. Son gente postrada y enamorada, y saben del valor del dolor. No son masoquistas, pues los tales no experimentan alegría espiritual ni aman manifiestamente al prójimo, sino, al contrario, son egocéntricos eternamente insatisfechos, o padecen patológicamente de una suerte de egocentrismo que destruye sensiblemente las manifestaciones de alegría. Estos postrados han consolado a muchos, han iluminado a otros, han iniciado y sostenido grandes misiones con las manos y brazos de otros hermanos… han sido vehículo para que Dios otorgara milagros de sanación en favor de otros… Una Santa

---

[90] Desde el Hospital Gemelli el 3 de marzo de 2025

Liduvina de Schiedam, a caballo entre los siglos XIV y XV, 38 años así y consolando a los enfermos... El trinitario Venerable Tomás de la Virgen, entre los siglos XVI y XVII, 34 años en cama, varón de dolores, crucificado... y luz y amor y alegría para tantos otros... Y los apóstoles, como San Damián de Molokai, leproso entre los leprosos, «el hombre más feliz del mundo»; y el Padre José Luis Urrutia, «el parapléjico de Jesucristo», siempre dolorido, siempre alegre, con una chispa en la mirada desde la que podía afirmar con rotundidad: «Dios nos prepara una playa infinita llena de miles de soles»...

Y no sólo religiosos o religiosas, sino gentes de toda condición... niños y niñas, madres de familia, gentes de toda raza... Anne Gabrielle Caron, Silvio Dissegna, María José Solaz Viana, Angelo Bonetta, Chiara Corbella, María Gil Elena... apenas una cata, circunscrita a unos lugares y un tiempo limitados que se podría completar con innumerables —asombrosa y literalmente innumerables— casos conocidos por doquier, a más de los infinitos anónimos que un día sí conoceremos todos.

Así pues y si recapitulamos un poco, vemos que el misterio del sufrimiento revela muchos sentidos: hace consciente de la fragilidad; provoca a la paciencia; revela la condición de viadores; muestra qué es lo que vale de verdad, lo inmutable, lo que perdura más allá de condiciones que son pasajeras; invita a la humildad; enseña a mirar a lo Alto y a lo Profundo... e incita al amor. Pues, incluso cuando el dolor llegue a colapsar las expresiones psicológicas, no tiene por qué abolir, ni contradecir, aquellas actitudes ontológicas, asentadas en el alma, que hacen que la persona sea tal, y que pueden manifestarse con ocasión del dolor... Decíamos que incita al amor: sí, invita a sufrir con los que sufren, es decir, a amar; en el misterio, hace real la expiación por los amados, cargando sobre sí en favor de la su liberación del sufrimiento y del mal; llama a aliviar o suprimir los sufrimientos ajenos; sitúa la salud de los otros en el terreno del don y, por tanto, en el dar gratis lo que se ha recibido gratis, sea desde la propia salud, sea desde la enfermedad...

El sufrimiento, que llama a acompañar de mil modos, visibles e invisibles, a los otros que también sufren, produce crecimiento en la capacidad de comunicación y comprensión. Produce madurez e integración. Y da oportunidad para que surja o se revitalice de un modo insospechado la oración, el trato con «quien sabemos nos ama».

CAP. 7.- AMAR A LOS QUE SUFREN

Objeción de conciencia y credibilidad...

La oposición a la eutanasia, una oposición propositiva que no quiere dejar las cosas como están, es un modo de entender y vivir el amor a los que sufren. No juzgamos sobre las actitudes subjetivas que identifican con el amor a los sufrientes de parte de quienes abogan por las modalidades posmodernas de eutanasia. Sabemos de las complejidades del ser humano, de sus capacidades de compartimentación interior, por las que se puede convivir con proposiciones contradictorias... Sabemos, al fin, del poder coactivo de los ambientes, de las ideologías; y sabemos de las reales buenas intenciones, de aquellos movimientos de corazón que sólo Dios puede sondear. Por tanto, no se trata aquí de afirmar nuestro amor a los dolientes para negar que otros lo tengan, sino de que, con las luces que hemos recibido, con las convicciones que creemos ha sembrado el Espíritu en nuestras almas, afirmamos que la eutanasia es un mal. Y que hay que combatirlo por amor.

Una primera postura, que alberga una obviedad, es la objeción de conciencia ante las legislaciones que al respecto se van abriendo paso en ciertas regiones del mundo. Una objeción de conciencia real, es decir, polémica, difusiva y siempre integrada en un anuncio de propuestas y acciones. No se trata de un «reparto de papeles» para que todo el mundo esté tranquilo, es decir, de admitir objetores legalmente para que la maquinaria sanitaria pública no sufra de tensiones. Esas soluciones al uso, pueden disfrazar la tensión, pero no pueden eclipsarla: al fin, alguien saldrá denunciando a tales objetores como profesionales que cobran del erario público mientras atentan contra los derechos humanos. No obstante, el disfraz de esta tensión puede ser muy duradero, por cómodo. Mirando más al fondo, esto es solo una faceta de los antagonismos internos de las sociedades ricas contemporáneas: sólo cuando salte por los aires se podrá hacer una valoración retrospectiva y encajar en el proceso de degradación una buena ristra de fenómenos que a día de hoy asoman como normalizados en el alma de millones.

Así pues, un buen servicio a la verdad, y al amor, es la manifestación de una clara objeción de conciencia. En *Samaritanus bonus* (V,9) se cita al respecto a la encíclica *Evangelium vitae*, que, en su n.73, hablaba de no colaborar, ni directa ni indirectamente en tales procedimientos. Sin embargo, la declaración va más allá: se alude a los hospitales católicos que, para zafarse del problema y pretender estar así a bien con la Iglesia, y con el César, que es quien paga, remiten a determinados pacientes a otras instituciones a fin de que allí se practique la eutanasia. Es casi como un protocolo.

La objeción que predica la Iglesia respecto a la eutanasia está ligada de modo indisoluble a la credibilidad de la acción cristiana entre los que más sufren. Ciertamente hay una multitud de testimonios de servicio al respecto... pero no podemos engañarnos a nosotros mismos pensando que la identidad confesional de tal o cual iniciativa exime del combate espiritual: mundo, demonio y carne están ahí. Criterios mundanos, soberbia corporativa y medallas a los ojos del mundo, acechan tales obras. Rutinas enfriadoras de la caridad primera... hasta la congelación; y, sobre todo, miedo, mucho miedo a la inseguridad. Cuando San Juan Pablo II reflexionaba sobre la identidad de los hospitales católicos en su Mensaje para la Jornada Mundial de Enfermo de 2003, hacía una llamada, exenta de adulación y llena de directrices urgentes: sobre la identidad espiritual, sobre la necesidad de humanización de los cuidados, sobre la atención a las familias como parte integrante del servicio a los enfermos... sobre la eutanasia; y sobre lo más olvidado por más comprometido: «una particular sensibilidad hacia los pobres y marginados»...

Ahí se juegan muchos hijos de la Iglesia su credibilidad, y por reflejo, la credibilidad de la Madre Iglesia: se ha entrado y se ha tragado con determinadas legislaciones contemporáneas prescritas en las regiones ricas del mundo, las relacionadas con el inicio y el fin de la vida humana, porque antes ya se habían establecido las instituciones en un modus vivendi dependiente del poder por el que las locuras santas de los viejos —o no tan viejos— fundadores y fundadoras, sencillamente se han tomado mundanamente como locuras imprudentes; y no se han creído. No se ha creído que Dios pueda mover corazones de hermanos, de modo incluso habitualmente sorpresivo, a fin de hacer frente a necesidades que superan nuestra capacidad de respuesta, y, por tanto, se ha rechazado atender y acoger a los más pobres entre los pobres, los que carecían de seguros médicos, de dinero, de papeles, los que no podían entrar en el entramado burocrático oficial para que se les asignara un hospital o una residencia... Se han plegado tales centros a esa maraña por la que a tal o cual hermano se le dice que «no» porque pertenece o no pertenece a tal circunscripción geográfica... Por supuesto, las congregaciones religiosas u ordenes u otras instituciones, en la medida en que así viven la ausencia de confianza en la Providencia, en la medida en que quieren el ciento sin haber querido soltar el uno, quienes van entrado en tales dinamismos, han secado de raíz la fuente de sus vocaciones. Ni las tienen, ni las van a tener.

La advertencia de *Samaritanis bonus* sobre la pérdida de identidad católica de aquellas instituciones sanitarias católicas que no sigan las directrices del Magisterio en materia de eutanasia (V,9), tiene pues un algo de colofón de una atmósfera espiritual en que ha desaparecido, como clima general y notable, la caridad, el amor de Dios. Algo que debe distinguir —hay que insistir: de modo notable—, a cualquier «hogar», «residencia», «hospital», «dispensario», «hospice» que esté presidido por la cruz de Jesucristo. Sólo desde la credibilidad se puede hacer frente a un movimiento culturalmente tan potente como son los previos que conducen de modo determinante a la eutanasia. Ahora bien, esta credibilidad no puede provenir de nosotros, pues somos débiles y estamos manchados, sino sólo de la confianza: de la fe, de la esperanza, que mueven al amor de un modo irresistible. Desde ahí, las fragilidades, los errores, las insuficiencias, los momentos en que nos domine el temor ante la magnitud de los retos, son tomados por Dios para «hacer cosas mayores».

La medicina, la fe y el amor gratuito: repensar la función médica ante los incurables

Gratuidad y universalidad fueron nota distintiva del movimiento sanitario que brota, de un modo espontáneo, como expresión de la vida cristiana. Esclavos desahuciados y abandonados, pobres, forasteros enfermos, náufragos, niños abandonados, no pocos de ellos enfermos y discapacitados... en la Iglesia naciente y atendiendo a lo que hizo el Maestro, este servicio forma parte de su propia vida y es fruto de su vitalidad.

Con más o menos medios, con conocimientos limitados —o no tan limitados respecto a diversas dolencias—, es una constante que va tomando formas diferentes a lo largo del tiempo y según los lugares y los promotores. Es común a las diversas Iglesias. San Antonio, San Pacomio, San Basilio, San Benito... El fundador del Monasterio Blanco, en el valle del Nilo allá por el 431, Schenute de Atripe, quien insistirá en que los enfermos «son Cristo»... Los siglos son testigos de este dinamismo: Santa Hildegarda, San Francisco, San Juan de Dios, San Camilo de Lelis... Por supuesto, hay altibajos, desmentidos de la caridad a causa del pecado: en concilios locales de los siglos XII y XIII, se condenan las actividades de clérigos versados en medicina y a los que movía la codicia; pero el Espíritu suscita una y otra vez a hombres y mujeres que se dedican en cuerpo y alma a atender a enfermos incurables, a moribundos, a víctimas de las epidemias. Amor, y por tanto, gratuidad y universalidad, atender, por encima de cualquier consideración, a quien lo necesite, pueda pagar el servicio o no, lo merezca o no, sea amigo o enemigo... Atender a quien no va a sanar, salvo milagro...

Y así, a la par de los avances en conocimientos médicos en algunas partes del mundo, una explosión vocacional de atención a los que quedaban en las cunetas de tales beneficios: Dom Orione, San José Benito Cottolengo, Santa Juana Jugan, San Damián de Molokai... y luego Raoul Follereau, el caso singular del Padre Pío, la Madre Teresa... Y en medio de esto, médicos santos, impresionantes hermanos como San Giuseppe Moscati o el Bienaventurado Ladislao Batthyány, de Hungría, o el español Venerable Pedro Herrero...

Hablamos de repensar la función médica ante los pacientes que no van sanar. Si para la medicina en general se precisa de una concepción del ser humano que lo ve como «prójimo», siempre, como hermano, como hijo o hija, como padre o madre, tanto más este a priori inclasificable se torna determinante a la hora de tratar a personas con enfermedades incurables, en fases terminales o con graves discapacidades sin arreglo.

Las concepciones mercantilistas y privatistas —las que enarbola gran parte de la derecha que denuncia la eutanasia— son una perversión de la medicina y una afrenta a los pobres. Y no hablemos de la generalidad de la industria farmacéutica, de los hospitales para dolencias y caprichos estéticos de ricos, etc. Pero los modelos públicos, que en muchos lugares llegan a tantos y salvan a tantos, también adolecen de carencias en su misma configuración: insertos en sistemas de capitalismo desarrollado, son posibles gracias a intervenciones fiscales que, por su propia naturaleza exigen ciertas centralizaciones para maximizar su eficacia: el modelo es el macrohospital.

Por parte de muchos profesionales de la salud se ha hecho y se hace mucho por humanizar la medicina en medio de las contradicciones de este modelo: el factor humano, el trato humano, es crucial a la hora de atender a las personas enfermas. Y eso se intenta y se nota. Pero el propio modelo exige una suerte de taylorismo hospitalario, un trabajo estilo cadena de montaje, que significa que cada día pueden pasar por la vida de un paciente más de diez personas distintas, que las funciones de limpieza pueden interrumpir los descansos, que hay privacidades que no se pueden respetar apenas... Depende del tipo y grado de enfermedad, esto pueden ser molestias pasajeras, ampliamente compensadas por el trato y la atención médica, pero hay situaciones, las que son objeto de esta reflexión, que se ven agravadas por estos factores distorsionantes: la soledad o la sensación de soledad y de desamparo, se agudizan en muchos pacientes que saben o intuyen que «están en las últimas», o que van a quedar dañados de modo severo para siempre.

Repensar la función médica ante tales situaciones habla de enfoques multidisciplinarios, expresados por el médico de un modo diríamos espontáneo, y por los que el paciente se puede sentir comprendido; porque los comentarios y valoraciones altamente especializados no saben integrar o interpretar síntomas (incluso los niega), muchos de ellos somatizaciones, provocando el agravamiento del sufrimiento. Los «incurables», más que otros, precisan de ser vistos en su totalidad.

Repensar la función médica ante la incurabilidad, los estados de postergación a causa de la vejez, de la enfermedad, las ansiedades y temores a causa de las discapacidades, exige que el enfermo no se vea a sí mismo como una carga. Ni para la familia, ni para la sociedad, ni para el «sistema de salud». La perdona ha xde ser apreciada por sí misma, y el entorno médico para estos enfermos exige, por tanto, cercanía familiar y amistosa. Y, de un modo no forzado, acompañamiento espiritual. Luego esta función médica en la que «el cuidado» de aquellos a los que no conviene ningún tratamiento curativo es visto como integrante de tal función, exige a su vez otro modelo hospitalario en que prime la absoluta cercanía. Sean adultos, niños, ancianos o aquellos situados en lo que se ha llamado vida perinatal, los incurables deben ser «acompañados, como cualquier otro paciente, hasta que sobreviene la muerte natural»[91].

Hace ya muchos años que se publicaban noticias estremecedoras sobre médicos británicos que se negaban a proporcionar calmantes a enfermos desahuciados. Por supuesto y ante la indiferencia del mundo rico, este es el pan de cada día de millones de enfermos en el mundo, pero en lo que respecta a este mundo rico, el que legaliza la eutanasia, poco a poco muchos médicos sí han ido integrando que no repugna a la medicina el

---

[91] *Samaritanus bonus* V,6

atender médicamente a quien no va a sanar, y así, de igual modo que el médico ayuda a nacer, cura enfermedades y sana heridas, tiene la misión de acompañar compasivamente y con atenciones a quienes van a morir, y de ayudar a vivir a otros con sus carencias graves, maximizando sus posibilidades. Los cuidados paliativos y el alivio del dolor son funciones enteramente médicas.

Las legalizaciones eutanásicas y la cultura que las hace posibles exigen por parte de los creyentes una revitalización sobrenatural de la función de la medicina y de la asistencia sanitaria. No es palabrería, ni una superposición sobre todo lo que se acaba de decir y que suena a un Perogrullo en lo que a priori todo el mundo estaría de acuerdo. No es así: la eutanasia es posible, es pensable, porque falta mediación sobrenatural y testimonios chocantes y visibles. Y cundo éstos asoman —y gracias a Dios asoman por aquí o por allá—, las tentaciones suicidas, salvo patología psíquica específica, se desvanecen.

El lamento del Doctor Bernard Lown, Nobel de la Paz, allá por el año 1997, sobre la «medicina de mercado», sobre una crisis en la que muchos médicos «ya no escuchan a sus pacientes», y su afirmación de que los médicos «no son servidores de la ciencia, sino de las personas», puede chirriar, sobre todo en los oídos de médicos de buena voluntad que hacen lo que pueden lo mejor que pueden; pero hay un clima, muchas veces involuntario. No lo ocupa todo tal clima, pero existe: y provoca incapacidad para afrontar de un modo respetuoso con la dignidad humana el drama de la enfermedad terminal y la discapacidad severa. Porque, cuando todo se ha basado en lo funcional y lo controlable técnica y conceptualmente, hay momentos en que ya no se tiene nada que decir.

Decía el cardenal Mindszenty que «el verdadero médico siente su acción cerca de los dolientes como un sacerdocio, como un servicio divino»… Esto no se puede obligar a vivir, pero sí se puede vivir de tal modo que cuestione a otros y los aboque a preguntar. Y, sobre todo, puede dar autoridad a quien, en este mundo, niega la legitimidad de las soluciones eutanásicas.

Cuidados paliativos de verdad y verdaderas oportunidades para los grandes discapacitados

En el mensaje que Francisco enviaba en noviembre de 2017 al Presidente de la Academia Pontificia para la Vida con motivo del Encuentro Regional Europeo de la World Medical Associatión, se resumía de un modo conciso y claro la respuesta a este drama:

> «No siempre se puede garantizar la curación de la enfermedad, a la persona que vive debemos y podemos cuidarla siempre, sin acortar su vida nosotros mismos, pero también sin ensañarnos inútilmente contra su muerte. En esta línea se mueve la medicina paliativa que reviste también una gran importancia en ámbito cultural, esforzándose por combatir todo lo que hace la muerte más angustiosa y llena de sufrimiento, es decir, el dolor y la soledad»

Llegados al fin de nuestra reflexión, no es cuestión de darle muchas vueltas a este asunto. Los Hospices, esos centros para terminales fueron fundados en Gran Bretaña por la Doctora Saunders hace ya mucho, donde, frente al gigantismo y el anonimato hospitalario, prima la cercanía personal y familiar, el tratamiento exhaustivo del dolor y de todo lo que acompaña a estos procesos y conlleva sufrimiento: problemas de respiración, náuseas, etc. La iniciativa, así como la propuesta de Kübler-Ross de habilitar medios para que muchos puedan morir en casa, entre su gente y amigos, es una respuesta a la cultura eutanásica. Los Hospices se han multiplicado… En la película *Johnny*, de 2022, se refleja de un modo muy atrayente —y convincente para quien no tenga prejuicios— la historia del sacerdote polaco Jan Adam Kaczkowski (1977-2016), quien, enfermo él y con la ayuda de personajes socialmente conflictivos, puso en marcha el Puck Hospice, un centro de cuidados paliativos para ayudar a morir a personas en fase terminal.

Esta respuesta, que parecería evidente, choca sin embargo, con numerosos obstáculos. Por supuesto, está la pobreza generalizada de grandes regiones de nuestro mundo, pobreza exacerbada por el empobrecimiento que ocasiona la explotación, los mecanismos vampíricos financieros, la corrupción, la concepción de que todas esas regiones son sólo viveros de las materias que necesitan los ricos… Hablar de cuidados paliativos reales y adecuados en lugares a los que privamos de una mínima asistencia sanitaria básica, y luego querer difundir el llamado «derecho a una muerte digna» a través de la eutanasia y el suicidio asistido, concebido como derecho universal que se debería reconocer por todos, es una nueva bofetada al rostro de los pobres.

Los cuidados paliativos como respuesta adecuada ante los procesos terminales, chocan asimismo con las concepciones individualistas y mercantilistas de la sanidad: la mayoría de seguros privados no está al alcance de la gente pobre, y la mayoría de las familias que acceden a ellos no podrían pagar primas que asegurasen esos cuidados paliativos reales y eficaces. Hay una batalla entonces, frente a la eutanasia, que va mucho más allá de las denuncias teóricas y los intentos de cambios legislativos. De hecho, como hemos repetido en otros lugares de esta reflexión, prohibir la eutanasia en los lugares en que se ha declarado legal, y, a la vez, dejar el mundo sanitario de los terminales y el mundo de los graves discapacitados tal cual está, es un sarcasmo, una hipocresía. Sencillamente porque hay muchos hermanos a los que no llegan los medios que realmente necesitan para que su tránsito de esta vida a la otra sea lo más digno posible, mitigando o anulando el dolor y otros graves malestares, gozando de apoyo emocional y espiritual ante la llegada de su muerte.

Otros muchos, que van a vivir previsiblemente mucho tiempo en condiciones de limitación severa, ven reconocidos sus derechos y obligaciones —en algunos lugares de nuestro mundo— sobre el papel, pero luego son una minoría de ellos quienes pueden desarrollar sus capacidades personales en servicio de todos y para su propia edificación.

Esta es la auténtica batalla cristiana al respecto, el que sea palpable esa «terapia de la dignidad» de que habla Francisco. Que los medios —que los hay, pues la madre tierra no cesa de generar recursos— lleguen a todos. A todos. Que el grito del salmista implorando que la tierra sea entregada a los pobres tenga respuestas elocuentes. Que el dolor de los sufrientes, la impotencia de los impedidos, sean motores poderosos, junto a tantos otros, para el deseo de una auténtica revolución social…

La trastienda cultural de las legislaciones eutanásicas, es poderosa, y seductora. Las reflexiones, el mostrar contradicciones, el dar el grito de alarma indicando a dónde conduce todo esto y su complicidad con males sangrientos escandalosamente presentes en nuestro mundo, sirve de poco si los paganos en derredor no sufren algún tipo de impacto debido a la manifestación de un género de amor inclasificable. Por eso son los testimonios de lo inaudito —y no la tabarra conservadora y cívica que se espanta ante las nuevas legislaciones— el camino para romper la orgullosa seguridad de una cultura que se cree dios, palabra definitiva en la historia y que pretende por tanto ser dueña de la vida y de la muerte.

Esto, por parte de los paganos: por parte de los creyentes, los servilismos subvencionados, la obscena entrega de los cristianos al cosmos conservador, los espiritualismos que minusvaloran el dolor de los hermanos o lo quintaesencian de un modo enfermizo… son algunos de los mayores soportes vitales por los que la eutanasia ha sido normalizada en el alma de muchos.

La vida sobrenatural, esa vida que en el caso de los enfermos tiene también el lenguaje sacramental de la unción, lo alberga todo. Toda respuesta, todo amor. Todo rostro. Una totalidad armónica y abierta que es capacitada incluso para generar alegrías incomprensibles allí donde el mundo sólo puede ver desolación y acabamiento. Que lo creamos, que lo pidamos.

Salud.

EDITORIAL ANAWIM

Quiénes somos

Sencillamente somos un pequeño grupo de cristianos, católicos, que hemos conocido el Amor de Dios. No sólo a nosotros sino a toda persona llamada a la existencia... y en un misterio cósmico que un día se revelará tras los dolores de parto, un Amor que envuelve y transfigura a toda criatura.

Esta vivencia, que ya ha trastocado todas nuestras vidas, es el motor de esta pequeña editorial. Una editorial que quiere estar atenta a los dolores del mundo, a ese caudal de sufrimiento que nadie puede calcular. Y a los destellos de belleza y de bondad que asoman por doquier, y a las esperanzas y alegrías de todas las gentes.

Qué pretendemos

En comunión con la Iglesia, con la conciencia de que sus llamadas más candentes, más ardientes, más comprometedoras, son desconocidas o situadas en un segundo plano en el alma de muchos hermanos. Así pues, una editorial para intentar, humildemente y confiando en la acción misteriosa de la Providencia, dar luz sobre unas «enseñanzas sociales» transidas de amor sobrenatural y de un lenguaje religioso personalista que remite al Señor de la Historia, Jesucristo...

Antiguas inquietudes que conservan todo su valor y vigor originales; personajes desconocidos, sorprendentemente desconocidos, y cuyas vidas son como una inaudita bocanada de esperanza y de verdad; nuevos retos, profundos, complejos, reducidos al fin a la sencillez de la respuesta del amor a cada cual... Todo con sabor a rebeldía, a disidencia, a la alegría del abandono en Dios a través de las luchas por un mundo justo y pacificado, hermanado a la sombra del Padre.

Todas las batallas que el papa Francisco ha expresado en la encíclica *Fratelli tutti*, todos los ámbitos de relación, con Dios, consigo, con los otros, con el universo... La no violencia activa y orante; la lucha por la paz; la justicia y la mística de la revolución social; el amor preferente por los últimos y los descartados; el inmenso y acallado mundo de los presos y prisioneros; los pueblos indígenas como custodios de sabidurías y últimos guardianes del paraíso acosado por la destrucción; las víctimas de los racismos y los combates por el honor y la libertad de todos; el universo de los adictos que aboca a los amores gratuitos; la dignidad de la mujer y el despliegue de todas sus específicas potencialidades; la complejísima e irresoluble cuestión de la identidad de los pueblos y el universalismo, solo abordable desde el espíritu con el que el Espíritu ungió a Gandhi; el mundo de las discapacidades y la justicia social y la voz que nos dice miremos a la persona en sí; los retos de la bioética desvinculados tanto de blasfemas sumisiones a la cultura dominante y sus leyes como de encorsetamientos conservadores... Y el ecumenismo de la pasión por el hombre, que nos conduce a encontrarnos en los caminos del sufrimiento con los hermanos separados. Y el rastrear huellas del Espíritu allí donde se manifiesten, en las religiones, en las culturas... El misterio de Israel, la fraternidad sobrenatural con las gentes del islam... Y la belleza de la Creación, el desafío de la suciedad, la desarmonía, la extinción...

Una mirada de tensión universal desde el misterio de la Iglesia, donde se abisman y se sacramentalizan los anhelos verdaderos de todo hombre y mujer, en todas las edades y latitudes.

Unos modos

Entonces... desproporción absoluta: desde la insignificancia y la pequeñez, pretensiones totales, querer llegar a escalar en medio de cánticos subversivos «las colinas creadoras de la protesta» (Martin Luther King), rodeados de una nube de testigos, como dice la Escritura.

Y en esta pequeñez agraciada cuidar los signos: un espíritu no lucrativo, querer ayudar a otros, si Dios lo permite y lo bendice, mediante la creación de trabajos vinculados a la marcha de la editorial. Permitir, por supuesto, la reproducción total o parcial de lo publicado. Usar de materiales lo más respetuosos posible de los dinamismos vitales de la «Hermana Madre Tierra» (San Francisco). Estar abiertos a la sorpresa respecto a las iniciativas.

OTROS TÍTULOS DE LA EDITORIAL

I.- SOBRE PETER MAURIN
(Dorothy Day)/**EASY ESSAYS. Ensayos simples**
(Peter Maurin)

2.-A LOS PUEBLOS INDÍGENAS (San Juan Pablo II)

3.-DE FRANCISCO,
EL ABORTO Y LA DERECHA
(Gerardo López Laguna)

4.-DIARIO DE UNA CONVERSIÓN.
DE LA HEROÍNA A LA INTIMIDAD CON DIOS
(Pedro Miguel, 1968-1997)

5.-UNA APROXIMACIÓN CRISTIANA
AL FENÓMENO DE LA ISLAMOFOBIA
(Gerardo López Laguna)

6.-EL CLAMOR DE LA GRACIA.
EL HOMBRE A LA LUZ DE NICOLAS CABASILAS
(José Manuel Alonso Ampuero)

7.-DOROTHY DAY Y PETER MAURIN.
PENSAMIENTO EN ACCIÓN POR LA PAZ Y LA JUSTICIA
(Ana Colomer)

8.-UN PROFETA COMO FUEGO.
PERFIL ESPIRITUAL DEL VENERABLE JOSÉ RIVERA
(Julio Alonso Ampuero)

9.-BISMILLAH (EN NOMBRE DE DIOS):
AMAD A LOS MUSULMANES
(Gerardo López Laguna)